中国公文学研究

主　编　柳新华
副主编　徐艳华　张玉禄

# 中国公文名篇赏析

Zhongguo Gongwen Mingpian Shangxi

苗枫林　编著

经济科学出版社
Economic Science Press

## 图书在版编目（CIP）数据

中国公文名篇赏析/苗枫林编著.—北京：经济科学出版社，2013.10

（中国公文学研究）

ISBN 978-7-5141-3864-1

Ⅰ.①中… Ⅱ.①苗… Ⅲ.①汉语-公文-鉴赏 Ⅳ.①H152.3

中国版本图书馆 CIP 数据核字（2013）第 236349 号

责任编辑：柳　敏　周秀霞
责任校对：刘欣欣
版式设计：齐　杰
责任印制：李　鹏

### 中国公文名篇赏析
苗枫林　编著

经济科学出版社出版、发行　新华书店经销
社址：北京市海淀区阜成路甲 28 号　邮编：100142
总编部电话：010-88191217　发行部电话：010-88191522
网址：www.esp.com.cn
电子邮件：esp@esp.com.cn
天猫网店：经济科学出版社旗舰店
网址：http://jjkxcbs.tmall.com
汉德鼎印刷厂印刷
华玉装订厂装订
710×1000　16 开　17.75 印张　340000 字
2013 年 11 月第 1 版　2013 年 11 月第 1 次印刷
ISBN 978-7-5141-3864-1　定价：55.00 元
(图书出现印装问题，本社负责调换。电话：010-88191502)
（版权所有　翻印必究）

# 序　言

　　朋友劝我写一部中国公文史。思忖良久，难以动笔。我担心，一部专门史，只会在公文专家中浏览，很难引起公文写作者以至文学爱好者的兴趣。于是，想到了写一部公文名篇导读之类的书，使读者通过公文欣赏，从依次出现的名篇流、名笔流、治国理念流的叠加中，透视出一幅中国公文的演进图谱，一篇中国公文的信息索引，一帧才俊辈出的"鸿笔"群像。这种见文、见人、见绩效的公文赏析，比静态的公文史，可读性也许好一些。

　　公文，指公务文书。汉代荀悦所著《汉纪·武帝纪一》中有："苞苴盈于门庭，聘问交于道路，书记繁于公文，私务重于官事。"这里就把公务文书与私务书札分得一清二楚。《三国志·魏志·赵俨传》中有："辄白曹公文下郡，绵绢悉以还民。"这里的公文，是专指下行公务文书而言。不过，在几千年的历史沿革中，公文名称多有变迁，诸如公牍、公牒、文翰、文牒、文札、文书、文牍、案牍之称，不一而足。宋时，曾因公文限用安徽所产剡溪宣纸书写，公文一时俗称"剡牍"。公文在"大文学"家族中，早已受到特别的眷顾，如将公文冠以"群言之祖"、"经国之枢机"的头衔，把公文写作者视为"志深而笔长"，有"一朝综文，千年凝锦"的称许。由于公文不同于文学艺术作品，它的功能定位于社会治理，更接近人类使用文字的原点。不过，在我读过的多部文学史中，却难得对公文这个文学主脉的描述和论说。因为在现代人眼中的文学，已非魏晋以前的广义文学范畴，而步入欣赏文学走廊。

　　本书对收录篇章的导读，分为原作、注释、公文笔者、公文赏析四栏。公文笔者，是对作者之公文写作才能的形成与探索介绍。公文赏析，则是对该文的公文评论。公文评论，不同于文学评论。公文评论是对一篇公文"案由"的考订、辩说的评述、策见的判断、绩效的追溯、程式的推酌。而这些，在一般文学评论中则多不涉及。

编著这部赏析读物的目的，不是要今人照抄前人，而是要从中观察前人公文对社会治理的视角，学习前人公文笔者善于透彻说理，又重在提出解决办法的睿智。其实，这正是古今公文的三大支柱。当然，公文笔者忠于职守、胸怀坦荡、终生学习的历史传统，也是应当继承与发扬的。

新中国的公文，传递的是人民政权的信息与号令。新中国公文的形成，有民族风格的传承，有外来文化的借鉴，而具有本质特色的是奠基于延安整风运动和1958年的工作方法大讨论。当然，改革开放大潮对中国公文提出的适应性要求，仍是我们要努力消化的课题。

本书用名《中国公文名篇赏析》，录入的公文百篇，篇幅虽显单薄，但它是从浩瀚的公文群落中一篇一篇遴选出来的，从公元1949年上溯到公元前237年，历史跨度超过两千年。历史跨度大，选择的余地也大。但在遴选条件上，我们给自己出了一道难题，即在限于百篇的精粹著述中，既取佳作，又录要文，还要顾及文种与时代的分布。为保持本书收录公文的典型性、代表性，《中国公文名篇赏析》的编目曾在公文专家中广泛征求意见，始得删削成书。希望编著者的用心，能得到读者认同。

本书的编著，得到了中国公文写作研究会的支持与帮助，本书的审读、校对以及出版发行事宜，是委托鲁中大学公文研究中心完成的，在此深表谢意。

**编著者**

2012年7月27日于青岛

# 凡　例

一、本书供公文写作者、文学爱好者阅读与欣赏。

二、本书收录的公文名篇，为政略可取者，程式规范者，说理充分者，公文美学上具有时代价值者。

三、本书收录公文篇目的名称多不变更。

四、本书以公文笔者收录，不以署者入编。

五、本书编目以发表时间先后为序。

六、本书力求精粹，优选短文，长文以节选收录。

七、本书原文的标点，力求简化以还原原作句式。

八、本书在原作、注释、公文笔者、公文赏析各栏，用不同字体区分。

九、本书只作史料注释，不做文意解读。

# 目 录

## 秦汉公文 ... 1

1. 谏逐客书 ... 3
2. 论楚汉得失疏 ... 5
3. 数项羽十罪 ... 7
4. 请都关中议 ... 9
5. 奏论淮南王长罪 ... 11
6. 治安策 ... 13
7. 论贵粟疏 ... 17
8. 求赎父刑书 ... 20
9. 谏吴王书 ... 21
10. 求茂材异等诏 ... 24
11. 谏起上林苑疏 ... 25
12. 报任安书 ... 27
13. 上变事 ... 33
14. 论神怪疏 ... 35
15. 自陈疏 ... 37
16. 谏信谶薄赏疏 ... 38
17. 请归疏 ... 40
18. 为兄超请归疏 ... 41
19. 黜图谶疏 ... 43
20. 政平吏良疏 ... 45
21. 驳察举限年议 ... 48
22. 谏曹操取徐州 ... 50
23. 呈《汉仪》疏 ... 51
24. 止肉刑议 ... 53

## 魏晋公文 ... 55

- 25 请追赠郭嘉封邑表 ... 57
- 26 为曹公作书与孙权 ... 58
- 27 与魏太子笺 ... 62
- 28 答东阿王笺 ... 64
- 29 奏讨孙吴 ... 65
- 30 出师表 ... 67
- 31 求自试表 ... 70
- 32 诣蒋公 ... 73
- 33 陈情表 ... 74
- 34 请伐吴疏 ... 76
- 35 陈伐吴至计表 ... 79
- 36 请除九品疏 ... 81
- 37 请原王敦佐吏疏 ... 83
- 38 逊位表 ... 85
- 39 考即黜陟诏 ... 87
- 40 论史官 ... 88

## 隋唐公文 ... 91

- 41 革文华疏 ... 93
- 42 十思疏 ... 95
- 43 陈情表 ... 98
- 44 答魏征手诏 ... 99
- 45 讨武曌檄 ... 102
- 46 对问怨狱疏 ... 105
- 47 谏滥官疏 ... 107
- 48 请置屯田表 ... 109
- 49 上《贞观政要》表 ... 110
- 50 褒言官御批 ... 112
- 51 上封事书（节） ... 113
- 52 与韩荆州书 ... 115
- 53 遗表 ... 117
- 54 破贼疏 ... 120

| | | |
|---|---|---|
| 55 | 进《通典》表 | 121 |
| 56 | 驳《复仇议》 | 123 |
| 57 | 论朋党事 | 126 |
| 58 | 论淮西事宜状 | 128 |
| 59 | 苏州谢上表 | 132 |
| 60 | 请限年除刺史疏 | 134 |
| 61 | 请慎择牧守疏 | 135 |

## 宋元公文 ······ 137

| | | |
|---|---|---|
| 62 | 要务七事 | 139 |
| 63 | 朋党论 | 142 |
| 64 | 本朝百年无事札子 | 144 |
| 65 | 议经费札子 | 147 |
| 66 | 进《资治通鉴》表 | 149 |
| 67 | 决壅蔽 | 151 |
| 68 | 进流民图 | 154 |
| 69 | 条陈十事疏 | 157 |
| 70 | 言有事于无事之时 | 160 |
| 71 | 论天下之大本与今日之急务 | 163 |
| 72 | 论审势 | 167 |
| 73 | 勿伐宋疏 | 170 |
| 74 | 论南伐事 | 172 |
| 75 | 论公议 | 173 |
| 76 | 论不可以马上治天下（节） | 175 |
| 77 | 论徇私忘公之害 | 178 |
| 78 | 东师议（节） | 179 |
| 79 | 乙未上皇帝书（节） | 181 |

## 明清公文 ······ 185

| | | |
|---|---|---|
| 80 | 大庀西室封事（节） | 187 |
| 81 | 辨方政被诬疏 | 189 |
| 82 | 预备仓奏 | 191 |
| 83 | 省馈送以全使节疏 | 193 |

| | | |
|---|---|---|
| 84 | 治安疏 | 195 |
| 85 | 经略广东条陈戡定机宜疏（节） | 200 |
| 86 | 请因变修省疏 | 202 |
| 87 | 三习一弊疏 | 205 |
| 88 | 请严池塘改田之禁疏 | 208 |
| 89 | 请考核州县实政疏 | 210 |
| 90 | 拟请重亲民之官疏 | 213 |
| 91 | 议复钱票有利无弊疏 | 215 |

# 近现代公文 ......................................................... 217

| | | |
|---|---|---|
| 92 | 英吉利等国烟贩趸船尽数呈缴折 | 219 |
| 93 | 条议钞法折（节） | 223 |
| 94 | 资政新篇（节） | 227 |
| 95 | 拟选子弟出洋学艺折 | 231 |
| 96 | 为复议杨乃武与小白菜案 | 234 |
| 97 | 请删除刑律三项折 | 239 |
| 98 | 公车上书（节） | 243 |
| 99 | 请变通科举折 | 247 |
| 100 | 北伐宣言（节） | 251 |
| 101 | 中国红色政权发生和存在的原因（节） | 253 |
| 102 | 愚公移山 | 256 |
| 103 | 关于淮海战役的作战方针 | 258 |

附件一：公文箴言 ............................................. 262
附件二：公文名篇赞 ......................................... 263
附件三：公文鸿笔史赞 ..................................... 266

参考文献 ............................................................. 270
跋 ......................................................................... 271

# 秦汉公文

# 1 谏逐客书

## 战国·李斯

臣闻吏议逐客，窃以为过矣。昔缪公求士，西取由余于戎①，东得百里奚于宛②，迎蹇叔于宋③，来丕豹、公孙支于晋④。此五子者，不产于秦，而缪公用之，并国二十，遂霸西戎。孝公用商鞅之法⑤，移风易俗，民以殷盛，国以富强，百姓乐用，诸侯亲服，获楚、魏之师，举地千里，至今治强。惠王用张仪之计⑥，拔三川之地，西并巴蜀，北收上郡，南取汉中，包九夷，制鄢、郢，东据成皋之险，割膏腴之壤，遂散六国之从，使之西面事秦，功施到今。昭王得范雎，废穰侯，逐华阳，强公室，杜私门，蚕食诸侯，使秦成帝业。此四君者，皆以客之功。由此观之，客何所负于秦哉！向使四君却客而不内，疏士而不用，是使国无富利之实，而秦无强大之名也。

今陛下致昆山之玉，有随、和之宝，垂明月之珠，服太阿之剑，乘纤离之马，建翠凤之旗，树灵鼍之鼓。此数宝者，秦不生一焉，而陛下说之，何也？必秦国之所生然后可，则是夜光之璧不饰朝廷，犀象之器不为玩好，郑、卫之女不充后宫，而骏良䭴騠不实外厩，江南金锡不为用，西蜀丹青不为采。所以饰后宫、充下陈、娱心意、说耳目者，必出于秦然后可，则是宛珠之簪，傅玑之珥、阿缟之衣，锦绣之饰不进于前，而随俗雅化，佳冶窈窕赵女不立于侧也。夫击瓮叩缶、弹筝搏髀，而歌呼呜呜快耳者，真秦之声也，《郑》、《卫》、《桑间》、《昭》、《虞》、《武》、《象》者，异国之乐也。今弃击瓮叩缶而就《郑》、《卫》，退弹筝而取《昭》、《虞》，若是者何也？快意当前，适观而已矣。今取人之则不然。不问可否，不论曲直，非秦者去，为客者逐。然则是所重者在乎色乐珠玉，而所轻者在乎人民也。此非所以跨海内、制诸侯之术也。

臣闻地广者粟多，国大者人众，兵强则士勇。是以太山不让土壤，故能成其

---

① 由余，晋人，为戎人所用，秦穆公以为贤，引之入秦，得12戎国，益地千里，遂称霸于西戎。
② 百里奚，虞国大夫，国君拒谏，流落民间，与奴隶为伍，秦穆公以五张羊皮将其赎归秦国，得其要策。
③ 蹇叔，岐人，百里奚的朋友，为秦穆公聘为上大夫。
④ 丕豹、公孙支，都是敌国流亡者，为秦穆公命为大将军、上大夫，为秦国强盛都有建树。
⑤ 商鞅，卫国人，孝公时商鞅变法为秦国农耕制度的建立打下了基础。
⑥ 张仪，魏国人，主张"连横"，游说关东诸国与强秦联合，瓦解了围堵秦国的"合从"策。

大；河海不择细流，故能就其深；王者不却众庶，故能明其德。是以地无四方，民无异国，四时充美，鬼神降福，此五帝三王之所以无敌也。今乃弃黔首以资敌国，却宾客以业诸侯，使天下之士退而不敢西向，裹足不入秦，此所谓"藉寇兵而赍盗粮"者也。

夫物不产于秦，可宝者多；士不产于秦，而愿忠者众。今逐客以资敌国，损民以益仇，内自虚而外树怨于诸侯，求国无危，不可得也。

《史记·李斯列传》。

## 公文笔者：

李斯（？~前208）楚国上蔡人，与韩非皆师从于荀子。初为楚国小吏，多智谋，善文辞，后入秦，拜客卿，升为廷尉。有客卿策、分化六国策入奏，辅秦始皇成就帝业。秦统一中国后任丞相。秦二世时，被赵高陷害致死。李斯是秦代公文写作的高手，并因此受到秦始皇的重用，故史称"李斯自奏丽而动"，是有根据的。李斯为人，史有"阿顺苟合"之评。

## 公文赏析：

李斯《谏逐客书》，上于秦嬴政十年（前237）。

《谏逐客书》是一篇奏疏体公文，写得情理融合，语由心出，具有很强的感染力，并收到转变用人方策以强秦之重大绩效。

《谏逐客书》作为一篇公文，在案由上只用"吏议逐客"一笔带过，属于案由从略式的公文模式。其实，"吏议逐客"是对秦国内部发生的一个重大政治事件的缩写。秦王当政时尚很年轻，由于郑国间谍打入秦国事件曝光，于是，秦国王族保守势力掀起了一股驱逐客卿之风。作为楚人的李斯，也在限期离境之列，于是，"吏议逐客"就成了这篇公文的案由，引出这篇谏书的诞生。这篇奏文，开创了中国历史上的客卿时代，是在用人理论上的一个巨大突破。吸收并任用客卿，是秦得以统一中国的诸多因素之一。从这一点来说，这篇奏疏的历史价值不可小觑。

公文不只是说理，而是要以基本事实支持理论的成立，这就是《谏逐客书》作为一篇公文的成功所在：谏书中列举秦惠王用客卿张仪，破六国"合从"之围，昭王得范雎，清洗国内反秦王势力。这是本文最坚实有力的理据。《谏逐客书》用大篇幅讲"客宝"不产于秦，秦可用之，客卿不产于秦，秦亦可用之，粗看起来，这似乎有一种推理上的讹误，那就是人与物不可类比，"客宝"多为无意识之物，而客卿皆为活生生的人，而且是高智商之人，两者不可混一。其实，细细读来，《谏逐客书》所批评的是"不问可否，不论曲直，非秦者去，为客者逐"，他主张留用的是"愿忠者"的客卿，严密地辩说了由"客宝"可用到"客卿"可用的推理。所以，《谏逐客书》所依据的两大推理都是站得住脚的。

这封谏书，是在准备登程远行的驿站中，出于急就，不作修饰，所以写得朴实自然，这也许就是李斯之奏"不计润饰"故事的出处。历两千年而至今读来，情景依旧，不愧为秦汉以来的公文名篇。

李斯《谏逐客书》，是一种"书"体公文，不过，秦始皇统一中国前的战国时期，"书"体文书比较宽泛。所谓"书者，舒也。舒布其言，陈之简牍"（《文心雕龙·书记》），皆可称书。战国时期的《绕朝赠士会书》、《子家与赵宣书》、《巫臣遗子产书》、《子产谏范宣书》，称为"四大名书"，其标志就是"辞若面对"，如同当面对话一般。那时，不仅君臣同书，而且公私同书。可见，李斯写在《谏逐客书》的战国时代，"书"还是通用的信函形式，并非公文的特有体式。到秦始皇统一中国时，法令一统，命为"制"，令为"诏"，公文体式方趋于规范化。

李斯所作书体公文，在战国晚期名噪一时，今日读来，其感染之力仍然不减。他的《治骊山陵上书》，被后人称为"事略而义径，政无膏润，形于篇章"（《文心雕龙·奏启》），也是写得很好的一篇。

## 2 论楚汉得失疏

### 汉·韩信

信拜礼毕，上坐。王曰："丞相数言将军，将军何以教寡人计策？"信谢，因问王曰："今东乡争权天下，岂非项王邪？"汉王曰："然。"曰："大王自料勇悍仁强孰与项王？"汉王默然良久，曰："不如也。"信再拜贺曰："惟信亦为大王不如也。然臣尝事之，请言项王之为人也。项王喑恶叱咤①，千人皆废②，然不能任属贤将，此特匹夫之勇耳。项王见人恭敬慈爱，言语呕呕，人有疾病，涕泣分食饮，至使人有功当封爵者，印刓敝，忍不能予，此所谓妇人之仁也。项王虽霸天下而臣诸侯，不居关中而都彭城③。有背义帝之约，而以亲爱王，诸侯不平。

---

① 喑恶，为厉声怒斥。
② 废，即慑于威力而屈从。
③ 彭城，今江苏徐州境内。

诸侯之见项王迁逐义帝置江南，亦皆归逐其主而自王善地。项王所过无不残灭者，天下多怨，百姓不亲附，特劫于威强耳。名虽为霸，实失天下心。故曰其强易弱。今大王诚能反其道，任天下武勇，何所不诛！以天下城邑封功臣，何所不服！以义兵从思东归之士①，何所不散！且三秦王为秦将，将秦子弟数岁矣，所杀亡不可胜计，又欺其众降诸侯，至新安，项王诈坑秦卒二十余万，唯独邯、欣、翳得脱②，秦父兄怨此三人，痛入骨髓。今楚强以威王此三人，秦民莫爱也。大王之入武关，秋毫无所害，除秦苛法，与秦民约，法三章耳，秦民无不欲得大王王秦者。于诸侯之约，大王当王关中，关中民咸知之。大王失职于汉中，秦民无不恨者。今大王举而东，三秦可传檄而定也。"

《史记·淮阴侯列传》。

## 公文笔者：

韩信（？～前196），秦末投身农民起义军，先在项羽麾下，未被重用，遂弃楚归汉。经萧何大力举荐，刘邦拜韩信为大将军，用其先取关中策。后，韩信破赵取齐，改变了相持的楚汉力量均势。当此时机，韩信又当楚汉决战的汉军先锋阵，使项羽全军覆于垓下。先后封齐王、楚王、淮阴侯。为吕后所杀。

## 公文赏析：

这是一篇由史家司马迁转述的奏言，原文不详。事件发生于公元前206年4月的陕西汉中。

刘邦举行的拜韩信为大将军仪式后，刘邦问计于韩信，两人进行了一场对话。在献策中，韩信把楚汉"得失"分析得十分透彻，可谓"知彼知己"，直言不讳。古人称韩信的《得失疏》与诸葛亮的《隆中对》"并擅绝于古"，是十分有道理的。

韩信疏文，极具战略价值。这篇以对话形式记载的疏文，有韩信对楚汉之争的三大献策：一曰用恨，秦民对项王无不恨之切齿，关中可传檄而定，汉军必得立足之地；二曰释霸，天下多怨，项羽"名虽为霸，实失天下心"，以增强刘邦取胜的信念；三曰诛心，以义兵追"思东归之士"，乘胜迫击，可以取胜。

---

① 思东归之士，项羽所统楚军，多为吴越故地士卒，思乡情绪很浓，逐"思东归之士"可以取胜，是韩信长期在楚军中的发现，对楚汉之争中帮刘邦取胜，是一个重要策略。

② 独邯、欣、翳得脱，项羽诈坑秦卒二十万于新安，却将领兵的章邯、司马欣、董翳三将封于关中。

韩信是一位很善于献策的人，先是发出一个提问：项羽与你刘邦，谁比谁强？这一发问，直逼得刘邦说出自己不如项羽，韩信才把后面的话说下去。因为刘邦的回答，证明了他是一个能够正确估计自己、冷静分析形势的人，下面的话才好出口。历史证明，韩信对项羽的分析是说了真话的。这一点，来自项羽营垒的诸将，无出韩信之右者。所以，汉初的公文名篇，韩信的《论楚汉得失疏》不能不包括其中。

从春秋战国到汉初的半个世纪间，士人相当程度上保持着自由人的身份。王者选贤，贤者择王，在这方面，"战国士"较之"春秋士"的人身自由度更大。作为秦汉之交的一代豪杰韩信，流露出某些"战国士"的风格就不足为奇了。《得失疏》的平等对话色彩，增添了公文笔者的睿智光辉。如韩信直问刘邦：你以为项羽与你，谁比谁强？当刘邦沉默许久回答自己不如项羽时，韩信竟补了一句：我也以为"大王不如也"，一点儿不留情面。

唐宋以降，疏奏公文常常把有用的建树，以最大限度的自罪、奉迎的词语包裹起来，说到皇帝可能不愿听的意见时，还加上"窃以为"、"乞骸骨"之类的话。如果说，韩信是站着向西汉新帝进言的，那么，唐宋以降的大臣奏疏则是跪着讲的。

韩信是一个悲剧人物。疏文中多次提及的封疆裂土，已经显露出他与建立统一国家的大势背道而驰。不过，这涉及人物品评，而非公文赏析可以尽言。

# 3 数项羽十罪

### 汉·刘邦

始与羽俱受命怀王①，曰先入定关中者王之，项羽负约，王我于蜀汉，罪一。项羽矫杀卿子冠军而自尊，罪二。项羽已救赵，当还报，而擅劫诸侯兵入关，罪三。怀王约，入秦无暴掠，项羽烧秦宫室，掘始皇帝冢，收私其财物，罪四。又强杀秦降王子婴，罪五。诈坑秦子弟新安二十万，王其将②，罪六。项羽皆王诸将善地，而徙逐故主，令臣下争叛逆，罪七。项羽出逐义帝彭城，自都之，夺韩

---

① 受命怀王，刘邦与项梁反秦起义军在薛，共立孙心为楚怀王，充义军领袖。楚怀王乃以宋义为上将（即卿子冠军），项羽次之，范增为末将。因进兵发生争议，宋义为项羽杀而代之。

② 王其将，项羽入秦，坑杀秦卒二十万，而封秦降将章邯为雍王，得咸阳以西地，司马欣为塞王，得咸阳以东地，董翳为翟王，得关中东北邹上郡地，从而抗拒刘邦在关中立足，受到秦民及刘邦极大的反抗。

王地，并王梁楚，多自予，罪八。项羽使人阴弑义帝江南，罪九。夫为人臣而弑其主，杀已降，为政不平，主约不信，天下所不容，大逆无道，罪十也。吾以义兵从诸侯诛残贼，使刑馀罪人①击杀项羽，何苦乃与公挑战！

《史记·高祖本纪》。

## 公文笔者：

刘邦（前256~前195），粗通文字，农民起义军领袖，汉代开国皇帝。刘邦是一个有大谋略的人，"宁斗智，不斗力"，是他征服天下的信条。刘邦擅长用人，自起义后，身边集聚了一大批能派上各种用场的智者。这些智者，成功时他会毫无吝啬地给以奖赏，失误时只骂一声"竖子几误我"了事，使这个智能集团始终保持活力，争相建功。刘邦的《入关告谕》、《数项羽十罪》，充满了政治谋略和军事智慧，是西汉早期的公文名篇。这两篇文字，皆刘邦口出，刘邦是两篇公文的名副其实的作者。

## 公文赏析：

刘邦《数项羽十罪》，是汉四年（前203）十月，在楚汉之争的决战时刻，刘邦与项羽列阵广武，刘邦面对双方将士慷慨激昂，口出直宣。这可能是楚汉之争中最为激烈的一场"面质"。

本书采录的《数项羽十罪》的文字，入史时可能经汉初文臣修饰，似已脱离了本原的口语表达形态。

应该说，《数项羽十罪》是汉主的口述檄文。刘邦历数项羽十大罪状，所言贴切，基本概括了项羽在反秦起义中的诸多战略失误。这次"面质"，对双方将士都是一种宣示。项羽在这场对阵中理屈词穷，却把希望寄托于暗箭射杀刘邦战术得逞上，却忽略了民心向背。也许正是一支暗箭射出，对《数项羽十罪》起着檄文的强化作用。这就为项羽垓下兵败埋下了祸根。

更可贵的，此番阵前数说，出自刘邦的临场急就。所谓项羽"十大罪状"，前面以时序排列的项羽九罪，都属实事，然后综其九，加出一个"大逆无道"的第十罪状，这就增添了极大的感染力，说明刘邦是一位深谙政治传播艺术的大政治家。在对质结尾部分，刘邦话锋一转，使用简明语言挑明战争性质已经改变，从此不再是楚汉相争，而是王者与贼寇，正义与非正义，讨伐与被讨伐的战争，

---

① 使刑馀罪人，谓不用正兵，只派出刑徒击之，意在轻蔑项羽。

在两军中产生极大的震撼效应。正是这一点，映衬起刘邦战略家的风姿。

在三年前，汉军攻入秦国首都时发布的《入关告谕》，也是刘邦公文的一篇杰作。那时，刘邦只是第一支入关的农民起义军武装，虽有自封年号，但不属于公认的皇帝诏书，只是先遣军的一张布告而已。但这张不足百字的告示，写得极其精当，比刘邦统一天下后由文人写的诏书要高明得多。文中写了两"约"：与诸侯约，"先入关者王"，只五字；与父老约，"杀人者死，伤人及盗抵罪"，仅十字。两"约"合为十五字，属告谕精华。而"馀悉除去秦法"，有似今法的"无罪推定"，这就给长期遭受苛政的秦人一个极大的自由空间。也可以说，秦锁国八十年，外兵难入，沛公仅持两约通开了关中地区。这是秦与六国军民想都想不到的事。结果，告谕一出，秦吏遍告县乡，秦人大喜，争持牛羊酒食以犒汉军。沛公不受，说我的军粮丰足，不肯扰乱秦国百姓。秦人更喜，唯恐沛公不为秦王。可见，这张告谕体公文具有多么强劲的威力。当年，秦始皇统一天下，在全国遍地勒石，颂扬秦政减轻赋税、驱逐暴政，以期形成普天同庆之势。只是今人仍可见到的秦始皇"颂功"七刻石，仍在无声地诉说：灭秦者，苛政也。

作为楚汉之争胜负转折点的《数项羽十罪》，是一篇用口头宣布的檄书。其主要表述特点是实话实说，并不拐弯抹角。文学理论家刘勰认为，"文景以前，诏体浮新。武帝崇儒，选言弘奥。"（《文心雕龙·诏策》）这个"浮新"，也许正反映刘邦公文语言表述的民间化。其实，刘邦把粗犷文风引入公文，不失为一种风格，也许比文景之后的"选言弘奥"更容易为人接受。文景以后的公文，言必《尚书》、《周礼》，事必引经据典，语必之乎者也，与普通百姓的交流障碍越来越多，公文只能在一个小圈子中周转。所以，公文"选言弘奥"强化了公文表述的准确性，却加大了与人民的认知距离。

## 4　请都关中议

### 汉·张良

刘敬①说高帝曰："都关中。"上疑之。左右大臣皆山东②人，多劝上都雒阳："雒阳东有成皋，西有殽黾，倍河，向伊雒，其固亦足恃。"留侯曰："雒阳虽有

---

① 刘敬，即娄敬，齐人，因献策有功，赐姓刘。汉七年，高祖欲击匈奴，遣其往使。还报，力言不可击。刘邦以为沮军，械系之。后汉军败于平城，高祖还，赦免，且封二千户，号建信侯。

② 山东，时指潼关以东地域，泛指今河南、河北、山东一带。作为行政区域的山东，是南北朝时金人所名。

此固,其中小,不过数百里,田地薄,四面受敌,此非用武之国也。夫关中左殽函,右陇蜀,沃野千里,南有巴蜀之饶,北有胡苑之利①,阻三面而守,独以一面东制诸侯。诸侯安定,河渭漕挽天下,西给京师;诸侯有变,顺流而下,足以委输。此所谓金城千里,天府之国②也。刘敬说是也。"于是高帝即日驾③,西都关中。

《史记·留侯世家》。

## 公文笔者:

张良(? ~前180),韩人,其先五世,为战国韩相。秦灭韩,张良立志复仇,弟死不葬,悉散家财以募力士,击秦始皇于博浪沙。失败后苦读兵书,终得悟,从一个报家仇、复封国的谋杀者,转变为灭秦以救天下的军事谋略家。后拜刘邦厩将、司徒,从略韩地,破峣关,入咸阳,劝刘邦勿恋秦宫,还军霸上,设计使刘邦脱鸿门之险。刘邦就国,常居中划策。刘邦誉为"运筹策帐中,决千里之外"。刘邦大封功臣,张良拒三万户大邑,受留县小邑之封,称"留侯"。楚汉战争结束,张良还在分封功臣、定都关中、固太子位等方面,屡献奇策。得善终。

## 公文赏析:

这是《史记》中的一段记载,是一个关于建都问题讨论的纪要体文字,其中以夹叙的形式表达了张良关于定都的议言。事件发生于汉五年(前202)。

议,作为公文,不同于官员个人的奏、疏、谏书,而是重大事件上众臣议事纪要,其重要性大于前者。这篇公文,主要是张良以远见卓识,驳左右大臣,独挺刘敬,力主建都关中。从观点上看,主张建都洛阳者,只把国都作为一个易守城池,视野狭窄。而张良、刘敬却把国都作为治理天下的中心,视野广阔。历史证明,定都关中对西汉治理大有裨益。评价一篇公文良莠,第一标准当是策见。

张良《请都关中议》,属于上书中的"议"体公文,在分类上归于论说辨解体的公文。即所谓"议以执异"者也。古代的"论说"公文,其根源"则《易》统其首",就是以《易》经为文体的,带有浓厚的分辩风格,通过各执己见,对

---

① 胡苑之利,有战马供应之便。
② 金城千里,天府之国,"金城"引自《淮南子》,"天府"引自《韩非子》,张良此说是指关中乃建都宝地。
③ 高帝即日驾,汉高祖在山东定陶称帝,及定都关中,遂即日起驾。

策揄扬，以大明治道，使事深于政术，理密于时务，而非迂缓之高谈。从古义来说，"议之言宜，审事宜也。"（《文心雕龙·议对》）就是把语言说到理上，把事做到当处。这个界定说明，张良《请都关中议》时，主张定都的意见纷争激烈，其中的张良"都关中"被刘邦采纳。

西汉建国初期，议对是一种常用的决策方式。朝堂之上，当面锣，对面鼓，决策的正确性要大一些。这是西汉兴盛的重要原因之一。于是也出现了一批善驳重臣：如"善驳应劭为首"，"晁氏之对，证验古今"，"仲舒之对，祖述《春秋》"，"公孙之对，简而未博"，"杜钦之对，略而指事"，史称其为议对"明范"。

# 5 奏论淮南王长罪

## 汉·张苍等

丞相臣张苍等①昧死②言：淮南王长③废先帝④法，不听天子诏，居处无度，为黄屋盖乘舆⑤，出入拟于天子，擅为法令，不用汉法。及所置吏，以其郎中春为丞相，聚收汉诸侯人及因罪流亡者⑥，匿与居，为治家室，赐其财物爵禄田宅，爵或至关内侯，奉以二千石，所不当得⑦，欲以有为⑧。大夫但、士五开章⑨等七十人，与棘蒲侯太子奇⑩谋反，欲以危宗庙社稷。使开章阴告长，与谋使闽越及匈奴发其兵。开章之淮南见长，长数与坐语饮食⑪，为家室娶妇，以二千石俸奉之。开章使人告但，已言之王。春使使报但等。吏觉知，使长安尉奇等往捕开章。长匿不予，与故中尉蕑忌⑫谋，杀以闭口。为棺椁衣衾，葬之肥陵邑，谩⑬

---

① 张苍等，引文省去"典客臣马敬、行御史大夫事宗正臣逸、廷尉臣贺、备盗贼中尉臣福"四人。
② 昧死，冒昧而犯死罪。
③ 淮南王长，刘邦少子刘长，封淮南王，骄横谋反，汉文帝"不忍致法于王"，远徙边地，绝食而亡。
④ 先帝，指汉高祖刘邦。
⑤ 黄屋盖乘舆，黄色车盖的车子，其色及其材质为古时帝王用车标志。
⑥ 聚收汉诸侯人及因罪流亡者，接纳汉廷所辖郡国内的流亡者。
⑦ 所不当得，封以2000石俸禄的官员越出淮南王的权限。
⑧ 欲以有为，图谋发动政变。
⑨ 士五开章，因罪失去爵位的人称"士五"，开章，是参与叛乱者的名字。
⑩ 棘蒲侯太子奇，棘蒲侯，名柴武，高祖刘邦所封，其子柴奇是谋反参与者之一。
⑪ 坐语饮食，与其密谈并为宴请。
⑫ 蕑忌，刘长的属官，与淮南王合谋杀士伍开章以灭口。
⑬ 谩，欺骗。

吏曰"不知安在"。又详聚土，树表其上，曰"开章死，埋此下"。及长身自贼杀①无罪者一人；令吏论杀无罪者六人；为亡命弃市罪诈捕命者以除罪；擅罪人，罪人无告劾，系治城旦舂以上十四人；赦免罪人，死罪十八人，城旦舂②以下五十八人；赐人爵关内侯以下九十四人。前日长病，陛下忧苦之，使使者赐书、枣脯。长不欲受赐，不肯见拜使者。南海民处庐江界中者反，淮南吏卒击之。陛下以淮南民贫苦，遣使者赐长帛五千匹，以赐吏卒苦劳者。长不欲受赐，谩言曰"无劳苦者"。南海民王织上书献璧皇帝，忌擅燔其书，不以闻。吏请召治忌，长不遣，谩言曰"忌病"。春又请长，愿入见。长怒曰"女欲离我自附汉"。长当弃市③，臣请论如法④。

《史记·淮南衡山列传》。

## 公文笔者：

张苍（？～前152），又作张仓，秦时为御史，有罪逃归汉，曾为淮南王相。吕后时为御史大夫。高祖崩，张苍与周勃等拥立文帝，文帝四年张苍升为丞相。汉兴至文帝二十余年，将相公卿多是军吏，故汉初律历由张苍所立。五大臣联署《奏论淮南王长罪》为其名作。居丞相位十五年。张苍好书，无所不读，尤善律历，《史记》称其"为汉名相"。百余岁而卒，谥文侯。

## 公文赏析：

《奏论淮南王长罪》上于文帝六年（前174）。这是一篇五官联署的参劾体式公文，而且是奏处皇帝胞弟死罪的文书。

淮南王刘长，汉高祖刘邦的小儿子，其母赵姬，原是赵王张敖的美人，高祖即位八年，过赵，赵王献赵姬于高祖。高祖灭谋反的淮南王黥布后，立刘长为淮南王。文帝即位后，淮南王刘长以天下只有他与文帝为刘邦亲子，常做违法的事，挑战皇权，于文帝六年（前174），令下属大夫但等70人谋反，并派人与闽越、匈奴联络起兵叛汉。文帝得张苍等五大臣奏，及时制止了叛乱的发生。不过，只召淮南王进京，并未接受张苍所奏处以"长当弃市"的刑罚。后又有43位大臣上"如法论刑"奏书，文帝迫于压力，废刘长王位，送蜀郡居处。淮南王

---

① 身自贼杀，亲自杀害。
② 城旦舂，古时刑名，指旦起即筑城、舂米，为期四年的苦刑。
③ 弃市，古时刑名，指当众处死，并予暴尸。
④ 论如法，依法论处。

骄横一世，途中绝食而死。淮南王死后，有人请斩丞相张苍、典客冯敬等以宽文帝，文帝处斩在淮南王去蜀路途招待不周的地方官吏，并仍以"列侯之礼"安葬淮南王。后来的事实证明，正是由于文帝对叛者姑息，才有身后的七国之乱，一个新生帝国几乎倾覆。历史证明，张苍等不顾权势，对叛国者刑之以法的思想是符合国家长远利益的。故张苍等五大臣的《奏论淮南王长罪》一篇公文，从其处心以公，事实准确，量刑恰当，为后世法。

张苍等五人的奏劾公文，通篇以事实为依据，以法律为准绳，从国家的长远利益着眼，陈列刘长不法行为，提出对皇弟的"长当弃市"，"请论如法"的主张。在封建社会，敢于写这样的公文，是要有胆量的，这就是整篇公文以"昧死"开头的理由。不过，"昧死"一词，成为封建时代上行公文的套话，那是后来的事。

张苍《奏论淮南王长罪》，是一种劾奏体式公文，即所谓"笔端振风，简上凝霜"的文字。不过，在古人眼里，这种劾奏体公文也是把两面剑，贤臣可用以劾奏佞者，奸人可用以劾奏忠良，两者皆可言之凿凿。历朝历代，这种劾奏体公文从未断流。其中有的可彻查分剖，而有的则待史实证明。《奏论淮南王长罪》这篇劾奏体公文的价值，是由淮南王自己的叛乱作了注脚的。

# 6 治 安 策

## 汉·贾谊

臣窃惟今之事势，可为痛哭者一，可为流涕者二，可为长太息者六。进言者皆曰："天下已安已治矣。"臣独以为未也。夫抱火厝之积薪之下而寝其上，火未及然，因谓之安。方今之势，何以异此！

夫树国固必相疑之势，甚非所以安上而全下也。今或亲弟谋为东帝，亲兄之子西乡而击。今吴之又见告矣。天子春秋鼎盛，行义未过，德泽有加焉，犹尚如是，况莫大诸侯，权力且十此者乎！屠牛坦一朝解十二牛，而芒刃不钝者，其排击剥割，皆众理解也。至于髋髀之所，非斤则斧。夫仁义恩厚，人主之芒刃也，权势法制，人主之斧斤也。今诸侯王皆众髋髀也，释斧斤之用，而欲婴以芒刃，臣以为不缺则折。欲天下之治安，莫若众建诸侯而少其力。力少则易使以义，国小则亡邪心。今海内之势，如身之使臂，臂之使指，莫不制从，下无背叛之心，上无诛伐之志，法立而不犯，令行而不逆，卧赤子天下之上而安，植遗腹，朝委裘，而天下不乱。天下谁悍而久不为此！

天下之势方病大瘇，一胫之大几如腰，一指之大几如股，平居不可屈伸，失今不治，必为痼疾，后虽有扁鹊，不能为已。可痛哭者，此病是也。

天下之势方倒悬。天子者，天下之首也。蛮夷者，天下之足也。今匈奴嫚侮侵掠，而汉岁致金、絮、采、缯以奉之。足反居上，首顾居下，倒悬如此，莫之能解，犹谓国有人乎？可为流涕者此也！今不猎猛兽而猎田彘，不搏反寇而搏畜菟，玩细娱而不图大患，德可远施，或可远加，而直数百里外，威令不伸，可为流涕者此也！

今帝之身自衣皂绨，而富民墙屋被文绣；天子之后以缘其领，庶人孽妾以缘其履。此臣所谓舛也。夫百人作之，不能衣一人，欲天下亡寒，胡可得也。一人耕之，十人聚而食之，欲天下亡饥，不可得也。饥寒切于民之肌肤，欲其亡为奸邪，不可得也。可为长太息者此也。

商君遗礼义，弃仁恩，并心于进取。行之二岁，秦俗日败。故家富子壮则出分，家贫子壮则出赘。借父耰锄，虑有德色。母取箕帚，立而谇语。抱哺其子，与公并倨。妇姑不相悦，则反唇而相稽。其慈子、嗜利，不同禽兽者亡几矣。今其遗风馀俗，犹尚未改，弃礼义、捐廉耻日甚，月异而岁不同矣。今其甚者杀父兄矣。而大臣特以簿书不报、期会之间，以为大故，至于俗流失，世坏败，因恬而不知怪，以为是适然尔。夫移风易俗，使天下回心乡道，类非俗吏之所能为也。管子曰："礼义廉耻，是谓四维。四维不张，国乃灭亡。"是岂可不为寒心哉！岂如今定经制，令君君臣臣，上下有差，父子六亲，各得其宜。此业一定，世世常安，而后有所持循矣。若夫经制不定，是犹渡江河亡维楫，中流而遇风波，船必覆矣。可为长太息者此也！

夏殷周为天子，皆数十世，秦为天子，二世而亡。人性不甚相远也，何三代之君有道之长而秦无道之暴也？古之王者，太子乃生，固举以礼，有司斋肃端冕，见之南郊，过阙则下，过庙则趋，故自为赤子而教固已行矣。孩提有识，三公三少明孝仁礼义，以道习之，逐去邪人，不使见恶行，选天下之端士有道术者，使与居处，故太子乃生而见正事，闻正言，行正道，左右前后皆正人也。夫三代之所以长久者，以其辅翼太子有此具也。秦使赵高傅胡亥而教之狱，所习者非斩、劓人，则夷人之三族也。故今日即位而明日射人，忠谏者谓之诽谤，深计者谓之妖言，其视杀人若艾草菅然。岂惟胡亥之性恶哉？彼其所以道之者非其理故也。鄙谚曰："前车覆，后车诫。"天下之命，悬于太子，太子之善，在于早谕教与选左右。夫心未滥而先谕教，则化易成也。教得而左右正，则太子正，而天下定矣。

凡人之智，能见已然，不能见将然。夫礼者禁于将然之前，而法者禁于已然之后，是故法之所为用易见，而礼之所为用难知也。若夫庆赏以劝善，刑罚以惩恶，先王执此之政，坚如金石；行此之令，信如四时；据此之公，无私如天地，岂顾不用哉？然而曰礼云、礼云者，贵绝恶于未萌而起教于微眇，使民日迁善、远罪而不自知也。为人主计者，莫如先审取舍，取舍之极定于内而安危之萌应于外矣。夫人之置器，置诸安处则安，置诸危处则危。天下，大器也，在天子之所置之。汤、武置天下于仁、义、礼、乐，累子孙数十世，此天下所共闻也；秦王置天下于法令刑罚，祸几及身，子孙诛绝，此天下所共见也。今或言礼义之不如法令，教化之不如刑罚，人主胡不引殷、周、秦事以观之也！人主之尊譬如堂，群臣如陛，众庶如地。故陛九级上，廉远地，则堂高；陛无级，廉近地，则堂卑。高者难攀，卑者易陵，理势然也。故古者圣王制为等列，内有公、卿、大夫、士，外有公、侯、伯、子、男，然后有官师、小吏，延及庶人，等级分明，而天子加焉，故其尊不可及也。

谚曰："欲投鼠而忌器。"此善喻也。鼠近于器尚惮不投，恐伤其器，况于贵臣之近主乎！廉耻节礼以治君子，故有赐死而亡戮辱，是以黥、劓之罪不及大夫，以其离主上不远也。臣闻之：履虽鲜不加于枕，冠虽敝不以苴履。夫已尝在贵宠之位，天子改容而礼貌之矣，吏民尝俯伏以敬畏之矣。今而有过，帝令废之可也，退之可也，赐之死可也，灭之可也。若夫束缚之，系绁之，输之司寇，编之徒官，小吏詈骂而榜笞之，殆非所以令众庶见也。古者大臣有坐不廉而废者，曰"簠簋不饰"；坐污秽淫乱者，曰"帷薄不修"；坐罢软不胜任者，曰"下官不职"。故贵大臣定有罪矣，犹未斥然正以呼之也，尚迁就而为之讳也。其在大谴、大呵之域者，则白冠牦缨，盘水加剑，造请室而请罪尔，不执缚系引而行也。其有中罪者，闻命而自弛，上不使人颈抽而加也。其有大罪者，北面再拜，跪而自裁，上不使人捽抑而刑之也。曰："子大夫自有过尔，吾遇子有礼矣。"遇之有礼，故群臣自憙。婴以廉耻，故人矜节行。化成俗定，则为人臣者皆顾行而忘利，守节而仗义，故可以托不御之权，可以寄六尺之孤，此厉廉耻、行礼义之所致也，主上何丧焉！此之不为，而顾彼之久行，故曰可为长太息者此也。

《纲鉴易知录·汉纪·文帝六年》。

## 公文笔者：

贾谊（前200~前168），少年才俊，年十八以善属文称誉雒阳，及年二十，征为文帝博士。每诏令议下，尽为之对，得文帝赏识，当年晋升为太中大夫。文帝议以公卿之位，遭老臣诋毁，以"纷乱诸事"之谤，贬出朝廷。自此，贾谊有"天下无知我者"之叹，于是作《吊屈原文》。岁余，文帝征问鬼神之事，拜贾谊为梁怀王太傅，遂陈《治安策》。后梁怀王坠马死，贾谊自伤涕泣，岁余卒于位，年33岁。著述58篇。《史记》中为少数几位文人立传，"贾生"是其中最年轻的一位。可见，在司马迁笔下，贾谊是时代的宠儿，虽然他自诩如屈原那样是一个悲剧人物。

## 公文赏析：

贾谊《治安策》，上于文帝六年（前174）。原文为万言书，后人采用的节文有多种版本，本书用《纲鉴易知录》文，是因为这里的文意处置精当，缩写成的两千字文完好地保留了公文原作的风貌。

《治安策》是一篇复合体公文，开首以"可为痛哭者一，可为流涕者二，可为长太息者六"总领，虽罗列多项，但内容均涉及国家安定。这种容易写散的公文，却因为内在逻辑的严密，强化了笔者的远见卓识和知识厚度。这篇公文的纲目是：西汉之势，未治未安，诸侯叛乱顷刻即发，值得痛哭一场。朝廷正在向蛮夷小国纳贡，而官员却贪娱而不作远图，这是让人流涕之两事。官用奢侈、俗吏无行、法制未定、太子当辅、取舍不合、大臣未礼，此六事不能不使人长长地叹息。这表现了一个爱国者的忧虑和胸怀。

只反映情势而不划策，即不提出解决问题的办法，那只能算是半拉子文书。这篇公文写得好，在于笔者眼界，更在于他的献策有度：对诸侯叛乱，贾谊献"众建诸侯而少其力"策，即把大诸侯划分为兵少力微的小诸侯。对周边小国借机勒索，要立解"倒悬"而释大患。国家的安定，要采用国用富足、移风易俗，一定经制，教辅太子，取舍有度，优礼大臣等综合国策加以解决。如果百姓饥寒，欲去奸邪则不可得，要兴富民之举；风习败坏，俗吏无行，国乃灭亡，要倡导礼义廉耻之风；国家要有健全的法制，等级森严，并且代代遵循，才会"世世常安"；要教辅太子，使其"见正事，闻正言，行正道，左右前后皆正人"，不可使"赵高傅胡亥"那样的事情发生，国家才会长治久安；礼义之化要先于法令，教谕之功应高出刑罚，才会使天子保有尊严；大臣有罪，可以赐死，不可刑拘，以维护在帝王之侧者的人格尊严。

贾谊《治安策》，是汉初策、制、诏、敕四大品类公文的一种。对于制策的要求，是"事昭而理辨，气盛而辞断"（《文心雕龙·檄移》）。所以，在古代上书文中，敢于称"策"者，是需要一点政治勇气的。

贾谊的《吊屈原文》，是其名作之一。吊文，作为一种公文文体，贾谊《吊屈原文》是为"首出之作"（《文心雕龙·哀吊》译文）。后来的司马相如、桓谭、扬雄、班彪、蔡邕所写吊文，盖"难为并驱"。

1. 奏议的产生：奏议在各个朝代的名称，或曰奏对、奏条、奏疏、奏陈、奏章、奏本、奏，或曰进谏、谏言、谏诤、奏谏、奏参（弹劾），亦曰上奏、上陈、上书、上疏、上表、条陈、封事、封驳等，属臣下对皇帝陈述意见的上行公文体式。由于严格的等级制度，奏议开头即亮出"臣等"、"臣言"，以示恭讳。

2. 奏议的文风：大体分为政论文、散文、骈文、讽谏及寓言体文字。从文学来看，首先在公文体中充分显示出来。汉至六朝，辞赋和骈文兴盛，这期间的奏议文也受到颇深影响。唐末以来，特别是武则天专政，治罪谏者，在官员逐渐形成开头恭维皇帝末尾请罪、乞骸骨的卑恭字样。

# 7 论贵粟疏

## 汉·晁错

圣王①在上而民不冻饥者，非能耕而食之，织而衣之也，为开其资财之道也。故尧、禹有九年之水，汤有七年之旱，而国亡捐瘠者，以畜积多而备先具也。今海内为一，土地人民之众不避汤、禹，加以亡天灾数年之水旱，而畜积未及者，何也？地有遗利，民有馀力，生谷之土未尽垦，山泽之利未尽出也，游食之民②未尽归农也。民贫，则奸邪生。贫生于不足，不足生于不农，不农则不地著，不地著则离乡轻家，民如鸟兽。虽有高城深池，严法重刑，犹不能禁也。

夫寒之于衣，不待轻暖；饥之于食，不待甘旨；饥寒至身，不顾廉耻。人情，一日不再食则饥，终岁不制衣则寒。夫腹饥不得食，肤寒不得衣，虽慈母不能保其子，君安能以有其民哉！明主知其然也，故务民于农桑，薄赋敛，广畜积，以实仓廪，备水旱，故民可得而有也。

民者，在上所以牧之，趋利如水走下，四方亡择也。夫珠玉金银，饥不可食，寒不可衣，然而众贵之者，以上用之故也。其为物轻微易藏，在于把握，可以周海内而亡饥寒之患。此令臣轻背其主，而民易去其乡，盗贼有所劝，亡逃者得轻资也。粟米布帛，生于地，长于时，聚于力，非可一日成也。数石之重，中人弗胜，不为奸邪所利，一日弗得而饥寒至。是故明君贵五谷而贱金玉。

今农夫五口之家，其服役者不下二人，其能耕者不过百亩，百亩之收不过百石。春耕夏耘，秋获冬藏。伐薪樵，治官府，给徭役，春不得避风尘，夏不得

---

① 圣王，指汉文帝。
② 游食之民，不务农而游手坐食的人。

避暑热，秋不得避阴雨，冬不得避寒冻，四时之间亡日休息。又私自送往迎来，吊死问疾，养孤长幼在其中。勤苦如此，尚复被水旱之灾，急政暴虐，赋敛不时，朝令而暮改。当具有者半贾而卖，亡者取倍称之息，于是有卖田宅、鬻子孙以偿债者矣。而商贾大者积贮倍息，小者坐列贩卖，操其奇赢，日游都市，乘上之急，所卖必倍。故其男不耕耘，女不蚕织，衣必文采，食必粱肉。亡农夫之苦，有仟伯之得。因其富厚，交通王侯，力过吏势，以利相倾，千里游敖，冠盖相望，乘坚策肥，履丝曳缟。此商人所以兼并农人，农人所以流亡者也。

今法律贱商人，商人已富贵矣；尊农夫，农夫已贫贱矣。故俗之所贵，主之所贱也；吏之所卑，法之所尊也。上下相反，好恶乖迕①，而欲国富法立，不可得也。方今之务，莫若使民务农而已矣。欲民务农，在于贵粟，贵粟之道，在于使民以粟为赏罚。今募天下入粟县官，得以拜爵，得以除罪。如此，富人有爵，农民有钱，粟有所渫②。夫能入粟以受爵，皆有余者也。取于有余，以供上用，则贫民之赋可损，所谓损有余补不足，令出而民利者也。顺于民心，所补者三：一曰主用足，二曰民赋少，三曰劝农功。今令民有车骑马一匹者，复卒三人。车骑者，天下武备也，故为复卒。神农之教曰："有石城十仞，汤池百步，带甲百万，而亡粟，弗能守也。"以是观之，粟者，王者大用，政之本务。令民入粟受爵至五大夫③以上，乃复一人耳，此其与骑马之功相去远矣。爵者，上之所擅，出于口而亡穷。粟者，民之所种，生于地而不乏。夫得高爵与免罪，人之所甚欲也。使天下人入粟于边，以受爵免罪，不过三岁，塞下④之粟必多矣。

《汉书·食货志》。

## 公文笔者：

晁错（？～前154），少年治申商刑名之学，文帝时奉诏入为太子舍人、门大夫，迁博士，后拜太子家令。他的削藩、良吏、贵粟、实边等有关中央集权的奏疏，得到西汉统治者赏识。及景帝即位，迁为内史、御史大夫。他的奏疏名噪一时，有"智囊"之誉。及吴楚等七个封国叛乱，因上《请削吴王封国奏》，晁错为大臣所谗，景帝慑于压力将其处死。他的许多奏疏也多散失，《汉书·艺文志》录31篇，《论贵粟疏》为其著者。

---

① 乖迕，相背。
② 渫，分散，指通过官府把粮食输入需粮之地。
③ 五大夫，汉承秦制，爵位分二十等，五大夫为第九级。
④ 塞下，边关。

## 公文赏析：

《论贵粟疏》，是晁错对粮食和农民问题的一篇上奏，时在汉文帝十二年（前168）春。

当时，由于灭秦战争以及后来的楚汉之争，战争延续达数十年之久，战争伤亡以及民户远徙边地，人口急剧下降。此时的全国人口数量，从秦始皇统一中国时的2000万，下降到1300万。又逢自然灾害，即"亡天灾数年之水旱，而畜积未及者"，衣食需求成为汉初文帝即位后社会正常运转的大事。于是，这就成为《论贵粟疏》的案由。

这篇奏疏，是从两个层面去表述笔者见解的：一个层面，是从国家经济上讲的，从"贵粟"、"贵农"，提出一整套"重农积谷"、"以粟为赏罚"、"入粟拜爵"的具体政策。所以这篇公文被后汉史官班固载入《汉书·食货志》。另一个层面，则是从观念形态上讲的，奏者指斥富商大贾囤积居奇，操纵市场，以至"交通王侯，力过吏势"，对西汉政府的管理和社会稳定构成威胁，大胆提出发展农桑、储备粮食、扶持农民才是"政之本务"的治理观念。更可贵的是，他还对"贵金贱粟"观念的流行追根溯源，毫不避讳地指出：珠玉金银，饥不可食，寒不可衣，然而人们贵之者，原因出自"上用之故也"。也就是说，社会上的这种观念来自皇室贵族，纠正这种社会观念，也在"明君贵五谷而贱金玉"的引领。这是这篇疏文历经两千年而后世不忘的关键所在。书上，汉文帝下诏，民入粟支援边防，得拜爵，免罪，农民当年免收半租，大有益于缓和因天灾及边境战争造成的国家危困。

当然，这篇奏疏也有其时代的局限。笔者带有浓厚的农耕思想，对商业在流通领域的作用的估计有失偏颇。其次，他提出并经文帝推行的"以粟为赏罚"的政策引发卖官鬻爵，后人也多有诟病。

因为一篇公文，且历史证明这篇文字是正确的，笔者却因此遭杀身之祸，是封建社会建言者的悲剧。

晁错《论贵粟疏》，是一种疏体公文。晁错的疏体公文，充满了辩理气氛，使通篇文字的说服力很强。自汉以来，奏事或称上疏。如贾谊之《务农》、晁错之《兵事》、匡衡之《定郊》、王吉之《观礼》、温舒之《缓狱》、谷永之《谏仙》，"理既切至，辞亦通畅"，都是当时疏体公文的上品。不过，作为言官，晁错更擅于议对，故有"晁错对策，蔚为举首"之誉。

## 8　求赎父刑书

### 汉·淳于缇萦

妾①父为吏，齐中称其廉平，今坐②法当刑。妾切痛死者不可复生，而刑者不可复续，虽欲改过自新，其道莫由，终不可得。妾愿入身为官婢③，以赎父刑罪，使得改行自新也。

《史记·扁鹊仓公列传》。

### 公文笔者：

淳于缇萦（生卒年不详），汉代列女，为西汉齐官太仓令淳于意幼女。汉文帝四年（前176），齐太仓令淳于意有罪当处肉刑，押解京师长安受审。淳于意临行对家人抱怨说："生女不生男，有事没用场"。五女中的小女淳于缇萦，年十余岁，执意随父去长安。后来，淳于缇萦在京师上书皇帝，愿入身官婢，以赎父刑。得文帝赦免父罪，并下诏废除肉刑，遂传为佳话，淳于缇萦也成为天下孝女，受人尊重。

### 公文赏析：

《求赎父刑书》，这篇文字写作的时间，据《史记·扁鹊仓公列传》记载是文帝四年（前176），据《汉书·刑法志》记载则是文帝十三年（前167），两者相差9年，大致的时间并无过大出入。

这篇达于皇帝之手的公文，并非官员所写，而出自少女之手。这就把公文笔者的群体延伸到民间，延伸到少年。可见，公文的沟通作用，在两千多年前已相当普及。按照现在人的习惯称呼，这是一封人民来信。那时，敢向皇帝写人民来信诚非易事，皇帝能看到这封人民来信也颇有运气，朝廷能正确处置此事表现了相当的开明，故尔使这篇文字成为名文。

《列女传·辩通传》对淳于缇萦写给皇帝的求赎公文，赞为"推诚上书，文

---

① 妾，古代女子谦称。
② 坐，株连。
③ 入身为官婢，汉时，罪不当死者，可没入官府为奴。

雅甚备"。这篇六十字的短篇公文，从直白、没有官气的特点来看，其出自官家女之手是可能的。因为做官婢，意味着失去自由，失去婚姻，失去终生幸福，一个称为"廉平"的太仓令，让未成年女儿为己赎刑是难以落笔的。

这篇公文写得好，还在于它说理透彻明晰，即"死者不可复生"，"刑者不可复续"，断绝了一个人的自新之路。也许，正是这种透彻的说理，这种稚嫩而纯真的文字，还有为父赎刑的孝行，感动了孝文帝，下"自愧"诏，赦免淳于意，并废除肉刑。不过，所谓"废除肉刑"，不过只是减一等论罪。即使这样，时论也以为淳于缇萦"一言发圣主之意"，小小年纪总算为天下人做了一件好事。

司马迁在《史记》中专为淳于意立传，全文记载一个十岁少女给文帝的上书，还有另外一层意思，即淳于意是齐地（今山东临淄一带）名医，尝"不以家为家"，四处奔走，挽救了许多生命，却仍有"病家多怨"，以至被人告到京城治罪的遭遇。这番话，是针对武帝行酷刑而说的。

《求赎父刑书》，列为"书"类公文，是因为汉初"书"是杂体公文的总称，不论书函、信札、笔札、推介、问答，以至吊书、证件等短小文件，皆以"书"称之。而且既可用之于公，也可用之于私，界限并不分明。

## 9 谏吴王书

### 汉·枚乘

臣闻得全①者全昌，失全者全亡。舜无立锥之地，以有天下。禹无十户之聚，以王诸侯。汤武之土不过百里，上不绝三光之明，下不伤百姓之心者，有王术也。故父子之道②，天性也。忠臣不避重诛以直谏，则事无遗策，功流万世。臣乘愿披腹心而效愚忠，唯大王少加意念恻恻之心于臣乘言。

夫一缕之任系千钧之重，上悬无极之高，下垂之不测之渊，虽甚愚之人犹知哀其将绝也。马方骇鼓而惊之，系方绝又重镇之。系绝于天不可复结，坠入深渊难以复出。其出不出，间不容发。能听忠臣之言，百举必脱③。必若所欲为，危于累卵，难于上天。变所欲为，易于反掌，安于太山。今欲极天命之上寿，④敞无穷之极乐，究万乘之势，不出反掌之易，以居泰山之安，而欲乘累卵之危，走

---

① 全，谓道家保全自然赋予人的天性。
② 父子之道，引以君臣之道。
③ 脱，避去灾祸。
④ 极天命之上寿，隐指篡夺帝位。

上天之难，此愚臣之所以为大王惑也。

人性有畏其景而恶其迹者，却背而走，迹愈多，景愈疾，不知就阴而止，景灭迹绝①。欲人勿闻，莫若勿言。欲人勿知，莫若勿为。欲汤之沧，一人炊之，百人扬之，无益也，不如绝薪止火而已。不绝之于彼，而救之于此，譬犹抱薪而救火也。养由基，楚之善射者也，去杨叶百步，百发百中。杨叶之大，加百中焉，可谓善射矣。然其所止，乃百步之内耳，比于臣乘，未知操弓持矢也。

福生有基，祸生有胎，纳其基，绝其胎，祸何自来？泰山之霤穿石，单极之统断干。水非石之钻，索非木之锯，渐靡使之然也。夫铢铢而称之，至石必差，寸寸而度之，至丈必过。石称丈量，径而寡失。夫十围之木，始生而蘖，足可搔而绝，手可擢而拔，据其未生，先其未形也。磨砻砥厉，不见其损，有时而尽。种树畜养，不见其益，有时而大。积德累形，不知其善，有时而用。弃义背理，不知其恶，有时而亡。臣愿大王孰计而身行之，此百世不易之道也。

《汉书·枚乘传》。

## 公文笔者：

枚乘（？~前140），著名词赋家，先为吴王刘濞郎中，后知吴王谋反，谏而不从，遂去而为梁王刘武门客。景帝三年（前154），吴王与六国谋反，以诛晁错为名举兵西向。朝廷斩晁错以谢诸侯。枚乘复说吴王急归，吴王不从，终被擒杀。枚乘因忠勇而知名。景帝拜为弘农都尉，谢以"不乐郡吏"，仍游于梁。武帝即位，安车征之，卒于途中。著赋九篇。

## 公文赏析：

枚乘《谏吴王书》，发于景帝三年（前154），是反对颠覆西汉政权来自封国的声音。

藩镇谋反，是封建王朝维护天下统一的第一难题。藩镇谋反，其属官知之，就有杀身之祸，何谈谏止？可知枚乘执笔成书之难。所以，在整篇"臣乘言"中，无一处不谏谋反，也无一处不直言吴王反叛必自取灭亡。然而，欲言难言，终达情切意，这颇看出枚乘在公文表述上的工夫。枚乘所以敢于直谏吴王刘濞，一是自信与刘濞有着良好的交情，二是全书并无直白说透叛乱之事，这就使他得

---

① 景灭迹绝，景，与影通，典故出《庄子·渔父》，说人有畏影随身、足留印者，欲以快走脱之，"绝力而死"。

以从容游走于梁。

劝谏吴王不要谋叛，枚乘所述情理可谓至深至切。首先是从道家的"得全者全昌，失全者全亡"这个命题说起，这就涉及父子之道、君臣之义、兄弟之情，自然切入执掌吴政的刘濞与执掌朝政的景帝刘启，既是君臣，又是情同手足的刘邦后裔，他告诫刘濞，要"得全"，而不可"失全"，而"失全"是会遭际灭绝的。言者明白，览者也是明白的。

第二段，是进一步讲迷途知返、迷途可返的道理。谋叛的人，会走着不由自主、越陷越深的道路，就是因为已有前迹，回头很难。枚乘的劝谏工作就抓到了这一环。枚乘敢说"变所欲为，易于反掌，安于太山"，是他知道刘濞谋叛走得尚不远，又知景帝与刘濞有较深情谊，如果就此打住，刘濞可以照当吴王。但枚乘把这种"知返"，一方面是"累卵之危"，另一方面是"安于太山"，两者的选择已到了"间不容发"的一念之差，说明公文笔者是很有责任感的。

第三段，是讲了古人自救的三个典故，以启发刘濞醒悟：一个是《庄子·渔父》所讲，一个怕自己影子和脚印的人，为躲避紧随其身的影子和追逐不离的脚印，想用拼命奔走的办法加以摆脱，结果累死在路上。其实，他可以"就阴而止"，歇在荫下，影子和脚印就自然消失。借此，枚乘由典入谏，说影子和脚印是人的行为表露，"欲人勿闻，莫若勿言。欲人勿知，莫若勿为"。第二个是百人扬汤的典故，"一人炊之"，百人扇凉，不如"绝薪止火"。枚乘所指的"一人炊之"，是指吴王身边策动叛乱的主谋。第三个是讲善射者养由基，虽百发百中，但他有个不可弥补的缺陷，是限于"百步之内"。然后，枚乘由典入谏，说养由基只看百步，就不如看得远一点的人。也就是说，我枚乘是以历史远见来谏阻大王的。

第四段，是讲祸福并不昭然，却经久必成，一切有赖于时间。此处连用四个"有时"，即"磨砻底厉，不见其损，有时而尽。种树畜养，不见其益，有时而大。积德累形，不知其善，有时而用。弃义背理，不知其恶，有时而亡"，是全书的总结。也就是说，历经时间的积累，祸福是会昭然而揭的。正是因为这样，枚乘加重语气地指出："此百世不易之道"，足见谏书之恳切。

从这篇谏书，联系他的《重谏吴王书》，力劝吴王急归，可知枚乘忠之勇。及平七国之乱，景帝征招枚乘为弘农都尉，枚乘以病辞，仍从梁王游，甘作一个无职谋士。良禽择木而栖，贤臣择主而事。景帝因有"文景之治"，可列西汉明主。但他先纳晁错削藩之策，及七国叛乱，又杀晁错以向叛国讨好，是一个人格低下的无信之君，枚乘拒不应召的原因时人皆知。这样一个有尊严之士，待武帝以"安车蒲轮"征召时，年已老迈，卒于途中。

枚乘《谏吴王书》，是另外一种书体公文。枚乘曾是西汉吴王濞的属官，不过作书时,枚乘已知吴王濞结交佞臣有叛国阴谋,辞而去之。枚乘《谏吴王书》以书谏之,后再书谏之,都不存在从属向主官行文的名义,而只是故旧之间的文翰往来,有如司马迁《报任安》、东方朔《难公孙》、杨恽《酬会宗》、子云《答刘歆》,属于同类体式,双方皆无责任与约束,不过"抒轴乎尺素,抑扬乎寸心"。这种文字介乎私人文翰与公务文书之间。

## 10 求茂材异等诏

### 汉·刘彻

盖有非常之功,必待非常之人,故马或奔踶①而致千里,士或有负俗②之累而立功名。夫泛驾之马③、跅驰之士④,亦在御之而已⑤。其令州郡察吏民有茂材异等可为将相及使绝国⑥者。

《汉书·武帝纪》。

### 公文笔者：

刘彻（前156~前87）,于景帝之后即位武帝。他为消除封建割据,实施民族融合,广求贤才,用人不拘一格,只要有真才实能,即使有"负俗之累"的士人也大胆起用,这是他成熟的用人思想的表述。刘彻在帝位54年,其执政后期出现荒政,西汉王朝濒临危亡边沿。

### 公文赏析：

刘彻《求茂材异等诏》,下于汉武帝建元五年（前136）。这一诏书,恐非出自刘彻手笔,但用人思想出自即位不久踌躇满志的汉武帝,则属无疑。

西汉初年,刘汉要稳定天下,数帝都有求贤诏书下达,以笼络人才,其中著者如高祖《求贤诏》,文帝《求言诏》,景帝《令二千石修职诏》,武帝《求

---

① 奔踶,指不受驾驭而狂跑甚至踢人的马。
② 负俗,指被世人讥笑而遭受非议的士人。
③ 泛驾之马,即拉翻了车的马。
④ 跅驰之士,废而未用的士人。
⑤ 在御之而已,即在于正确驾驭和使用。
⑥ 使绝国,出使绝远之国。

茂材异等诏》等。武帝《求茂材异等诏》作为一篇著名诏书体公文，是全篇立足于"非常"之上。正是从"非常之人"才能建树"非常之功"这一高度出发，提出可以在有"负俗之累"的士人中选拔足以担任将、相、国家使节的高层人才。正如《汉书》对武帝时期用人的评价："汉之得人，于兹为盛，儒雅则公孙弘、董仲舒、儿宽，笃行则石建、石庆，质直则汲黯、卜式，推贤则韩安国、郑当时，定令则赵禹、张汤，文章则司马迁、司马相如，滑稽则东方朔、枚皋，应时则严助、朱买臣，历数则唐都、洛下闳，协律则李延年，运筹则桑弘羊，奉使则张骞、苏武，将率则卫青、霍去病，受遗则霍光、金日磾，其余不可胜纪。是以兴造功业，制度遗文，后世莫及。"（《汉书·公孙弘卜式儿宽传》）。

诏书，由皇帝亲署，但一般不烦帝王执笔。本书从秦汉无数诏书中选录刘彻《求茂材异等诏》一篇，是它确有汉武气度，文字精悍，使人过目难忘。

诏敕，作为国家公文的最高等级，汉初定其为四种：一曰策书，二曰制书，三曰诏书，四曰戒敕。敕戒州部，诏诰百官，制施赦命，策封王侯。为了更好地体现治国意图，有为皇帝不是坐等签署，而是参与授意、删定的全过程，有的甚至亲笔拟文。武帝时，朝廷重要文书，尝由张汤撰文。一次，张汤的拟文两次被武帝驳回，并指名改由儿宽拟文。及儿宽拟文送上，武帝"叹奇"不绝。在《求茂材异等诏》上刘彻所下的工夫，可想而知。

# 11　谏起上林苑①疏

## 汉·东方朔

臣闻谦逊静悫，天表之应，应之以福；骄溢靡丽，天表之应，应之以异。今陛下累郎台，恐其不高也；弋猎之处，恐其不广也。如天不为变，则三辅之地尽可以为苑，何必盩厔、鄠、杜乎？奢侈越制，天为之变。上林虽小，臣尚以为大也。

夫南山②，天下之阻也。南有江淮，北有河渭。其地从汧陇③以东，商雒以

---

①　上林苑，秦都咸阳时始置，汉初荒废，高祖许民入苑开荒，武帝时再作宫苑，周围二百余里，苑内放养禽兽，供皇帝射猎，且建有宫、观、馆数十处，故址在今陕西周至、户县一带。

②　南山，终南山。

③　汧陇，汧水，在陕西之西，今名千水。陇坻，又称陇阪，六盘山南段的别称。

西，厥壤肥饶。汉兴，去三河之地①，止霸产②以西，都泾渭之南，此所谓天下陆海之地，秦之所以虏西戎兼山东者也。其山出玉石，金、银、铜、铁，豫章、檀、柘，异类之物，不可胜原，此百工所取给，万民所卬足也。又有粳稻梨栗桑麻竹箭之饶，土宜姜芋，水多蛙鱼。贫者得以人给家足，无饥寒之忧。故酆镐之间③号为土膏，其贾亩一金。今规以为苑，绝陂池水泽之利，而取民膏腴之地，上乏国家之用，下夺农桑之业，弃成功，就败事，损耗五谷，是其不可一也。且盛荆棘之林，而长养麋鹿，广狐兔之苑，大虎狼之虚，又坏人冢墓，发人室庐，令幼弱怀土而思，耆老泣涕而悲，是其不可二也。斥而营之，垣而围之，骑驰东西，车骛南北，又有深沟大渠，夫一日之乐不足以危无堤之舆④，是其不可三也。故务苑囿之大，不恤农时，非所以强国富人也。

夫殷作九市之宫⑤而诸侯畔，灵王起章华之台⑥而楚民散，秦兴阿房之殿而天下乱。粪土愚臣，忘生触死，逆盛意，犯隆指，罪当万死，不胜大愿，愿陈《泰阶六符》⑦，以观天变，不可不省。

《汉书·东方朔传》。

## 公文笔者：

东方朔（前154~前93），少失父母，随兄嫂长大，自学文史、兵法、诗书，不受拘泥。有强记博闻之才，可背诵40万言，故典籍可随口而出。武帝初，上书自荐，为常侍郎。因上书称旨，拜太中大夫给事中。以行为不检，酒后闹殿，免为庶人。后复中郎职。西汉著名文学家，善辞赋，言谈诙谐滑稽，有急智，以敢于直言切谏著称。其所谏言，武帝尝觉逆耳，故以俳优待之，不见大用。有著录20篇。

## 公文赏析：

《谏起上林苑疏》，出于东方朔的御前谏言，并非经过深思熟虑的案头之作。

---

① 三河之地，汉时称河东、河中、河西三郡为"三河之地"。
② 霸产，霸，指灞河，产，谓浐水。
③ 酆镐之间，谓京畿之地，指原西周都城一带。
④ 无堤之舆，舆为土地，无堤之舆指无垠的疆土。
⑤ 九市之宫，纣王在宫中设九市。
⑥ 章华之台，楚灵王在宫中设章华之台。
⑦ 《泰阶六符》，一种星相图谱，亦称《黄帝泰阶六符经》，指人间政事、战争、土木、天灾都有星相显示。

建元三年（前138）八九月间，东方朔随武帝微行出猎于京西南山中。出猎的后期，武帝颇感自己出猎要瞒过太后，且道远劳苦，又易与百姓冲突，要随从的太中大夫吾丘寿王提出解决办法。寿王建言起上林苑，即修一个把百姓赶出去且其间有宫殿分布的皇家猎场。武帝"大悦称善"，正在此时，陪侍一旁的东方朔陈述了以上谏言。足见东方朔的机智，更可见他不看皇帝脸色行事的风格。

东方朔《谏起上林苑疏》，反对恢复秦时上林苑，列出三条理由，一是乏国夺民，二是老弱怀怨，三是危及国运，条条说得有理有据。但最要紧的话，还是在开头和结语中说到的，那就是以苍天压皇帝，因为皇帝自鸣"天子"。以"天"来压皇帝，是古代大臣劝谏皇帝的最后一张王牌。东方朔本好滑稽，说话深浅，以至做些出格的小举动也不为皇帝追究，这为他在《谏起上林苑疏》中敢言诸臣之所不敢言，如"奢侈越制，天为之变"，敢为诸臣之所不敢为，如随疏附上《泰阶六符》一书，"以观天变"。这种勇气，是很令人感奋的。他对那些当初被高祖开禁入苑种田，将被驱赶而断绝生计的百姓，表现出极大的同情和支持。在"三不可"之后，东方朔又立了三个历史坐标：商纣王在宫中设九市而诸侯叛、楚灵王筑章华之台而楚民散、秦始皇作阿房宫而天下乱。

事后，武帝以东方朔南山进谏，并上《泰阶六符》之功，拜东方朔为太中大夫给事中，赐黄金百斤，以示奖赏。然而，上林苑却如寿王所奏，在加快施行。这对进言者是一种嘲讽。东方朔因谏言尝不为用，遂作《答客难》、《非是先生之论》，以自解嘲。其已死，武帝方悟"东方朔多善言"。但此时的汉武帝，在穷奢极欲上已走得很远，国家几近崩溃，晚年不得不以《罪己诏》自赎。

# 12 报任安[①]书

### 西汉·司马迁

少卿足下：曩者辱赐书，教以慎于接物，推贤进士为务，意气勤勤恳恳，若望仆不相师用，而流俗之人言。仆非敢如是也。虽罢驽，亦尝侧闻长者遗风矣。顾自以为身残处秽，动而见尤，欲益反损，是以抑郁而无谁语。谚曰："谁为为之，孰令听之！"盖钟子期死，伯牙终身不复鼓琴。何则？士为知己用，女为说己容。若仆大质已亏缺，虽材怀随和，行若由夷，终不可以为荣，适足以发笑而

---

[①] 任安，字少卿，在益州刺史任内写信给司马迁，责以"推贤进士"之意。任安因太子案，受刑腰斩于武帝征和三年（前90）。

自点耳。

　　书辞宜答。会东从上来，又迫贱事，相见日浅，卒卒无须臾之间得竭指意。今少卿抱不测之罪，涉旬月，迫季冬，仆又薄从上上雍，恐卒然不可讳，是仆终已不得舒愤懑以晓左右，则长逝者魂魄私恨无穷。请略陈固陋。阙然不报，幸勿过。

　　仆闻之，修身者智之府也，爱施者仁之端也，取予者义之符也，耻辱者勇之决也，立名者行之极也。士有此五者，然后可以托于世，列于君子之林矣。故祸莫憯于欲利，悲莫痛于伤心，行莫丑于辱先，而诟莫大于宫刑①。刑馀之人，无所比数，非一世也，所从来远矣：昔卫灵公与雍渠载，孔子适陈②；商鞅因景监见，赵良寒心③；同子参乘，爰丝变色④，自古而耻之。夫中材之人，事关于宦竖，莫不伤气，况慷慨之士乎！如今朝虽乏人，奈何令刀锯之馀荐天下豪隽⑤哉！仆赖先人绪业，得待罪辇毂下，二十馀年矣，所以自惟：上之，不能纳忠效信，有奇策材力之誉，自结明主；次之，又不能拾遗补阙，招贤进能，显岩穴之士；外之，不能备行伍，攻城野战，有斩将搴旗之功；下之，不能累日积劳，取尊官厚禄，以为宗族交游光宠。四者无一遂，苟合取容，无所短长之效，可见于此矣！乡者，仆亦尝厕下大夫之列，陪外廷末议。不以此时引维纲，尽思虑，今已亏形为埽除之隶，在阘茸之中，乃欲卬首信眉，论列是非，不亦轻朝廷，羞当世之士邪！嗟乎！嗟乎！如仆，尚何言哉！尚何言哉！

　　且事本末未易明也。仆少负不羁之才，长无乡曲之誉，主上幸以先人之故，使得奉薄伎，出入周卫之中。仆以为戴盆何以望天⑥，故绝宾客之知，忘室家之业，日夜思竭其不肖之材力，务壹心营职，以求亲媚于主上。而事乃有大谬不然者。夫仆与李陵⑦，俱居门下⑧，素非能相善也，趣舍异路，未尝衔杯酒，接殷勤之欢。然仆观其为人，自奇士，事亲孝，与士信，临财廉，取予义，分别有让，恭俭下人，常思奋不顾身以徇国家之急。其素所蓄积也，仆以为有国士之风。夫人臣出万死不顾一生之计，赴公家之难，斯以奇矣。今举事壹不当，而全

---

①　宫刑，又名腐刑，即割去男子生殖器的刑名。
②　孔子适陈，卫灵公让宦官雍渠参乘，孔子次乘，孔子引以为耻而去卫赴陈。
③　赵良寒心，商鞅是靠宦官景监引荐为官的，赵良以为不光明，劝其引退，商鞅不肯。
④　爰丝变色，同子为汉文帝时宦官，袁盎（字丝）为中郎时，见同子陪乘，伏文帝车前阻谏，说天子只能与豪杰同车，天朝缺才也不可与宦者同乘。
⑤　荐天下豪俊，答任少卿信，要他利用中书令的地位推贤进能。
⑥　戴盆望天，时谚，指司马迁当时的处境难于荐贤。
⑦　李陵，汉名将李广孙，武帝时将领，率兵与匈奴交战，弹尽粮绝，救兵不至，投降匈奴。
⑧　俱居门下，李陵曾为侍中，司马迁任太史令，言皆可出入宫门之官。

躯保妻子之臣①，随而媒孽其短，仆诚私心痛之。且李陵提步卒不满五千，深践戎马之地，足历王庭，垂饵虎口，横挑强胡，卬②亿万之师，与单于连战十余日，所杀过当，虏救死扶伤不给。旃裘之君长咸震怖，乃悉征左右贤王，举引弓之民，一国共攻而围之。转斗千里，矢尽道穷，救兵不至，士卒死伤如积。然李陵一呼劳军，士无不起，躬流涕，沫血饮泣，张空拳③，冒白刃，北首争死敌。陵未没时，使有来报，汉公卿王侯皆奉觞上寿。后数日，陵败书闻，主上为之食不甘味，听朝不怡。大臣忧惧，不知所出。仆窃不自料其卑贱，见主上惨凄怛悼，诚欲效其款款之愚。以为李陵素与士大夫绝甘分少，能得人之死力，虽古之名将不过也。身虽陷败，彼观其意，且欲得其当而报汉④。事已无可奈何，其所摧败，功亦足以暴于天下。仆怀欲陈之，因未有路。适会召问⑤，即以此指推言陵功，欲以广主上之意，塞睚眦之辞⑥。未能尽明，明主不深晓，以为仆沮贰师⑦，而为李陵游说，遂下于理⑧。拳拳之忠，终不能自列，因为诬上⑨，卒从吏议。家贫，财赂不足以自赎，交游莫救，左右亲近不为壹言。身非木石，独与法吏为伍，深幽囹圄之中，谁可告诉者！此正少卿所亲见，仆行事岂不然邪？李陵既生降，隤其家声，而仆又茸以蚕室⑩，重为天下观笑。悲夫！悲夫！

事未易一二为俗人言也。仆之先人非有剖符丹书之功，文史星历近乎卜祝之间，固主上所戏弄，倡优畜之，流俗之所轻也。假令仆伏法受诛，若九牛亡一毛，与蝼蚁何异？而世又不与能死节者比，特以为智穷罪极，不能自免，卒就死耳。何也？素所自树立使然。人固有一死，死有重于泰山，或轻于鸿毛，用之所趋异也。太上不辱先，其次不辱身，其次不辱理色，其次不辱辞令，其次诎体受辱，其次易服受辱，其次关木索被箠楚受辱，其次剔毛发婴金铁受辱，其次毁肌肤断支体受辱，最下腐刑，极矣。传曰"刑不上大夫"，此言士节不可不厉也。猛虎处深山，百兽震恐，及其在阱槛之中，摇尾而求食，积威约之渐也。故士有画地为牢势不入，削木为吏议不对，定计于鲜也。今交手足，受木索，暴肌肤，受榜箠，幽于圜墙之中，当此之时，见狱吏则头枪地，视徒隶则心惕息。何者？

---

① 全驱保妻子之臣，泛指朝中明哲保身的大臣们。
② 卬，李陵被困山中，仰攻居高临下的匈奴军。
③ 空拳，强弓矢尽。
④ 欲得其当而报汉，李陵是想机会成熟时回报于汉。
⑤ 适会召问，恰好武帝召见。
⑥ 塞睚眦之辞，堵塞那些诽谤之言。
⑦ 沮贰师，为李陵开脱，是想把责任推给号称贰师的皇戚李广利。
⑧ 下于理，移交大理审判机构审理。
⑨ 诬上，以诬上罪可判腐刑。
⑩ 蚕室，蚕室为腐刑后因居疗伤之地。

积威约之势也。及已至此，言不辱者，所谓强颜耳，曷足贵乎！且西伯，伯也，拘牖里。李斯，相也，具五刑。淮阴，王也，受械于陈。彭越、张敖南乡称孤，系狱具罪。绛侯诛诸吕，权倾五伯，囚于请室。魏其，大将也，衣赭，关三木。季布为朱家钳奴。灌夫受辱居室。此人皆身至王侯将相，声闻邻国，及罪至罔加，不能引决自裁。在尘埃之中，古今一体，安在其不辱也？由此言之，勇怯，势也，强弱，形也。审矣，何足怪乎！且人不能早自裁绳墨之外，已稍陵夷至于鞭棰之间，乃欲引节，斯不亦远乎！古人所以重施刑于大夫者，殆为此也。夫人情莫不贪生恶死，念亲戚，顾妻子。至激于义理者不然，乃有不得已也。今仆不幸，早失二亲，无兄弟之亲，独身孤立，少卿视仆于妻子何如哉？且勇者不必死节，怯夫慕义，何处不勉焉！仆虽怯懦欲苟活，亦颇识去就之分矣，何至自沉溺累绁之辱哉！且夫臧获婢妾，犹能引决，况若仆之不得已乎！所以隐忍苟活，函粪土之中而不辞者，恨私心有所不尽，鄙没世而文采不表于后也。

古者富贵而名摩灭，不可胜记，唯俶傥非常之人称焉。盖西伯拘而演《周易》，仲尼厄而作《春秋》，屈原放逐乃赋《离骚》，左丘失明厥有《国语》，孙子膑脚《兵法》修列，不韦迁蜀世传《吕览》，韩非囚秦《说难》、《孤愤》。《诗》三百篇，大底贤圣发愤之所为作也。此人皆意有所郁结，不得通其道，故述往事，思来者。及如左丘无目，孙子断足，终不可用，退论书策以舒其愤，思垂空文以自见。仆窃不逊，近自托于无能之辞，网络天下放失旧闻，考之行事，稽其成败兴坏之理，凡百三十篇。亦欲以究天人之际，通古今之变，成一家之言。草创未就，适会此祸，惜其不成，是以就极刑而无愠色。仆诚已著此书，藏之名山，传之其人，通邑大都，则仆偿前辱之责，虽万被戮，岂有悔哉！然此可为智者道，难为俗人言也。

且负下未易居，下流多谤议，仆以口语遇遭此祸，重为乡党戮笑，污辱先人，亦何面目复上父母之丘墓乎？虽累百世，垢弥甚耳！是以肠一日而九回，居则忽忽若有所亡，出则不知所如往。每念斯耻，汗未尝不发背沾衣也。身直为闺阁之臣，宁得自引深藏于岩穴邪！故且从俗浮湛，与时俯仰，以通其狂惑。今少卿乃教以推贤进士，无乃与仆之私指谬乎。今虽欲自雕琢，曼辞以自解，无益，于俗不信，祇取辱耳。要之死日，然后是非乃定。书不能尽意，故略陈固陋。

《汉书·司马迁传》。

## 公文笔者：

司马迁（前145～？），字子长，龙门（今陕西韩城西北）人。其父司马谈，太史令，后任侍中。古代太史令，是一种带有世袭性的国家职事，所以司马迁少年时代就接受严格的家庭教育,年十岁即可诵古文,二十岁开始周游古地,南游江淮,到达湘江、沅江流域的两湖地区,汶水、泗水流域的齐鲁故地,巴蜀之地,南抵昆明,在人文地理上大见长进。武帝元封元年(前110),太史令司马谈因不能从武帝行泰山封禅,愤懑而卒。死前,牵着司马迁的手嘱咐要续其未竟史籍,说做太史令而无论载者,有"废天下之史文"。司马迁报以"弗敢阙"。三年后(前108),司马迁就任太史令。武帝天汉二年(前99),李陵兵败,武帝向司马迁征询意见。司马迁告以李陵以少敌众,虽兵败为俘,是"欲立功以自诉",贰师将军李广利,帅大军而不救,功少。司马迁批评的李广利,正是武帝宠妃李夫人之兄,武帝以"欲沮贰师"罪,后升格为"诬上"罪,于次年治腐刑。司马迁出狱后为中书令。他忍辱负重,倾毕生精力,完成历史巨著《太史公书》(后人改称《史记》)。《汉书》作者班固,在《司马迁传》中,叹其"博物洽闻,而不能以知自全",证见《报任安书》之可信,且令读者伤悼。《报任安书》,透露出他撰写《史记》过程中所遇到的常人难以忍受的打击,使人对这位伟大的史学家、文学家更加敬重。

## 公文赏析:

司马迁《报任安书》,写于汉武帝太始四年(前93)。

《报任安书》是官员之间的私人文翰。在这里,写文翰人与受文翰人,是个人对个人,而不发生国家权力的承接关系,所以不属于公文。而这篇文字,又与公文有相当紧密的粘连关系:文内有对最高当政的批评,又以十分练达的表述方式陈述,达到"书"体文字的时代巅峰。把这篇类公文体文字收入公文名篇,只能是作为公文范畴外延的标杆。

司马迁《报任安书》的出现,为《史记》的写作背景加入了一道后人难以完成的注解,大大增添了这部伟大史书的丰采。其原委是,益州刺史任安,致书司马迁,促其"推贤进能"。司马迁遭腐刑,有难言之苦,久未复信。后来,任安因事下狱,且将处死。司马迁担心老友不见复信,会"魂魄私恨无穷",于是于武帝大始四年十一月写了这篇《报任安书》。幸好,任安不久得赦免。可是过了几年,任安还是因事受腰斩之刑,此信也因而传出。

《报任安书》作为书翰体文字,叙情与申理咬合,结构严密。

第一、二两段,是申说司马迁写这封信、而且是这个时间写信的理由,并诚恳请求友人体谅他迟复不敬。

第三段,是从情与理上痛言"诟莫大于宫刑",对任安要他荐天下豪俊,他的回答是:"身残处秽"之人,"尚何言哉"!

第四段，是说他受李陵事件牵连陷"诬上"罪，是没有办法说清楚的。司马迁38岁继任太史令，42岁动笔写《史记》。正当《史记》"草创未就"之时，47岁那年发生了李陵兵败事件。应汉武帝之召，他率直地谈了自己对李陵功过的看法，说李陵并非是与一支军队，而是与匈奴举国作战，援军未至，身虽陷败，但他相信李陵会在适当时机"报于汉"的。奉召答问，看法对错，无罪可言。可是，以史家直言的秉性，司马迁不知道"救兵不至"的一语，正触犯了"皇戚国舅"。本来，武帝是派李广利北征的，李广利是武帝宠妃李夫人之兄。兵分三路，李陵是偏师却遇到匈奴主力，李陵被围，李广利未及时出兵援助，李陵奋力作战仍遭败陷。司马迁为李陵辩护，武帝以为他意在诋毁李广利，是"沮贰师"，后又升到"诬上"罪，治腐刑。

第五段，说明自己遇大辱而未自裁，"隐忍苟活"下去，是恐没世文采不表于后，自己"私心有所不尽"。

第六段，司马迁从遭遇中感悟到，古者而不被"磨灭"之人，都是心有郁结，不得通其道，遂"退论书策，以舒其愤，思垂空文以自见"。然后，说他自己正从天下放失之旧闻中，"稽其成败兴坏之理"，做成一百三十篇，只是草创未就，惜其不成，未肯就死，也是想用一家之言，以"偿前辱"之秽。

末段，正式回答友人任安：自己以仗义执言惹下的祸患，使"肠一日而九回，居则忽忽若有所亡，出则不知其所往，每念斯耻，汗未尝不发背沾衣，身为闺阁之臣，宁得自藏岩穴"。一个待罪之人，去"推贤进士"，只有"取辱"。全书回到开首，以"略陈固陋"为结。

这篇书翰体文字，初读的印象是作者在倾诉罹祸之后痛不欲生，对官场的揭露一针见血，对人情冷暖的鞭笞入骨三分，博得人们极大的同情。及细细品味，"函粪土之中而不辞"，惜一家之言未成"是以就极刑而无愠色"，"虽万被戮，岂有悔哉"，"且从俗浮湛，与时俯仰，以通其狂惑"，"要之死日，然后是非乃定"，方见其文翰传递的不止于鸣冤叫屈，而是对历史与正义的坚贞，对自己事业的自信，整篇书翰凝聚的是凛然之气。于是，读者崇敬之心油然而生。《文心雕龙》推崇《报任安书》为"心声之献酬"，后世文学大家韩愈赞其"气之盛"，《古文观止》谓其"豪气逼人"，都是鞭辟入里的评说。

司马迁《报任安书》为《昭明文选》作为"书"体文收录。《昭明文选》的编选者萧统，与《文心雕龙》作者刘勰，是同时代人，而且刘勰做过萧统的东宫通事舍人。且《文心雕龙》在《昭明文选》之前就已问世，足见《昭明文选》的"书"体文字，与《文心雕龙》的"书"体文字口径是一致的。虽然它不是典型的公文，至少可以视为准公文体。

## 13 上 变 事

**汉·刘向**

窃闻故前将军萧望之①等，皆忠正无私，欲致大治，忤于贵戚尚书②。今道路人闻望之等复进，以为且复见毁谗，必曰尝有过之臣不宜复用，是大不然。臣闻春秋地震，为在位执政太盛也，不为三独夫③动，亦已明矣。且往者高皇帝时，季布有罪，至于夷灭，后赦以为将军，高后、孝文之间卒为名臣。孝武帝时，儿宽有罪重系，按道侯韩说谏曰："前吾丘寿王④死，陛下至今恨之，今杀宽，后将复大恨矣！"上感其言，遂贳宽，复用之，位至御史大夫，御史大夫未有及宽者也。又董仲舒坐私为灾异书，主父偃取奏之，下吏，罪至不道，幸蒙不诛，复为太中大夫、胶西相，以老病免归。汉有所欲兴，常有诏问。仲舒为世儒宗，定议有益天下。孝宣皇帝时，夏侯胜坐诽谤系狱，三年，免为庶人。宣帝复用胜，至长信少太子太傅，名敢直言，天下美之。若乃群臣，多此比类，难一二记。有过之臣，无负国家，有益天下，此四臣者，足以观矣。

前弘、恭奏望之等狱决，三月，地大震。恭移病出⑤，后复视事，天阴雨雪。由是言之，地动殆为恭等⑥。

臣愚以为宜退恭、显以章蔽善之罚，进望之等以通贤者之路。如此，太平之门开，灾异之原塞矣。

《汉书·刘向传》。

## 公文笔者：

刘向（前79~前8），西汉宗室，著名文学家、经学家、目录学家，先后在宣帝、元帝、成帝三朝为官，任给事黄门、给事中、光禄大夫、中垒校尉等职。刘向为官率直，嫉恶如仇。元帝时，刘向参劾宦官弘恭、石显的奏疏，请求元帝

---

① 萧望之，西汉宣帝时大臣，及元帝立甚为尊崇，后遭宦官尚书石显、弘恭谗言，被迫自杀。
② 贵戚尚书，贵戚，指元帝外家许延寿、许嘉，宣帝外家史高，皆任大司马车骑将军。尚书，指中书令宦官弘恭、石显。
③ 三独夫，谓三匹夫，指萧望之、周堪、刘向。
④ 吾丘寿王，西汉臣，以善棋待诏，官至光禄大夫侍中，后坐事为武帝诛杀。
⑤ 恭移病出，因地震的天谴，宦官尚书弘恭以疾患为由从官府移出。
⑥ 地动殆为恭等，地震显示的天谴是指向弘恭一伙的。

"亲览不泄"，但很快被人获知，刘向被废为庶人。及成帝即位，刘向复职。后因著《洪范五行传论》得罪帝舅王凤，又遭罢黜。及成帝河平三年（前26），刘向受诏领校中秘藏书，对汉室所藏典籍全面整理、编次和校定，草成《别录》一书，成为中国古典文献学的奠基人。另有《新序》、《说苑》传世。

## 公文赏析：

刘向《上变事》，写于汉元帝初元二年（前47）。

本文常用《使外亲上变事》题衔，为后人所加。刘向反对外亲专政，又不得不假托外亲之名上书，这是一个悲剧。所谓"变事"，注家以为，因系"非常之事，故谓之'变'"。不过，在奏疏体公文中稀见以"变事"为体者。

这篇公文，以批驳"有过之臣不宜复用"立题，为轰动朝野的"三匹夫"（萧望之、周堪和他自己）案鸣不平，陈说他们"无负国家，有益天下"，以争取皇帝为其复职。刘向上书不敢实名，而借外家友善者之名上奏，说明元帝时政治险恶，也说明当时为个人申诉为时人不容。文中对"有过之臣不宜复用"的批判，连举季布、儿宽、董仲舒、夏侯胜"四臣"为鉴，说他们都有罢黜之过，"复用"后皆成为一代名臣，劝说元帝当进萧望之等，以通贤者之路，"太平之门开，灾异之原塞"，国家就会昌盛。

无一例外，公文都发生在政治场上，这是不以作者意志为转移的特有印记，成为后人破译的密码。刘向身为宗室，目睹外戚专政，不畏强暴，屡屡感愤陈言，成为他许多奏疏的基调。不过，这篇辩明"天谴"是指向宦官尚书的奏疏，却是假托他人名字上书的。文中首先把这一年春秋两季发生的地震，是指向外戚专权，而不是为萧望之、周堪和他自己的"三独夫"而动的。其陈列的根据，是春季大地震，正好发生在宦官尚书弘恭诬告太子太傅萧望之之时；弘恭心里有鬼，才以病从宫中移出；就是这样，苍天还是继以雨雪灾害予以谴之。这在当时，是争得天字第一号的大是大非，也是对政敌无情的揭露。这正是"宦官尚书"四处追查这一公文作者的最大原因。书奏后，笔者刘向为宦官查出，下狱，免为庶人。后复用。只是其中的萧望之，经不起宦官的折磨而自杀。

谷永与刘向，是西汉宣帝、元帝期间的奏疏名家，有名篇传世。但两人同朝为官，政治倾向则截然相反：谷永以小吏入朝，又依侍外戚王凤立于朝，刘向则是站在宗室一边激烈反对外戚王凤。不过，两人的奏疏皆言之成理，达到西汉奏疏文体的巅峰。

后世文学理论家刘勰以为，刘向的奏议"旨切而调缓"，而我们现在所能看到的刘向公文多激切，而且也多为文出而官罢。

# 14 论神怪疏

### 西汉·谷永

臣闻明于天地之性,不可或以鬼怪,知万物之情,不可罔以非类。诸背仁义之正道,不遵五经之法言,而盛称奇怪鬼神,广崇祭祀之方,求报无福之祠。及言世有仙人,腹食不终之药,遥兴轻举,登遐倒景,览观悬圃①,浮游蓬莱,耕耘五德,朝种暮获②,与山石无极,黄冶变化③,坚冰淖溺,化色五仓之术④者,皆奸人惑众,挟左道,怀诈伪,以欺罔世主。听其言,洋洋满耳,若将可遇。求之,荡荡如系风捕景,终不可得。是以明王拒而不听,圣人绝而不语。昔周史苌弘⑤欲以鬼神之术辅尊灵王会朝诸侯,而周室愈微,诸侯愈叛。楚怀王⑥隆祭祀,事鬼神,欲以获福助,却秦师,而兵挫地削,身辱国危。秦始皇初并天下,甘心于神仙之道,遣徐福、韩终之属,多赍童男童女入海求神采药,因逃不还,天下怨恨。汉兴,新垣平⑦、齐人少翁⑧、公孙卿⑨、栾大⑩等,皆以仙人、黄冶、祭祀、事鬼使物、入海求神采药贵幸,赏赐累千金。大尤尊盛,至妻公主,爵位重累,震动海内。元鼎、元封之际⑪,燕齐之间方士瞋目扼腕,言有神仙祭祀致福之术者以万数。其后,平等皆以术穷诈得,诛夷伏辜。至初元⑫中,有天渊玉女、钜鹿神人、辕阳侯师张宗⑬之奸,纷纷复起。夫周秦之末,三五之隆⑭,已尝专意散财,厚爵禄,竦精神,举天下以求之矣。旷日经年,靡有毫厘之验,足以揆

---

① 悬圃,泛指仙境。
② 两句是指仙境中的五色禾,晨种而日暮即可收获。
③ 黄冶变化,指冶铁为金。
④ 化色五仓之术,方士诈称的不死、不饥之术。
⑤ 苌弘,春秋时期周室大夫,灵王即位诸侯不来朝贺,苌弘劝其以鬼神之术招诸侯,反使周室更加衰微。
⑥ 楚怀王,战国时期楚国国君,入秦被扣,死于异乡。
⑦ 新垣平,汉文帝时方士,自称有望气之术,拜为上大夫,后为人揭穿伏诛。
⑧ 少翁,武帝时方士,自称可通鬼神,拜文成将军,技穷后伏诛。
⑨ 公孙卿,武帝时人,诈称见仙人足迹。
⑩ 栾大,武帝时方士,诈称"黄金可成,而河决可塞,不死之药可得,仙人可致",拜五利将军。
⑪ 元鼎,武帝年号,公元前116~111年。元封,武帝年号,公元前110~105年。
⑫ 初元,汉元帝年号,公元前48~44年。
⑬ 张宗,元帝时方士。
⑭ 三五之隆,有注家以为是指汉代的第三、五两任皇帝,指文帝、武帝祭祀神怪之兴起。

今。经曰:"享多仪,仪不及物,惟曰不享。"① 《论语》说曰:"子不语怪神。"惟陛下拒绝此类,毋令奸人有以窥朝者。

《汉书·郊祀志》。

## 公文笔者:

谷永(？~前8),少时为长安小吏,谙于社会,博学经书,待人谦恭。汉元帝建昭年间为太常丞,数上疏言得失。成帝时为光禄大夫、永定太守、凉州刺史、北地太守,后入朝为大司农,居官皆称职。成帝惑于神鬼,常微行,赵飞燕姊妹得专宠,不务国事,皇太后使谷永切谏成帝,前后上书40余事,多言灾异,专攻成帝与后宫。

## 公文赏析:

谷永《论神怪疏》,约上于成帝元延年间(前14~前10)。

成帝末年,急于求嗣,受方士所惑尝微行。频繁祭神,使国家费用浩大,民不聊生。谷永在凉州刺使任内时,回京奏事,时有黑龙见于东莱,应尚书之问,答曰:"秦所以二世十六年而亡者,养生太奢,奉终太厚也。二者陛下兼而有之"。作这样的规谏,是要点政治勇气的。接下去,他写了一篇奏文,把成帝纠结私客夜游,发人冢墓以修皇陵,增发征徒,民不聊生诸事,揭了个底朝天,是"王必先自绝,然后天绝之"。奏上,成帝大怒,派人急捕,谷永逃离。古代东莱,本是方士聚地,"有黑龙见于东莱"(前16),其实是方士们对西汉末年政治腐败的造势。谷永是坚定的反神怪论者。他在对"有黑龙见于东莱"这一神怪事件发表的议论中,使自己既不堕入方士陷阱,又坚守上苍敬畏,以"天绝之"谏成帝,可谓拿捏得当。

《论神怪疏》,是"有黑龙见于东莱"事件发生后的又一奏疏。全篇以"明王"为则,对崇尚神怪提出批评。他借助历史经验,从西周衰落,秦之覆灭,讲到西汉的文帝、武帝的方士隆盛,旷日经年,而没有"毫厘之验",就是讲给成帝听的。文中还以《尚书》的"不享"、《论语》的"子不语怪神"规劝成帝,希望成帝对神怪"明王拒而不听,圣人绝而不语"那样。这篇文字没有对成帝的指名批评,故得以在班固所撰《汉书·郊祀志》中收入。《文心雕龙》也称赞谷永的这篇公文,"理既切至,辞亦通畅,可谓识大体矣"。

---

① "享多仪"句,出《尚书·周书·洛诰》,指祭祀之道以诚,若多容仪,不及礼物,则不被神所享。

西汉的疏文，谷永堪为名家，且以"通俗恳切"著称。他写的公文，不用骈体，开创了奏疏体的新风，堪称新体公文的一面旗帜。

## 15 自 陈 疏

东汉·冯异

臣本诸生，遭遇受命之会，充备行伍，过蒙恩私，位大将，爵通侯，受任方面①，以立微功，皆自国家谋虑，愚臣无所能及。臣伏自思：惟以诏敕战功，每辄如意，时以私心断决，未尝不有悔。国家独见之明，久而益远，乃知"性与天道，不可得而闻也"②。当兵革始起，扰攘之时，豪杰竞逐，迷惑千数，臣以遭遇，托身圣明，在倾危溷淆之中，尚不敢过差，而况天下平定，上尊下卑，而臣爵位所蒙，巍巍不测乎？诚冀以谨敕，遂自终始。见所示臣章③，战栗怖惧。伏念明主知臣愚性，固敢因缘自陈。

《后汉书·冯异传》。

### 公文笔者：

冯异（？~34），好读书，通民法，新莽末年，以郡掾监五县，助王莽拒汉。及西汉末年农民起义讨伐王莽政权，冯异以所制五县投奔刘秀起义军，为主傅，拜偏将军，封应侯。冯异性谦谨，带兵有方，屡建战功。诸将每论功，则独坐树下，不与人争锋，军中号称"大树将军"。后拥刘秀即皇位，建武二年（26）封阳夏侯、征西大将军。九年病卒于军中。

### 公文赏析：

冯异《自陈疏》写于东汉建武二年（26）。是带兵出征将军向东汉光武帝表白自己不会闹独立王国的奏疏。

东汉都于洛阳，大将军冯异带兵征战关中地区，出入三载，战功卓著，民望很高，冯异不自安，请求回到洛阳，光武帝不肯。后来，果然有人以冯异在王莽

---

① 方面，指西面。
② "性与天道，不可得而闻"，引《论语》子贡语，喻刘秀有真知灼见。
③ 所示臣章，刘秀派人送来的弹劾冯异章奏。

篡政时期曾有过"监五县"以拒光武帝的经历,弹劾他在关中专制,有称"咸阳王"迹象。光武帝将信将疑,派使者把这些弹劾书奏原样封送冯异,以作提示。于是,就引出了冯异表明心迹的《自陈疏》。

冯异虽是武将,但有曾任郡掾的经历,文笔精通,所以这篇《自陈疏》写得朴实,用心诚恳,为他的忠直自陈增添了色彩。按现代人的观念,冯异是一位起义将军。他把从王莽属下投奔光武义军,称作"遭遇",而且在短短的文字中"遭遇"出现两次。其实,"遭遇"在这里同于际遇,即有幸投向明主而引以自豪。他对自己曾为王莽篡政所用,称之"倾危溷淆之中",两者是分得清清楚楚的。文中对自己数年间的出生入死,仅以"微功"言之,尚且尽归于皇帝的深谋远虑。他的自陈,前后贯穿,用了一个"谨"字,让人心服。还有,冯异平日不争功,遇有弹劾没有牢骚,没有怨言,平心静气地陈述自己的心迹,表明自己的态度,是这篇自陈式公文的成功所在。

从古至今,无论掌军,或者执政,做出成就就会有人说坏话,这并不奇怪。从这个意义上讲,每个大权在握的人,行动上自谨,沟通上自陈,是一个普遍性的约束。冯异是一个颇具远见的人,他有回归洛阳的请求在先,没有屯兵在外称藩的嫌疑,行动上破除了"咸阳王"的风言。再加上这篇《自陈疏》写得好,解除了君臣之间的隔阂,使刚刚建立的东汉政权得以稳固,说明冯异用大智慧之"愚"洗刷了自己,也挽救了国家。当然,光武帝敢于把弹劾奏疏转送被弹劾者手中,表明了他对冯异的信任。光武帝建国后,由于他善于诱导,不杀功臣,使跟随他征战的将领得到善终,这是他在中国帝王史上光彩的一页。

东汉公文与西汉有很浓厚的沿袭关系,本书收录东汉冯异《自陈疏》这篇公文,是与那些出自深宫的公文做个比对。东汉公文有许多名篇值得录入,如隗嚣的《檄亡新》语言激切而无修饰,杨秉的《灾异论》撼动皇家,还有陈蕃疏文的骨鲠,蔡邕的妙作连篇,本书因篇幅所限未能录入。

# 16 谏信谶[①]薄赏疏

东汉·桓谭

臣前献瞽言[②],未蒙诏报,不胜愤懑,冒死复陈。愚夫策谋,有益于政道者,以合人心而得事理也。凡人情忽于见事而贵于异闻,观先王之所记述,咸以仁义

---

① 谶,一种预言,古人有取隐语猜度吉凶。
② 瞽言,瞽为盲人,瞽言是公文笔者的自谦。

正道为本，非有奇怪虚诞之事。盖天道性命，圣人所难言也。自子贡①以下，不得而闻，况后世浅儒，能通之乎！今诸巧慧小才伎数②之人，增益图书，矫称谶记，以欺惑贪邪，诖误人主，焉可不抑远之哉！臣谭伏闻陛下穷折方士黄白之术③，甚为明矣。而乃欲听纳谶记，又何误也！其事虽有时合，譬犹卜数只偶之类。陛下宜垂明听，发圣意，屏群小之曲说，述五经之正义，略雷同之俗语，详通人④之雅谋。

又臣闻安平则尊道术之士，有难则贵介胄之臣。今圣朝兴复祖统，为人臣主，而四方盗贼未尽归伏者，此权谋未得也。臣谭伏观陛下用兵，诸所降下，既未重赏以相恩诱，或至虏掠夺其财物，是以兵长渠率，各生狐疑，党辈连结，岁月不解。古人有言曰："天下皆知取之为取，而莫知与之为取。"陛下诚能轻爵重赏，与士共之，则何招而不至，何说而不释，何向而不开，何征而不克！如此，则能以狭为广，以迟为速，亡者复存，失者复得矣。

《后汉书·桓谭传》。

## 公文笔者：

桓谭（前23~57），博学多通，少习文章，西汉哀帝、平帝间任为郎。新莽时为掌乐大夫，东汉建武初，拜议郎给事中。多有疏奏，曾上书陈时政，力言国之兴废在乎政事、选官，为政当赏罚分明，重农抑商。见光武以图谶决事，又指斥谶纬虚诞，惹得光武大怒，欲以非圣无法斩之。后得赦，放任外官，忧郁卒于途中。著《新论》29篇。

## 公文赏析：

《谏信谶薄赏疏》，写于东汉光武帝建武中元元年（56）冬。

西汉末年，从董仲舒神学化的儒学思想，引发谶纬之说一时泛滥。王莽篡汉，以符命得逞。可悲的是，反对王莽暴政的农民起义军，也用符命聚集力量。刘秀从参加起义军、利用起义军以至打败起义军而称帝，也借一则"刘秀发兵捕不道，四夷云集龙斗野，四七之际火为主"的图谶，而取胜。因为在谶纬之说兴

---

① 子贡，孔子弟子，《论语》记载，子贡曰："夫子之言性命与天道，不可得而闻也。"疏文"子贡以下"，是说子贡之后那些神秘的谶记，就没有人再说了。
② 伎数，指方术。
③ 黄白之术，即炼丹术。
④ 通人，学识通达之人，与"伎数"、"方士"、"群小"对称。

盛年代，这则21字的《赤伏符》，把刘汉后裔称帝视为天命所归，为刘秀增加了几分信心，也平添了些许感召力。得了天命而称帝的刘秀，对谶纬之说更加崇信，以至施政、用人、出兵等一些重大决策，都以谶纬决事。在他称帝的第30年时，竟然宣布图谶于天下，这就把新生的东汉政权推向了非常危险的境地。

桓谭疏文中提出的"合人心而得事理"的理政思想，就是针对这种昏庸政治而提出的。但表述上的咄咄逼人，有助于说理，却无益于规谏事成。全篇隐约感到有教训人的语气，这在帝王时代，可谓公文大忌。虽然桓谭未能扭转迷信谶纬的局面，但疏文表现的敢于坚持真理的精神是可贵的。

作为《谏信谶薄赏疏》的继续，光武帝还与桓谭有一场对话。疏上，帝不悦，召桓谭于灵台，问"吾欲以谶决之。"桓谭默然不语，良久答："臣不读谶。"帝问其故，桓谭面谏"谶之非经"之理，帝大怒："桓谭非圣无法，将下斩之！"桓谭叩头流血，乃得解，出为六安郡丞。一位年近八旬的老叟，怎经得如此波折，病死于路途。

官员为坚持正确观点的公文因而丢官、丢命，这不能不视为中国公文史上的一种悲剧。

## 17 请 归 疏

*东汉·班超*

　　臣闻太公封齐，五世葬周①，狐死首丘②，代马依风③。夫周、齐同在中土千里之间，况于远处绝域，小臣能无依风首丘之思哉？蛮夷之俗，畏壮侮老。臣超犬马齿歼，常恐年衰，奄忽僵仆，孤魂弃捐。昔苏武留匈奴中尚十九年，今臣幸得奉节带金银护西域，如自以寿终屯部，诚无所恨，然恐后世或名臣为没西域。臣不敢望到酒泉郡，但愿生入玉门关。臣老病衰困，冒死瞽言，谨遣子勇④随献物入塞。及臣生在，令勇目见中土。

　　《后汉书·班超传》。

---

　　① 据《礼记》载，"太公封于营丘，比及五世，皆反葬于周。"
　　② 首丘，传说狐死时头向巢穴。《楚辞》有"鸟飞反故乡兮，狐死必首丘"。
　　③ 代马依风，代，即代郡，其辖境相当于今河北怀安、蔚县以西，山西阳高、浑源以东的内外长城间。此地古时盛产的马匹称"代马"，古人有"代马依北风"的诗句。
　　④ 班勇，班超子，后任西域长史。著《西域记》。

## 公文笔者：

班超（32~102），班彪少子，班固之弟，史官世家。博览群书，有辩才。初为兰台令史。东汉明帝永平十六年（73）授"假司马"衔，率36人出使西域。以通丝绸之路有功，封定远侯。和帝永元十四年（102）八月奉诏回国，九月卒去，时年71岁。在西域凡31年。

## 公文赏析：

班超《请归疏》，于和帝永元十二年（100）上。

疏中以"太公封齐，五世葬周，狐死首丘，代马依风"，一连举出人、狐、马三个典故，抒发自己思归之情。"臣不敢望到酒泉，但愿生入玉门关"，为英雄垂暮之语，尽显爱国激情。两年后，班超奉诏回到洛阳，次月病卒。

请归，是官员的私求，但文中陈述的理由，除以浓厚情感色彩强化这种私求外，所陈理由有考虑到国家的形象与未来：一是思乡之情震撼人心；二是西域有"畏壮侮老"社风，自己衰迈处事实损国家形象；三是苏武出使19年已算漫长，他在西域30年，恐援引为例，使"后世或名臣为没西域"，影响国家在西域要地的官员派遣。一封申述私求的信函，却透视出通体的爱国情怀。这封《请归疏》，塑造了中华士人"投笔从戎"的光辉形象。壮哉！

可惜，接替班超的"都护官"任尚，把班超三十年所推行的爱护部下、尊重属国的嘱托弃之脑后，对西域属国首领十分傲慢，不察敌情，不久尽废班超前功。于是，东汉遂绝西域通商之路。

# 18　为兄超请归疏

东汉·班昭

妾同产兄西域都护定远侯超，幸得以微功特蒙重赏，爵列通侯，位二千石。天恩殊绝，诚非小臣所当披蒙。超之始出，志捐躯命，冀立微功，以自陈效。会陈睦之变①，道路隔绝，超以一身转侧绝域，晓譬诸国，因其兵众，每有攻战，

---

① 陈睦之变，汉西域都护，为焉耆、龟兹所攻破，东汉在西域的势被摧毁，西域与汉的交往一时断绝。

辄为先登，身披金夷，不避死亡。赖蒙陛下神灵，且得延命沙漠，至今积三十年。骨肉生离，不复相识。所与相随时人士众，皆以物故。超年最长，今且七十。衰老被病，头发无黑，两手不仁，耳目不聪明，扶杖乃能行。虽欲竭尽其力，以报塞天恩，迫于岁暮，犬马齿索。蛮夷之性，悖逆侮老，而超旦暮入地，久不见代，恐开奸宄之源，生逆乱之心。而卿大夫咸怀一切，莫肯远虑。如有卒暴，超之气力不能从心，便为上损国家累世之功，下弃忠臣竭力之用，诚可痛也。故超万里归诚，自陈苦急，延颈逾望，三年于今，未蒙省录。

妾窃闻古者十五受兵，六十还之，亦有休息不任职也。缘陛下以至"孝理天下"，得万国之欢心，不遗小国之臣，况超得备侯伯之位，故敢触死为超求哀，丐超余年。一得生还，复见阙庭，使国永无劳远之虑，西域无仓卒之忧，超得长蒙文王葬骨之恩，子方哀老之惠。《诗》云："民亦劳止，汔可小康，惠此中国，以绥四方。"① 超有书与妾生决，恐不复相见。妾诚伤超以壮年竭忠孝于沙漠，疲老则便捐死于旷野，诚可哀怜。如不蒙救护，超后有一旦之变，冀幸超家得蒙赵母、卫姬②先请之贷。妾愚戆不知大义，触犯忌讳。

《后汉书·班超传》。

## 公文笔者：

班昭（49~120），字惠班，又名姬。父班彪，兄班固、班超，都在朝廷为官。《汉书》因班固含冤死于狱中编修中断，东汉和帝诏令班昭续修。于是，班昭成为中国第一位女史学家。我国第一部纪传体断代史最终完成，班昭有不可磨灭之功。班昭对天文、历法有深入的研究和独到见解。班昭嫁于曹世叔，早寡。班昭博学才高，兼任汉宫皇后嫔妃师，人称"曹大家"。著有《东征赋》、《女诫》多篇。

## 公文赏析：

班昭《为兄超请归疏》，写于班超《请归疏》石沉大海之后，约在东汉和帝永元十三年（101）。

这是一篇由女学士执笔写成的公文。其文言情，更重证理，有切切之求，又直对有司指摘，正气凛然，而无折节之嫌，算得上是一篇上好公文。

---

① "民亦劳止"两句，谓先施恩于中国，然后乃安四方。
② 赵母，赵奢之妻、赵括之母，因惧赵括不会用兵，先请，兵败而不坐。卫姬，齐桓公欲伐卫，桓公入，姬请卫之罪。

班昭的二哥班超投笔从戎，打通了阻塞年久的丝绸之路，为国立功。班超在西域30年，年过70，身体衰老，上书请归，三年皆无回音。于是，班昭上书和帝，为兄"请归"。她在朝廷教授皇妃女官读书的声望，给了她勇气，在朝廷对班超《请归疏》不置可否情况下，不惧"触犯忌讳"，发出了这篇疏文。

班昭《为兄超请归疏》作为公文名篇远播后世，是她言兄妹之情切切动人，讲国家利益丝丝入扣。文中讲述的与国之理，一是班超体衰多病，一旦有变，会损害国家的累世之功；二是西域风俗，人们不屑于同年迈使者交通，像班超这样耳聋眼花、两手麻木、扶杖而行的人，是不适宜做西域使者的；三是国家以孝治天下，普通百姓尚有劳有息，普通士兵十五从军六十还乡，何况班超有"侯伯之位"，理应得到国家抚恤；四是批评那些卿大夫"咸怀一切，莫肯远虑"，一旦有变，班超力不从心，请求不株连家人。

全文结在"如不蒙救护，超后有一旦之变，冀幸超家得蒙赵母、卫姬先请之贷。"意思是说，如果班超不能及时返回汉地，在他身后发生的一切变故，请求援春秋时期赵括之母、齐桓公卫姬之例，先言而不受连坐追究。她还毫不隐讳地指出：外官请归，三年不报，有司"咸怀一切，莫肯远虑"，是失职行为。

# 19 黜图谶疏

东汉·张衡

臣闻，圣人明审律历以定吉凶，重之以卜筮①，杂之以九宫②，经天验道，本尽于此。或观星辰逆顺，寒燠所由，或察龟策之占，巫觋之言③，其所因者，非一术也。立言于前，有征于后，故智者贵焉，谓之谶书。

谶书始出，盖知之者寡。自汉取秦，用兵力战，功成业遂，可谓大事，当此之时，莫或称谶。若夏侯胜、眭孟④之徒，以道术立名，其所述著，无谶一言。刘向父子领校秘书，阅定九流，亦无谶录。成、哀之后，乃始闻之。《尚书》尧使鲧理洪水，九载绩用不成，鲧则殛死，禹乃嗣兴。而《春秋谶》云"共工理水"。凡谶皆言黄帝伐蚩尤，而《诗谶》独以为"蚩尤败，然后尧受命"。《春秋元命包》

---

① 卜筮，用龟甲烧灼以定吉凶称卜，以筮草筹算以定吉凶称筮，合称卜筮。
② 九宫，八卦加中央位置，合称九宫。
③ 巫觋，自称可通鬼神之人，其中女为巫，男为觋。
④ 夏侯胜、眭孟，都是西汉时期今文经学家，以阴阳灾异附会儒家经典。

中有公输班与墨翟①，事见战国，非春秋时也。又言"别有益州"，益州之置在于汉世。其名三辅诸陵，世数可知。至于图中讬于成帝，一卷之书，互异数事，圣人之言，势无若是，殆必虚伪之徒，以要世取资。往者侍中贾逵②摘谶互异三十余事，诸言谶者皆不能说。至于王莽篡位，汉世大祸，八十篇③何为不戒？则知图谶成于哀、平之际也。且《河洛》、《六艺》，篇录已定，后人皮傅，无所容篡。永元中，清河宋景遂以历纪推言水灾，而伪称洞视玉版④，或者至于弃家业，入山林。后皆无效，而复采前世成事，以为证验。至于永建复统，则不能知。

此皆欺世罔俗，以昧势位，情伪较然，莫之纠禁。且律历、卦候⑤、九宫、风角⑥，数有征效，世莫肯学，而竞称不占之书。譬犹画工，恶图犬马而好作鬼魅，诚以实事难形，而虚伪不穷也。宜收藏图谶，一禁绝之，则朱紫无所眩⑦，典籍无瑕玷矣。

《后汉书·张衡传》。

## 公文笔者：

张衡（78～139），少入京师，观太学，通《五经》，贯六艺，才高于世。善机巧，尤精天文、阴阳、历算，制成浑天仪，以测星象，是中国历史上的伟大天文学家。安帝时，拜郎中，迁太史令。顺帝时，造候风地动仪，以测地震。又造指南车、记里鼓车。时外戚、宦官势盛，权移于下，张衡上书退佞臣，荐贤才，戒奢侈，行礼教。自东汉中兴以来，儒者争学图纬，兼附妖言。张衡以为，图谶虚妄，非圣人之法，上书谏废。迁侍中，侍帝左右，询以政事。后为宦官所谮，出为河间相。张衡在河间相职内视事三年，尽收奸党，上下肃然，吏民称许。拜尚书，卒于官。著述凡32篇。

## 公文赏析：

张衡《黜图谶疏》，奏于东汉顺帝阳嘉三年（135）。

---

① 《春秋元命包》，为谶书，把本为战国人的公输班、墨翟列入春秋时代。
② 贾逵（20～101），东汉明帝诏入宫中讲学，和帝拜为侍中，兼掌秘书近署，是反对谶纬之说的坚定者。
③ 八十篇，指图纬书《河洛》、《六艺》，为王莽篡位制造舆论。
④ 玉版，传说禹在东海获玉版，甚灵验。
⑤ 卦候，64卦与节候匹配的一种筹策方法。
⑥ 风角，以测风方法推定吉凶。
⑦ 朱紫无所眩，古以朱为正色，紫为邪色，言不使正邪混淆。

张衡是一位精通中国传统文化的学者,又有科学思想和发明创造,他继东汉大臣桓谭、贾逵之后,坚持反对谶纬之说,这就给这篇上书公文以很值得称道的历史价值。

东汉光武帝刘秀,利用谶纬中的图谶符命,为他当皇帝制造舆论。公元56年,刘秀便"宣布图谶于天下",从此谶纬进入国家的最高决策。于是,读书人"争学谶纬",谶纬学与儒学、迷信纠结一起,使东汉建国初期的勃勃生气很快沉沦下去。张衡的《黜图谶疏》,就是为挽救东汉颓势而发出的呼唤。

鉴于桓谭因反图谶遭受迫害的教训,张衡的《黜图谶疏》写得平和,又颇具张力,耐人寻味。他指名反对的是"夏侯胜、眭孟之徒",其实是针对东汉朝廷的。他作为一个有科学精神的学者,在这篇反对谶纬之说的公文中,采取了摆事实、讲道理的方法,引经据典,论据充分,论证严密,具有很强的劝诫作用。他打的譬如十分形象,也十分辛辣。说比如画工,喜欢画妖魔鬼怪,却厌恶画举目可见的犬马,是因为犬马"实事难形",而鬼怪"虚诞无穷",以使自己的欺骗得逞。他列举刘向父子"阅定九流",亦无谶录,这为有籍可证。他的言下之意,是说东汉朝廷把那种下九流的图谶用来决策国家大事,是欺骗百姓,也是欺骗自己,西汉末帝因谶纬亡国,史鉴不远。

从桓谭的《谏信谶薄赏疏》,到张衡的《黜图谶疏》,"谏"、"黜"一字之易,倒显示出这位天文学家咄咄逼人的气概。以围谶作为政治决策的指向,比以龟卜决定国策,并无多大进步。况且,龟卜出于偶然,图谶则是有人背里密商所为,容易为人掌控。光武帝作为一位尚属开明的帝王,迷信图谶,不能不视为悲剧。

## 20　政平吏良疏

### 东汉·左雄

臣闻:柔远和迩,莫大宁人,宁人之务,莫重用贤,用贤之道,必存考黜。是以皋陶对禹,贵在知人。"安人则惠,黎民怀之。"① 分伯建侯,代位亲民,民用和穆,礼让以兴。故诗云:"有渰凄凄,兴雨祁祁。雨我公田,遂及我私。"② 及幽、厉昏乱,不自为政,褒艳用权,七子党进,贤愚错绪,深谷为陵。故其诗云:"四国无政,不用其良。"又曰:"哀今之人,胡为虺蜴?"③ 言人畏吏如虺蜴

---

① 安人则惠,语出《尚书·皋陶谟》。
② 雨我公田,语出《诗经·小雅》。
③ 哀今之人,语出《诗经·小雅》。

也。宗周既灭，六国并秦，坑儒泯典，划革五等，更立郡县，县设令长，郡置守尉，什伍相司，封豕其民。大汉受命，虽未复古，然克慎庶官，捐苛救敝，悦以济难，抚而循之。至于文、景，天下康乂。诚由玄靖宽柔，克慎官人故也。降及宣帝，兴于仄陋，综核名实，知时所病，刺史守相，辄亲引见，考察言行，信赏必罚。帝乃叹曰："民所以安而无怨者，政平吏良也。与我共此者，其唯良二千石乎！"以为吏数变易，则下不安业，久于其事，则民服教化。其有政理者，辄以玺书勉励，增秩赐金，或爵至关内侯，公卿缺则以次用之。是以吏称其职，人安其业。汉世良吏，于兹为盛，故能降来仪之瑞，建中兴之功。

汉初至今，三百余载，俗浸雕敝，巧伪滋萌，下饰其诈，上肆其残。典城百里，转动无常，各怀一切，莫虑长久。谓杀害不辜为威风，聚敛整辨为贤能，以理己安民为劣弱，以奉法循礼为不化。髡钳之戮，生于睚眦，覆尸之祸，成于喜怒。视民如寇雠，税之如豺虎。监司项背相望①，与同疾疢，见非不举，闻恶不察，观政于亭传，责成于期月，言善不称德，论功不据实，虚诞者获誉，拘检者离毁。或因罪而引高，或色斯②以求名。州宰不覆，竟共辟召，踊跃升腾，超等逾匹。或考奏捕案，而亡不受罪，会赦行贿，复见洗涤。朱紫同色，清浊不分。故使奸猾枉滥，轻乎去就，拜除如流，缺动百数。乡官部吏，职斯③禄薄，车马衣服，一出于民，廉者取足，贪者充家，特选横调④，纷纷不绝，送迎烦费，损政伤民。和气未洽，灾眚不消，咎皆在此。

今之墨绶，犹古之诸侯，拜爵王庭，舆服有庸，而齐于匹竖，叛命避负，非所以崇宪明理，惠育元元也。臣愚以为，守相长吏惠和有显效者，可就增秩，勿使移徙，非父母丧不得去官。其不从法禁，不式王命，锢之终身，虽会赦令，不得齿列。若被劾奏，亡不就法者，徙家边郡，以惩其后。乡部亲民之吏，皆用儒生清白任从政者，宽其负算，增其秩禄，吏职满岁，宰府州郡乃得辟举。如此，威福之路塞，虚伪之端绝，送迎之役损，赋敛之源息。循理之吏，得成其化，率土之民，各宁其所。追配文、宣中兴之轨，流光垂祚，永世不刊。

《后汉书·左雄传》。

## 公文笔者：

左雄（？~138），东汉大臣，安帝时举孝廉入官，迁冀州刺史，一向不与豪

---

① 项背相望，谓监察官吏众多。
② 色斯，看人脸色行事。
③ 职斯，职务低贱。
④ 调，征收。

族交通，奏劾二千石高官无所顾忌。顺帝时拜为议郎，数言政事，辞甚切正，迁尚书令。左雄每有章表奏议，台阁人皆仿效，故《文心雕龙》有"左雄奏议，台阁为式"的赞许。

## 公文赏析：

左雄《政平吏良疏》，上于东汉顺帝阳嘉元年（132）。

左雄一生所写奏文，事关吏治者占据相当部分。左雄的这篇公文，主题是用人，是国家治理上的"政平吏良"。左雄从"宁人"论及用贤，这正是民本主义的政理。左雄在《政平吏良疏》中，从三重推理中，即"柔远和迩，莫大宁人，宁人之务，莫重用贤，用贤之道，必存考黜"，得出用人对国家治理重要性的结论。然后，又以皋陶知人，幽厉昏乱，秦以暴亡，文景为盛，几个正反历史教训中推出"政平吏良"在国家安定中的作用。然后，才话归正传，入题东汉顺帝时江河日下的吏治状况。左雄所奏，可称道之处是他毫不掩饰地揭示当今吏治腐败和官场鄙陋：一是"巧伪滋萌"，说天下如今正处在投机取巧者得势之机；二是官员转调频繁，无人为国家长远大计着想；三是那些欺压百姓的人盗取"贤者"之名，反而把安分守己、依法办事的官员视为顽固不化之辈；四是百姓赋税猛于豺虎；五是刑罚残酷且出自官员喜怒之间；六是国家设置的监察官员多于牛毛，却"见非不举，闻恶不察"，他们考察政绩不过弄些笱中"观政"把戏，认真查验者反遭讥毁；七是有罪者升迁，巧言者得誉，奸猾之辈升官如流；八是地方官员选拔"踊跃升腾，超等逾匹"；九是犯罪官员遇赦，以行贿"洗涤"，漂白了可重新登场；十是官员的车马衣服，一出于民，且"送迎烦费"，接待频繁，"损政伤民"。敢把时政的吏治腐败如此陈列，这是一种政治勇气。否则，公文的"公"字，由何缘起？

左雄在这篇公文中，不仅陈列吏治腐败的状况，而且提出解决的良方：一是对有能力的良吏，要把他们留在职位上发挥才能，"勿使移徙"；二是对严重违反国家法令者，要禁官终身，即使遇赦，也不录用；三是对新到职位的儒生，试用满一年后，证明他们是有作为的，要加以"辟举"，增加新生力量。只有这样，国家才能重新回到文宣中兴的轨道上去。左雄所提对守相长吏有显效者，可增秩，勿移徙，以优化地方治理的建议，十分赏识，但宦官不悦，终难推行。

左雄对贤吏多有荐贤，而对"谬举"者则不讲颜面地奏劾，以至要求朝廷对他们追罪免黜，因此牧守畏栗，莫敢轻举，使东汉顺帝在位二十年的后十年，察选清平，多得贤良。

追究"谬举"者，是用人上的责任制，中国历史上多有推行，但人才的操守、能力毕竟不是一成不变的。左雄力倡追究"谬举"者,不过,他自己也被人奏劾"谬举"。左雄曾荐周举为尚书,议者认为荐人得当。后来,左雄荐举冀州刺史冯直为将军,不久冯直坐赃受罪,而劾奏左雄举人不当的正是受他推荐的尚书周举。对此,左雄表现豁达。因此,对左雄倡导的有监督的用人制度,"天服焉"。

文学理论家刘勰,曾称赞"左雄奏议,台阁为式",视为东汉奏文的模板。不过,东汉的议对、驳议类公文,由于皇帝的自用,而被大大削弱。这是东汉过早衰落的重要原因之一。

## 21　驳察举限年议

东汉·胡广

臣闻君以兼览博照为德,臣以献可替否为忠。《书》载稽疑,谋及卿士。《诗》美先人,询于刍荛。国有大政,必议之于前训,谘之于故老,是以虑无失策,举无过事。窃见尚书令左雄议郡举孝廉①,皆限年四十以上,诸生试章句,文吏试笺奏。明诏既许,复令臣等得与相参。窃惟王命是重,载在篇典,当令县于日月,固于金石,遗则百王,施之万世。《诗》云:"天难谌斯,不易惟王。"可不慎与! 盖选举因才,无拘定制。六奇之策②,不出经学。郑、阿之政③,非必章奏。甘、奇显用④,年乖强仕⑤。终、贾扬声⑥,亦在弱冠⑦。汉承周、秦,兼览殷、夏,祖德师经,参杂霸轨,圣主贤臣,世以致理,贡举之制,莫或回革。今以一臣之言,划戾旧章,便利未明,众心不厌。矫枉变常,政之所重,而不访台司,不谋卿士。若事下之后,议者剥异,异之则朝失其便,同之则王言已行。臣愚以为可宣下百官,参其同异,然后览择胜否,详采厥衷。敢以瞽言,冒干天禁,惟陛下纳焉。

---

① 左雄在尚书令位,议改察举制,举孝廉,儒者试经学,文吏试章奏,年限四十以上,皆被朝廷采纳。
② 六奇之策,指汉初陈平设六奇策以辅佐汉高祖,其中有的至今未泄于世。
③ 郑、阿之政,郑政指子产相郑,阿政指晏子主政东阿。
④ 甘、奇显用,指甘罗12岁封秦上卿,子奇18岁被齐国任为东阿最高长官。
⑤ 强仕,《礼记》有"四十强而仕"。
⑥ 终贾扬声,终军年18,为博士弟子,擢为谏大夫,贾谊年18,以属文诵诗称于郡中,文帝召为博士。
⑦ 弱冠,古时男子20岁行冠礼,弱冠指20岁左右的男士。

《后汉书·胡广传》。

## 公文笔者：

胡广（91~172），字伯始。安帝时举孝廉，"试章奏天下第一"，拜尚书郎，五迁尚书仆射，掌典枢机五年。后历顺、冲、质、桓、灵帝六朝，由郡守、九卿，在三公位三十余年，虽主政更替，胡广升迁如故。做事练达，但无謇直之风，时谚讥为"万事不理问伯始，天下中庸有胡公"。胡广与宦官丁肃联姻，见毁当时。著有《百官箴》48篇，诗赋22篇。

## 公文赏析：

胡广《驳察举限年议》，上于东汉顺帝阳嘉元年（132）。

驳议，是上书公文体中的争论文体。这一篇，胡广与左雄对察举的争论，是在是否"年限四十"上发生的。

胡广与左雄，同由顺帝举孝廉入仕，同朝为官，同议吏治，同为东汉中期公文鸿笔，只是他们的观点相左。从字面看来，胡广所持议论，可以不拘年资吸收年轻官员，应该说更为开阔，更为公允。他所列举的年轻而有为的历史人物，如甘罗、子奇、终军、贾谊，都有史为据，他的观点是成立的。只是"帝不从"。这位"帝"，就是当了七年皇帝，颇有些政治见识的东汉顺帝。因为他知道，左雄的"年限四十"方可以举孝廉，且经过必要的考核，是针对势家大族串通一气为自家尚在年幼无知的子辈、孙辈谋官之途，左雄的改察举之制正是堵塞庸官之路的有力手段。何况，顺帝在推行察举制改革的诏令中，已有"茂才异行"不拘年齿的宽限。正是左雄所设"年不满四十，不得察举"的限制，为国家堵塞了庸官之门。做了20年皇帝的顺帝，在后10年中吸收了大量有用人才，使衰落的东汉有了几分起色。所以，对公文工作者的评价，不是只看写得严丝合缝的文字，还要看这篇文字的社会背景和产生的绩效。

历史上的用人制度，都存在限制与反限制的斗争。限制庸官入仕，把不良风气和用人途径堵塞，就会人才辈出，当然也会引出反限制者的反抗。反之，限制人才生长，国家沦入衰势，也会有向上潮流的涌动。在东汉末年，举孝廉成为卖官鬻爵之门，左雄的《上言察举孝廉》、《政平吏良疏》，属于限制派，而胡广扮演的却是反限制派的角色。就在胡广所上这篇驳议后，出为济阴太守，他联络邻郡，不顾诏令挟私举庸，致十数郡守坐"谬举"罪罢黜。国家在用人制度上的大动作，产生了很大震动作用。自此，牧守畏栗，不敢轻举，使顺帝的后十年察举清平，多得贤才。

文学理论家刘勰，称赞"胡广章奏，天下第一"，是为东汉杰笔。尤其他的《谒陵》一篇，具有"典文之美"，可惜已经散失。

东汉末年，到了安帝、和帝时，国家政弛，礼阁缺乏人才，每遇国家颁发诏敕，则需外请名家入朝捉笔，闹出了许多笑话。

## 22　谏曹操取徐州

东汉·荀彧

昔高祖保关中，光武据河内，皆深根固本①，以制天下。进可以胜敌，退足以坚守，故虽有困败，而终济大业。将军本以兖州首事②，故能平定山东，此实天下之要地，而将军之关河也。若不先定之，根本将何寄乎？宜急分讨陈宫，使虏不得西顾，乘其间而收熟麦，约食蓄谷，以资一举，则吕布不足破也。今舍之而东，未见其便，多留兵则力不胜敌，少留兵则后不足固。布乘虚寇暴，震动人心，纵数城或全，其余非复己有，则将军尚安归乎？且前讨徐州，威罚实行，其子弟念父兄之耻，必人自为守。就能破之，尚不可保。彼若惧而相结，共为表里，坚壁清野，以待将军，将军攻之不拔，掠之无获，不出一旬，则十万之众未战而自困矣。夫事固有弃彼取此，以权一时之势，愿将军虑焉。

《后汉书·荀彧传》。

### 公文笔者：

荀彧（163~212），少有"王佐"之名，献帝初年举孝廉，任亢父令。董卓乱，弃官率乡人远避战地。后知曹操雄略，投于麾下。曹操之迎献帝，破袁绍，取荆州诸谋略，皆出荀彧运筹，故曹操誉之"吾子房也"，成为东汉末年有名的谋略家。及献帝都许昌，荀彧为侍中，守尚书令。建安八年（203）封万岁亭侯。荀彧知人，多荐贤才。因劝曹操不要接受国公爵位，失宠自尽，年50岁。次年，曹操称"魏公"。

---

① 深根固本，建立军事根据地。
② 兖州首事，初平二年（191），曹操镇压河北农民军，举为东郡太守。次年，兖州刺史战死，官员迎操为兖州牧，操迫降黄巾军30万，从中选兵20万组成"青州兵"，以为骨干。

## 公文赏析：

荀彧《谏曹操取徐州》，写于献帝兴平二年（195）。

当时，曹操占领鄄城，要荀彧据守，自己攻打徐州，以求扩大地盘。荀彧谏以欲成大业，必进退有据，有取有舍，不如放弃攻取徐州，准备粮草，以夺兖州全境。荀彧建立巩固根据地以求"深根固本"的谋略，为曹魏军事势力发展奠定了巩固的基础。

谏议层次简略。先讲建立兖州根据地之利，"进可以胜敌，退足以坚守"。后讲取徐州之弊：即多留兵则难胜徐州之敌，少留兵则可能被吕布抄后路，如兖州失据，则将军无以归；接下去，荀彧还讲了一个带有战争规律性的原则，一攻不克，避免近期再攻，因敌积仇，人自为守，易于做战争动员，特别是惧而相结，可能造成操军"十万之众未战而自困"境地。谏议理清据明，曹操接受荀彧建议，大收麦，再战吕布，兖州平。

荀彧《谏曹操取徐州》，作为中国公文处于一个从东汉衰落到魏晋兴盛时期的转折。这与曹操父子的亲为和倡导，有着十分紧密的关系。魏晋公文的显著特点，是公文的文学美，提到十分重要的地位。曹丕为帝，所发诏敕"辞义多伟"，而其"作威作福"气息也尝为后世诟病。

魏晋以来，如三国的孔融、应劭、陈琳、阮瑀、孔明、陈寿，两晋的羊祜、张华、杜预等，都在中华公文发展史上留下自己的鸿篇。

# 23 呈《汉仪》[①]疏

### 东汉·应劭

夫国之大事，莫尚载籍。载籍也者，决嫌疑，明是非，赏刑之宜，允获厥中，俾后之人永为监焉。故胶西相董仲舒老病致仕，朝廷每有政议，数遣廷尉张汤亲至陋巷，问其得失。于是作《春秋决狱》二百三十二事，动以经对，言之详矣。逆臣董卓，荡覆王室，典宪焚燎，靡有孑遗，开辟以来，莫或兹酷。今大驾东迈，巡省许都，拔出险难，其命惟新。臣累世受恩，荣祚丰衍，窃不自揆，贪少云补，辄撰具《律本章句》、《尚书旧事》、《廷尉板令》、《决事比例》、《司徒

---

① 《汉仪》，东汉应劭著，献帝建安元年(196)完成，主要内容为驳议、刑律、律令等。

都目》、《五曹诏书》及《春秋断狱》凡二百五十篇。捐去复重，为之节文。又集驳议三十篇，以类相从，凡八十二事。其见《汉书》二十五，《汉记》四，皆删叙润色，以全本体。其二十六，博采古今环玮之士，文章焕炳，德义可观。其二十七，臣所创造。岂系自谓必合道衷，心焉愤邑，聊以借手。昔郑人以干鼠为璞①，鬻之于周，宋愚夫亦宝燕石，缇缊十重②。夫睹之者掩缊卢胡而笑，斯文之族，无乃类旃。《左氏》实云虽有姬姜丝麻，不弃憔悴菅蒯，盖所以代匮也。是用敢露顽才，厕于明哲之末。虽未足纲纪国体，宣洽时雍，庶几观察，增阐圣听。惟因万机之馀暇，游意省览焉。

《后汉书·应劭传》。

## 公文笔者：

应劭，生卒年不详，其生活的年代在东汉末年至三国前期。灵帝时举孝廉，曾为泰山太守。汉末丧乱，汉献帝兴平元年（194），曹操之父太尉曹嵩被陶谦杀于郡界，畏曹操诛杀，弃郡投奔冀州牧袁绍。汉献帝至许昌，在"载籍"极端缺失的情况下，应邵集旧闻，著有《汉官礼仪故事》、《汉朝驳议》、《汉书集解》、《风俗通》、《汉书集解音义》、《状人纪》、《中汉辑序》进献。后世服其博闻。卒于邺。

## 公文赏析：

《呈〈汉仪〉疏》，是应劭于东汉献帝建安元年（196）所奏。

应劭是公文写作的大手笔，只是生不逢时。此时东汉的洛阳皇宫被董卓一把火烧得净光，汉献帝被人封了皇帝，不仅没有宫殿可据，连肚子也填不饱。后被曹操以"就食"为名"迎"至许昌。汉献帝缺的并非"载籍"文书，而是做帝王的起码权威。不过，这毕竟为应劭献书提供了机会。

这篇献书公文，首先阐述"载籍"对于国家政治生活的重要性，接下去把自己献上的二百五十篇著述作了交代。毕竟，自著、自献、自荐多有碍口，应劭拈来两个典故，郑人以风干的鼠肉为璞、宋愚以燕石为宝，作为自谦。这篇献书公文，显示出应劭的博闻强记，在天下纷争，且缺少文献的条件下，能"撰具"二

---

① 干鼠为璞，郑人谓玉未雕为璞，周人谓鼠未腊为璞，周人遇郑贾，问想买璞否？郑贾答是。出璞示之，乃干鼠，郑贾谢而不取。

② 燕石，是一种岩石，宋人得而视为宝物，用丝绸裹了十层，周客闻而观之，说这只是一方燕石，如普通瓦砾一样分文不值，宋人回以"商贾之言，竖匠之心"，收藏得更加严密。

百五十篇,其中"创造"者二十七篇,实属不易。还有一个不能不谈及的背景,是东汉末年天下纷争之时,应劭弃泰山太守之职投奔袁绍,袁绍又是激烈反对刘协(献帝)称帝者,应劭是怎样从袁绍派变成牵挂献帝"大驾东迈"的人,《后汉书·应劭传》没有说破。如果说,当时的分立有些暧昧,那么,在这篇公文发出的四年后,即建安五年(200),袁绍与曹操官渡之战爆发,袁绍兵败,吐血而死,应劭将如何自处?足见,此时文人的处境十分尴尬。

"汉室善驳,应劭为首"(《文心雕龙·议对》),但在《两汉全书·应劭》目中,仅见驳议三篇,并非佳作。因其文稿散失,今人已难见应劭驳议之美。到了晋代,善驳则以傅咸为宗。陆机的断议,也有几分锋颖。不过,这种由"谀辞"包裹起来的驳议,难掩其文骨软。

## 24 止肉刑议

### 东汉·孔融

古者敦庞,善否区别①,吏端刑清,政无过失。百姓有罪,皆自取之。末世陵迟,风化坏乱,政挠其俗,法害其人。故曰上失其道,民散久矣。而欲绳之以古刑,投之以残弃,非所谓与时消息者也。纣斫朝涉之胫,天下谓为无道。夫九牧之地,千八百君,若各刖一人,是天下常有千八百纣也。求俗休和,弗可得已。且被刑之人,虑不念生,志在思死,类多趋恶,莫复归正。夙沙②乱齐,伊庆③祸宋,赵高④、英布⑤,为世大患。不能止人遂为非也,适足绝人还为善耳。虽忠如鬻拳⑥,信如卞和⑦,智如孙膑⑧,冤如巷伯⑨,才如史迁⑩,达如子政⑪,

---

① 善否区别,据杜佑《通典》卷168,将《后汉书·孔融传》中的"善否不别"改为"善否区别"。
② 夙沙,即夙沙卫,齐灵公时少傅,后叛齐。
③ 伊庆,陷害宋太子痤,为宋公所烹。
④ 赵高,秦之宦官,受宠信,后杀李斯及新帝胡亥,终亡秦。
⑤ 英布,坐法受黥刑,后为项羽先锋,及项羽不振,投奔刘邦,封九江王,又因谋反被诛。
⑥ 鬻拳,楚臣,因强谏楚王不纳,楚王召来兵卒,鬻拳砍断双足自刑,谏仍不止,楚人誉忠。
⑦ 卞和,楚人,得璞玉,两献于王,王使玉人查验,皆以为石,以行骗罪刖其两足。及新王立,攻璞得宝,封为侯,和不受,作怨歌:"进宝得刑,足离分兮。去封立信,守休芸兮。断者不续,岂不冤兮。"
⑧ 孙膑,受魏王膑刑,入齐为大将军,败魏将庞涓于桂陵、马陵。
⑨ 巷伯,周幽王时宫内小臣,被谗受刑。
⑩ 史迁,西汉武帝时太史公司马迁,因李陵案受腐刑。
⑪ 子政,西汉刘向字子政,宣帝时上言黄金可成。不验,下狱当死,宣帝奇其才得免。

一罹刀锯①，没世不齿。是太甲之思庸②，穆公之霸秦③，南睢之骨立，卫武之《初筵》，陈汤之都赖，魏尚之守边，无所复施也。汉开改恶之路，凡为此也。故明德之君，远度深惟，弃短就长，不苟革其政者也。

《后汉书·孔融传》。

## 公文笔者：

孔融（153～208），孔子二十世孙，博览群书，东汉末年公文高手，举劾罪官无所顾忌。及国家丧乱，献帝被曹操迎至许昌，北海太守孔融被征为将作大匠。时论多欲复肉刑，孔融谏止。袁绍与曹操争雄，孔融两不相结。及曹操秉政，孔融上书言事，多流露对操侮慢之辞，被免。岁余，复拜太中大夫。终因与操积嫌，于献帝建安十三年（208）以"大逆不道"罪下狱弃市，妻子皆诛。孔融文笔简洁犀利，奏议甚多，名列"建安七子"。

## 公文赏析：

孔融《止肉刑议》，是一篇驳议体公文，作于东汉献帝建安年间。

东汉末年，天下大乱，到献帝时，东汉政权已名存实亡，军阀势力也自感难以控制局面，被西汉文帝一度废除的肉刑重新提出，崔实、郑元、陈纪等皆以为当复肉刑，以稳定动荡局面。曹操令荀彧博访百官，孔融遂上《止肉刑议》。

这篇公文有理有据，文采飞扬，有六朝文之风。整篇公文，用典甚多，大有一泻千里之势。只是今人读来，有些生涩。孔融谏止肉刑，所陈述的道理，一是说品质本坏之人，肉刑不会改变他的内心世界，相反，一有机会他会加倍报复社会；二是对即使有罪之人，肉刑会断送他们的自新之路；三是对于那些本不当刑者，一旦误用，却无法改正。他强烈呼吁，一个明君，一个社会，切不可阻断人们的"改恶之路"。

孔融力图挽救汉室，曹操则是另起炉灶，两人本为政敌。此时的汉献帝，不过是握有兵权的曹操"挟天子以令诸侯"的玩偶，孔融把献帝当成常态下的皇王去劝谏，把自己视为"太中大夫"去行使权利，颇称得上是一个不识时务者，以致举家受斩。

---

① 一罹刀锯，据杜佑《通典》卷168，将《后汉书·孔融传》中的"一离刀锯"改为"一罹刀锯"。
② 太甲思庸，商初，太甲不明，放逐伊尹，三年归亳，因念常道。
③ 穆公霸秦，秦穆公于公元前628年作《秦誓》，对前败归罪于己，不责臣将，因而举国一致，得以称霸。

# 魏晋公文

# 25 请追赠郭嘉封邑表

### 魏·曹操

臣闻褒忠宠贤,未必当身,念功惟绩,恩隆后嗣。是以楚宗孙叔①,显封厥子;岑彭②既没,爵及支庶③。故军祭酒郭嘉④,忠良渊淑,体通性达。每有大议,发言盈庭,执中处理,动无遗策。自在军旅,十有馀年,行同骑乘,坐同幄席,东禽吕布,西取眭固;斩袁谭之首,平朔土之众,逾越险塞,荡定乌丸;震威辽东,以枭袁尚。虽假天威,易为指麾。至于临敌,发扬誓命,凶逆克殄,勋实由嘉。方将表显,短命早终。上为朝廷悼惜良臣,下自毒恨丧失奇佐。宜追赠嘉封,并前千户,褒亡为存,厚往劝来也。

《三国志·郭嘉传》注。

## 公文笔者:

曹操(155~220),三国著名政治家、军事家。《三国志》作者陈寿称其为"非常之人,超世之才。"少机警,有权谋,年二十举孝廉为郎,迁顿丘令,以讨黄巾军有功,任济南相。董卓乱,曹操起兵戡乱。迎汉献帝于许昌,任丞相。统一北方,称雄天下,后加九锡,封魏公,进魏王。曹操是古代军帅文笔最好者之一。其子曹丕、曹植,也是一代文士。"人才莫胜于三国",而曹操集结的智囊,尤为庞大。

## 公文赏析:

曹操《请追赠郭嘉封邑表》,写于献帝建安十三年(208)。

奏文层次分明:先说有功者未封"当身",则应封其后,因为封赐的目的是"褒亡为存,厚往劝来"。表文的主要部分,是陈述郭嘉功勋,疏而无漏。对于郭

---

① 孙叔,春秋时楚国名相,楚治,吏无奸邪,盗贼不起,三任三去皆无悔。
② 岑彭,后汉人,随刘秀征战,行大将军事。
③ 支庶,非嫡系亲属。
④ 郭嘉,字奉孝,初投袁绍,因其无谋而去,后由荀彧荐于曹操,表为司空祭酒,从征吕布、袁绍,屡建奇功,有算略,达于事理,操视为知己。早夭,卒年38岁。

嘉的早逝，以"上为朝廷悼惜良臣，下自毒恨丧失奇佐"悼之，反映了曹操的真实感情，看出郭嘉在曹操营垒中的地位。全文结在"追赠加封"上，理出自然。全文用字不过三百，格式合常，逻辑严密，抒理有据，行文流畅，当属公文名篇。

至于这篇奏表是否出自曹操之手，无法考定，但属曹操授意或者改定则是无疑。且该文属骈体文，颇有曹氏父子为文之风。曹操是三国时期的著名政治家、军事家，并无精于案牍的记载。不过，曹操统军三十年，手不离书，所著《〈孙子兵法〉评注》、《孙子略解》，用词考究，思想严密。据《三国志》记载，曹操曾当众夸赞"唯奉孝（郭嘉）为能知孤意"。及郭嘉卒，曹操与那些与自己年岁相当的大臣诉说："诸君年皆孤辈也，唯奉孝最少。天下事竟，欲以后事属之，而中年夭折，命也夫！"及曹操遭赤壁之败，叹曰："郭奉孝在，不使孤至此。"足见，追赠郭嘉表文，实属曹操真实感情的流露。

# 26 为曹公作书与孙权

## 三国·阮瑀

孤①之薄德，位高任重，幸蒙国朝将泰之运，荡平天下，怀集异类，喜得全功，长享其福。而姻亲坐离②，厚援生隙，常恐海内多以相责，以为老夫包藏祸心，阴有郑武取胡③之诈，乃使仁君翻然自绝。以是怨怨，怀惭反侧，常思除弃小事，更申前好，二族俱荣，流祚后嗣，以明雅素中诚之效。抱怀数年，未得散意④。昔赤壁之役⑤，遭离疫气，烧舡自还，以避恶地，非周瑜水军所能抑挫也。江陵之守⑥，物尽穀殚，无所复据，徙民还师，又非瑜之所能败也。荆土本非己分，我尽与君，冀取其余，非相侵肌肤，有所割损也。思计此变，无伤于孤，何

---

① 孤，古代侯王自称，作书时曹操以汉丞相居，视吴、蜀则为叛离之邦。
② 姻亲坐离，孙策并江东，时曹操兵少不能制止，乃以其妹嫁于孙策之弟，结为姻亲，后因吴魏之争结仇。
③ 郑武取胡，郑武公为春秋时郑国君主，胡为西北少数民族。郑武公欲伐胡，先把女儿嫁给胡君，并诛杀国内主张伐胡大臣，待胡君放松戒备，遂攻而取之。
④ 散意，表达心意。
⑤ 赤壁之役，指建安十三年（208）冬十月吴蜀联盟在赤壁的抗曹战争，以周瑜火烧战船曹军败退告终。
⑥ 江陵之守，指赤壁之败曹操北还，留部将曹仁驻守江陵。

必自遂于此，不复还之。高帝设爵以延田横①，光武指河而誓朱鲔②，君之负累，岂如二子？是以至情，愿闻德音。

往年③在谯，新造舟舡，取足自载，以至九江，贵欲观湖溇之形，定江滨之民耳，非有深入攻战之计。将恐议者大为己荣，自谓策得，长无西患，重以此故，未肯回情。然智者之虑，虑于未形，达者所规，规于未兆。是故子胥知姑苏之有麋鹿④，辅果识智伯之为赵禽⑤。穆生⑥谢病，以免楚难，邹阳⑦北游，不同吴祸。此四士者，岂圣人哉？徒通变思深，以微知著耳。以君之明，观孤术数⑧，量君所据，相计土地，岂势少力乏，不能远举，割江之表，宴安而已⑨哉？甚未然也！若恃水战，临江塞要，欲令王师终不得渡，亦未必也。夫水战千里，情巧万端。越为三军，吴曾不御⑩，汉潜夏阳，魏豹不意⑪。江河虽广，其长难卫也。

凡事有宜，不得尽言，将修旧好而张形势，更无以威胁重敌人。然有所恐，恐书无益。何则？往者军逼而自引还，今日在远而兴慰纳⑫，辞逊意狭，谓其力尽，适以增骄，不足相动，但明效古，当自图之耳。昔淮南信左吴⑬之策，汉隗嚣纳王元⑭之言，彭宠⑮受亲吏之计，三夫不悟，终为世笑。梁王⑯不受诡胜，窦

---

① 田横，战国田齐氏后代，秦末，其兄田儋自立为齐王，田横为相国。刘邦称帝遣使赦罪招降。田横与客二人往洛阳，自杀于途。岛上留守五百壮士，闻讯皆自尽。
② 朱鲔，西汉末年反王莽的更始政权大司马，光武帝遣使劝降朱鲔。朱鲔说，我参与谋杀光武兄长，"诚知罪深，不敢降乎"。光武帝说，建大事不忌小怨，今降官爵可保，更无诛罚，并指河水说："河水在此，吾不食言。"
③ 往年，建安十四年（209）。
④ 子胥知姑苏之有麋鹿，春秋末年，吴越之争激烈，吴王夫差败越王勾践，并接受勾践求和。伍子胥知越王必再起，吴王的姑苏台将成麋鹿出没的丘墟之地，力谏吴王灭越，吴王不从而自杀。
⑤ 辅果识智伯之为赵禽，辅果即智果，春秋时晋国大夫，与智伯同族。智伯时与赵、魏、韩并立的晋国四大势力集团中的最强横者。智果预见其必败，遂改姓辅。及智伯为赵擒杀，灭及九族，而辅果免受诛连。
⑥ 穆生，汉景帝时人，楚王刘戊与吴王刘濞谋叛，楚王设宴而不置酒，穆生遁去，免遭叛乱之难。
⑦ 邹阳，汉景帝时人，事吴王刘濞，王谋反，邹阳谏之不从，遂北游，避免与刘濞同流合污。
⑧ 术数，策略。
⑨ 宴安而已，让孙权割据江南，非不能取，而是耽于安乐。
⑩ 越为三军，吴曾不御，指战国初年，吴越笠泽之战，越以三军集中攻吴中军，而获大胜。
⑪ 汉潜夏阳，魏豹不意，指刘邦遣韩信潜军夏阳，忙于正面作战的魏豹却被迂回包剿的汉军打败。
⑫ 慰纳，充满诚意的书信。
⑬ 左吴，西汉淮南王刘安的宾客，谋判。
⑭ 王元，东汉人，隗嚣的大将军，说可据天水称帝，隗嚣遂反。
⑮ 彭宠，东汉初年佐光武开创帝业有功，任渔阳太守，受身边人蛊惑，举兵而反。
⑯ 梁王，西汉梁孝王刘武，平吴楚谋反有功，太后欲以为景帝嗣，为大臣袁盎所阻，因与公孙诡、羊胜合谋，使人入京杀袁盎及其议臣十余人。事发，诡、胜在梁王后宫自杀，梁王向皇帝谢罪。

融①斥逐张玄，二贤既觉，福亦随之。愿君少留意焉。若能内取子布②，外击刘备，以效赤心，用复前好，则江表之任，长以相付，高位重爵，坦然可观。上令圣朝无东顾之劳，下令百姓保安全之福，君享其荣，孤受其利，岂不快哉！若忽至诚，以处侥幸，婉彼二人，不忍加罪，所谓小人之仁，大仁之贼，大雅之人，不肯为此也。若怜子布，愿言俱存，亦能倾心去恨，顺君之情，更与从事，取其后善。但禽刘备，亦足为效。开设二者，审处一焉。

闻荆杨诸将，并得降者，皆言交州为君所执，豫章拒命，不承执事，疫旱并行，人兵减损，各求进军，其言云云。孤闻此言，未以为悦。然道路既远，降者难信，幸人之灾，君子不为。且又百姓，国家之有，加怀区区，乐欲崇和。庶几明德，来见昭副③，不劳而定，于孤益贵。是故按兵守次，遗书致意。古者兵交，使在其中，愿仁君及孤虚心回意，以应诗人补衮④之叹，而慎《周易》牵复⑤之义。濯鳞清流，飞翼天衢，良时在兹，勖⑥之而已。

《昭明文选·为曹公作书与孙权》。

## 公文笔者：

阮瑀（？～212），建安七子之一。少时从学于大文学家蔡邕。解音律，善鼓琴。拒应招，辞疾避役，逃入山中，后曹操焚山，乃出而侍之。与陈琳并任司空军谋祭酒，掌记室，深得曹操器重。其时军国书檄，皆出陈、阮之手。曹操使阮瑀作书韩遂，值曹操出，阮瑀骑从，因于马背上拟文。书成呈上，操执笔欲有所定，而不能作一字之改。阮瑀代曹操作书刘备、韩遂，盖在作书孙权之后。这种在政敌间的文书往来，也许是公文中最难啃的一块硬骨头。建安"七子"中，唯阮瑀早逝。曹丕以"书记翩翩"评价阮瑀的文学特长。著有文赋数十篇。

## 公文赏析：

《作书与孙权》，阮瑀作于建安十六年（211）。这篇文字，署者是曹操，笔者是阮瑀。原文题目《为曹公作书与孙权》，为后人编纂时所加，本书为凸显笔

---

① 窦融，东汉光武帝忠臣，隗嚣使说客张玄游说窦融叛离光武自立为王，为窦融所据。
② 子布，吴国权臣张昭。
③ 昭副，光彩的辅佐。
④ 补衮，补救王者的过失。
⑤ 牵复，归顺。
⑥ 勖，奋勉。

者,故改以现名。

《作书与孙权》作为名篇,有几大特点颇令后世称许。一是全文占尽"圣朝"、"王师"礼数。书作为赤壁之战的两年后。当时,虽以东汉傀儡皇帝刘协"建安"纪年,孙权、刘备亦未称帝,但三国鼎立之势已成,而终篇以"国朝"、"圣朝"、"王师"之势招安东吴。书中屡出的"孤"字,更是强化了"曹丞相"气势,以增强政治压力和胁迫砝码。

二是另释赤壁之战,以张军势。周瑜火烧赤壁,终究是曹操一生最大败绩,影响他统一中国的信心,也影响曹操军事集团的士气。阮瑀在书中对赤壁之战做出的"遭离疫气,烧舡自还,以避恶地,非周瑜水军所能抑挫"的解释,对江陵退兵做出的"江陵之守,物尽谷殚,无所复据,徙民还师,又非瑜之所能败也"。这些新解,或是曹君授意,或是阮瑀自拟,总之是得到曹操认可了的。尽人皆知,军事上不以真相示人是允许的。因为军事上的"自还"、"引还"与败北,是大不一样的,对军力的损耗更是不可同日而语。阮瑀这样做,是想告诉孙权:"王师"暂不取吴,不是没有军力,是有意待孙权"效古自图"。

三是述水塞之弊,以泄吴气。吴向以水塞抗曹,有赤壁之胜更是赖之有加。书中以"水战千里,情巧万端","江河虽广,其长难卫",以诅丧水军,破其所恃。操军自赤壁之败,十分害怕水战,这几乎成为北方将士的心理障碍。阮瑀这一段话,是说给孙权及其将士们听的,也是说给北方将士听的。阮瑀对水塞攻守利弊的辩证分析,六十几年后成为东晋名将羊祜灭吴的主要战略依据。从这一点来说,阮瑀是名副其实的战略家。

四是明白开设吴国归顺的交易条件。这是本书的底牌。条件是:曹操放弃攻吴,结束战争状态;给孙权"高位重爵","江表之任,长以相付",吴地可长期在孙权掌控之下。孙权的回报是,必须"内除子布",即杀掉吴国勋臣张昭;"外击刘备",即断绝吴蜀结盟状态。书中还留下讨价还价的余地,如果孙权不忍杀张昭,也可"开设二者,审处一焉",两个条件,"外禽刘备"这一条总要做到吧。

五是引用史鉴训诫。全书为说明孙权大难临头当以自智为救,引用了伍子胥知吴必败而自谋,辅果识智伯必为赵擒而先逸,穆生为避楚难而借病,邹阳为避越难而北游,以借"四士者"的远见启发孙权危难自救。接着列举"三夫不悟"的典故,即淮南王听信左吴,隗嚣听信王元,彭宠听信亲吏,因而遭来横祸。这里的左吴、王元、亲吏,自然是影射张昭。

总之,这封"致意"之书,气势张弛有度,逼人与感人交加,确是一篇战争檄文的范本。事实证明,这篇战争檄文确使孙权改变了战略思想,以致造成三国格局通盘变化。不能不说,阮瑀檄书确实起了千军万马所起不到的作用。三国鼎立,两结者益,盟外必损,这是规律。因为被排斥于两个结盟方之外者,即使强大,终会左右逢敌。孙权自建安十二年(207)至吴神风元年(252),身处三国鼎立状态45年,时间远远大于曹操和刘备。赤壁之胜是吴蜀结盟的结果。赤壁之胜也使刘备军事集团头脑发昏,不顾吴蜀联盟利益,再加上这篇檄书的胁迫,孙权改取"托魏"、"事魏"、"降魏"战略,从公元217年到222年,长达五年之久。排斥在盟外的蜀国,这时却遭江陵之战、夷陵之战的连续两败,几乎亡国。这不能不说是与阮瑀檄书相关。可惜,曹丕称帝后,"三道伐吴",把孙权重新逼回吴蜀联盟,使统一中国的大业拖到72年后的西晋前期方得完成。可见,曹丕君臣的战略思想,远在曹操、阮瑀之下。

文学理论家刘勰认为,"(陈)琳、(阮)瑀章表,有誉当时",阮瑀《为曹公作书与孙权》,当是他的代表作。

# 27 与魏太子笺

### 三国·繁钦

正月八日壬寅,领主簿繁钦,死罪死罪。近屡奉笺①,不足自宣②。顷者鼓吹,广求异妓③。时都尉薛访车子④,年始十四,能喉啭引声⑤,与笳同音。白上呈见,果如其言。即日故共观试,乃知天壤之所生,诚有自然之妙物也。潜气内转,哀声外激,大不抗越⑥,细不幽散⑦,声悲旧笳,曲美常均。及与黄门鼓吹温胡⑧,迭唱迭和,喉所发音,无不响应。曲折沉浮,寻变入节。自初呈试,中间二旬,故欲嫩其所不知,尚之以一曲,巧竭意匮,既已不能。而此孺子遗声抑扬,不可胜穷;优游转化,余弄未尽。既其清激悲吟,杂以怨慕,咏北狄之遐征,奏胡马之长思⑨,凄入肝脾,哀感顽艳⑩。是时日在西隅,凉风拂衽,背山

---

① 奉笺,恭敬地送上信函。
② 自宣,自我表白。
③ 异妓,奇异的音乐、艺术人才。
④ 薛访车子,薛访为都尉姓名,车子,是指驾车人。
⑤ 喉啭引声,歌唱的一种发声方法,可收宛转动听效果。
⑥ 抗越,声音高亢而越过谱律。
⑦ 幽散,断绝而无声。
⑧ 温胡,魏文时集训歌伎乐工的乐师的名字。
⑨ 北狄之遐征,胡马之长思,为古曲名。
⑩ 顽艳,指顽顿之辈与美好之人。

临溪，流泉东逝。同坐仰叹，观者俯听，莫不泫泣殒涕，悲怀慷慨。自左骐史妠、謇姐①名倡，能识以来，耳目所见，佥日诡异，未之闻也。窃惟圣体，兼爱②好奇，是以因笺，先白委曲。伏想御闻，必含馀欢。冀事速讫，旋侍光尘③，寓目阶庭，与听斯调，宴喜之乐，盖亦无量。钦死罪死罪。

《昭明文选·笺》。

## 公文笔者：

繁钦（？~218），三国时魏文学家，少以文才机辩知名。曾任曹操主簿，长于书记，又善诗赋，有《定情诗》集传世。与曹氏父子来往密切，故可奉笺皇帝。

## 公文赏析：

繁钦《与魏太子笺》，写于建安十七年（212）正月。

这是一篇上魏太子曹丕的信，向他推荐一位称为"车子"的14岁少年歌唱家。繁钦用"笺"，一是出于内容考虑，二是"奉笺"人与皇家具有特殊关系。但文中仍保留着类似奏文的痕迹，而非民间"平信"那般。所以，我们把"笺"这种准公文体收在公文名篇一书，以广见识。

《文心雕龙·书记》说，笺这种文体，"上窥乎表，亦下睨于书"。可见笺这种文体，介乎书、表文体之间。它用于下对上，且主要用于臣下对皇帝后妃、太子、王子等。至于笺体文字，在官员以及民间广泛应用，那是后来的事。

此笺，对歌唱家车子嗓音之美的描述，可谓绘声绘色，几乎形于眼前、声绕耳畔，足见笺体文字有独到长处。故《典略》以为：繁钦长于书记，"其所与太子（曹丕）书，记喉转意，率皆巧丽。"

在公文诸多品类中，笺者，表也，表识其情也。笺记之为式，上窥乎表，下睨乎书，介于两者之间，使其"敬而不慑，简而无傲，清美以惠其才，彪蔚以文其响"。总之，笺是公文中散淡自由的文体，表达不拘格式，言如流水，"美于为诗"。三国时期刘廙的《谢恩》，陆机的《自理》，都属笺之上品。

---

① 左骐、史妠、謇姐，是当时乐人的名字。骐通颠。
② 兼爱，多方爱好。
③ 光尘，对人风采的敬称。

# 28　答东阿王笺

### 三国·陈琳

琳死罪死罪。昨加恩辱命①，并示《龟赋》②，被览粲然③。君侯体高世之才，秉青萍、干将④之器，拂钟无声⑤，应机立断⑥，此乃天然异禀⑦，非钻仰⑧者所庶几也。音义既远，清辞妙句，焱绝焕炳⑨，譬犹飞兔⑩流星，超山越海，龙骥所不敢追，况于驽马，可得齐足？夫听《白雪》之音，观《绿水》之节⑪，然后《东野》、《巴人》⑫，蚩鄙益著，载欢载笑，欲罢不能。谨韫椟玩耽⑬，以为吟颂。琳死罪死罪。

《昭明文选·笺》。

## 公文笔者：

陈琳（？~217），初为何进主簿，后为袁绍掌文书，曾为袁绍作《檄豫州》，数曹操罪状，辱及先祖。袁绍败，陈琳归魏。曹操只说"何乃上及父祖邪"，陈琳谢罪，曹操爱其才而不咎，为司空军谋祭酒，管记室，军国书檄一委陈琳。与孔融、王粲、徐干、阮瑀、应玚、刘桢，并称"建安七子"。曹丕对七

---

① 加恩辱命，对收到曹植信函受宠若惊的谦词。
② 《龟赋》，曹植所作《神龟赋》："龟号千岁，时有遗金龟者，数日而死。肌肉消尽，唯甲存焉。余感而赋之曰：嘉四灵之建德，各潜位乎一方。苍龙虬于东岳，白虎啸于西冈。玄武集于塞门，朱雀栖于南乡。顺仁风以消息，应圣时而后翔。浪飞尘以实气，饮不竭于朝露。步容趾以俯仰，时鸢回而鹤顾。惧沉泥之逢殆，赴芳莲以巢居。"
③ 被览粲然，开卷即为文采感染。
④ 青萍、干将，古代名剑，"青萍砥砺于锋谔"，干将为吴人所作。
⑤ 拂钟无声，喻剑利削铁如泥。
⑥ 应机立断，以发弩喻其锋利。
⑦ 异禀，特殊的天才。
⑧ 钻仰，为《论语·子罕》"仰之弥高，钻之弥坚"的缩语。颜回说孔子的道德学问，仰望之则越高，钻研之则越深。
⑨ 焱绝焕炳，文辞明丽。
⑩ 飞兔，古代良马之名。
⑪ 《白雪》，楚地雅曲。《绿水》，古舞曲。
⑫ 《东野》、《巴人》，楚地下曲。
⑬ 韫椟玩耽，收藏起来以备欣赏。

子才能各有评说,有"才学足以著书"者,有"善于辞赋"者,只有陈琳"章表殊健",阮瑀"书记翩翩",是公文能手。陈琳有《陈记室》文集行世。

## 公文赏析:

陈琳《答东阿王笺》,其写作时间,史家以为绝非于曹植为东阿王时。曹植自太和三年(229)至太和六年(232)为东阿王,而陈琳已于217年谢世,估计是本文编入《陈琳文集》时正值曹植为东阿王期间。本笺写于曹植《神龟赋》脱稿时比较合理。故当在献帝建安22年(217)为宜。

《答东阿王笺》是笺中精品,笺文十分简洁。笺文的来龙去脉,是曹植先为信寄陈琳,示以新作《神龟赋》。陈琳拜读后,便写了这篇笺文,称曹植才华"天然异禀",赞《龟赋》"超山越海",表示他要把收到的《龟赋》文稿收藏椟中,"以为吟颂"。

对于以写奏疏、檄文著名一时的陈琳来说,写一篇笺文,本是手到擒来之事。据《典略》记载:自陈琳归于曹操,书记、檄文常出其手,并直呈曹操。有一次,曹操头痛病发,卧读陈琳文稿,翕然而起,说"此愈我病!"因为陈琳文稿所解,正是曹操头痛之事。

# 29 奏讨孙吴

### 三国·华歆

臣闻枝大者披心,尾大者不掉,有国有家之所慎也。昔汉承秦弊,天下新定,大国之王,臣节未尽,以萧、张之谋①不备录之,至使六王前后反叛,已而伐之,戎车不辍。又文、景守成,忘战戢役,骄纵吴、楚,养虺成蛇,既为社稷大忧,盖前事之不忘,后事之师也。吴王孙权②,幼竖小子,无尺寸之功,遭遇兵乱,因父兄之绪,少蒙翼卵昫伏之恩,长含鸱枭反逆之性,背弃天地,罪恶积大。复与关羽更相觇伺,逐利见便,挟为卑辞,先帝③知权奸以求用,时以于禁

---

① 萧、张之谋,萧何与张良在刘邦得天下后功成身退。
② 孙权(182~252),三国吴国的开国皇帝,继其兄孙策据守江东六郡,曾与刘备合力攻破曹军于赤壁。后称帝,国号吴。
③ 先帝,指曹操。

败于水灾，等当讨羽，因以委权①。先帝委裘下席，权不尽心，诚在恻怛，欲因大丧②，寡弱王室，希托董桃传先帝令，乘未得报许，擅取襄阳③，及见驱逐，乃更折节④。邪辟之态，巧言如流，虽重驿累使，发遣禁等，内包隐嚚顾望之奸，外欲缓诛，支仰蜀贼。圣朝含弘，既加不忍，优而赦之，与之更始，猥乃割地王之，使南面称孤，兼官累位，礼备九命，名马百驷，以成其势，光宠显赫，古今无二。权为犬羊之姿，横披虎豹之文，不思靖力致死之节，以报无量不世之恩。臣每见所下权前后章表，又以愚意采察权旨，自以阻带江湖，负固不服，狙状累世，诈伪成功，上有尉佗、英布之计⑤，下诵伍被⑥屈强之辞，终非不侵不叛之臣。以为晁错不发削弱王侯之谋，则七国同衡，祸久而大；蒯通不决袭历下之策，则田横自ылを，罪深变重。臣谨考之《周礼》九伐之法⑦，平权凶恶，逆节萌生，见罪十五。昔九黎乱德，黄帝加诛，项羽罪十，汉祖不舍。权所犯罪衅明白，非仁恩所养，宇宙所容。臣请免权官，鸿胪削爵土，捕治罪。敢有不从，移兵进讨，以明国典好恶之常，以静三州元元之苦。

《三国志·吴主传》注。

## 公文笔者：

华歆（156~231），举孝廉，除郎中，后拜章豫太守，为政清静。为讨平董卓之乱，迎孙策军，孙策待为上宾。孙策死，曹操以汉献帝名征召，孙权无奈，乃遣华歆于曹营。华歆入为汉献帝尚书令，文帝即位拜相国，明帝拜太尉。

## 公文赏析：

华歆《奏讨孙吴》，是曹操死后曹丕称魏，即文帝黄初元年（220）所上，

---

① 因以委权，建安二十四年（219），关羽围曹军大将曹仁于襄阳，曹操遣左将军于禁往救，恰汉水暴涨，关羽以水军尽俘于禁步骑三万至江陵。曾为吴蜀联合的孙权，为讨好曹操，突袭擒杀关羽，曹操表其为骠骑将军，封南昌侯。
② 大丧，建安二十五年曹操死。
③ 擅取襄阳，当时，孙权外托"事魏"，以卑词上书新称帝的曹丕："若罪在难除，必不见置，当奉还土地人民，乞寄命交州，以终余年"，却同时兵取襄阳。
④ 乃更折节，文帝黄初三年，魏出兵伐吴。孙权称帝，并派出使者与在白帝城的刘备"求复旧好"，重新回到吴蜀联盟抗魏的战略格局。这在华歆看来，是吴国的"折节"。
⑤ 尉佗、英布之计，尉佗秦二世时为南海龙川令，秦灭，自立为南越武王。英布汉高祖封为淮南王，后叛汉被诛。
⑥ 伍被，淮南王郎中，为淮南王叛乱画反计。
⑦ 《周礼》九伐之法，谓对诸侯违反王命的九种处罚办法，详见《周礼·夏官·大司马》。

主张对孙吴"移兵进讨"。

写在奏书明面上的理由,一是以西汉前期六王之叛,文景时期七国之乱为戒,不可养虺成蛇,先讨,比等到尾大不掉时再讨为好。二是曹操死后,孙权有"寡弱王室"的苗头,"擅取襄阳",且与刘备"求复旧好"。这口气,是"大魏"君臣所难以咽下的,这也是文内把孙权视为"幼竖小子"而骂得狗血喷头的真实理由。至于华歆"谨考"《周礼》,为孙权所定的十五罪状,那不过是为兴兵讨个口实。其实,未在奏书明面上说出的重要的理由,是曹操自己都不肯做篡汉称帝的事,曹丕做了,总得有点说法。孙权既然"无尺寸之功",终久长期统领江东,且百姓富庶,还打赢了赤壁之战。而曹丕呢?发兵扩疆,向来是篡权者的必祭法术。这是奏书作者与览者容易沟通的道理。所以,曹丕称帝后的第三年、第四年、第五年,连年亲征,"三道伐吴",就是在华歆推拥下启动的。曹丕伐吴,取得些小战果,不过,头一次险些把自己龙舟翻进江里。但最大的是战略失误,"伐吴"伐出了吴、蜀称帝,且吴、蜀重归于好。在战略思想上,曹丕、华歆之辈,与曹操、孙权、诸葛孔明之睿智,难开比例。

一篇公文,是要在历史淘洗中显现自己价值的。所以,看一篇公文等次高下,首先不是看词章、句法、谋篇,而是看它所表现或依附的战略思想。半个世纪后的羊祜平吴奏文,就不是急功近利,而是水到渠成,比华歆平吴奏文心态要平静得多,策略要高明得多。

# 30 出 师 表

### 三国·诸葛亮

先帝创业未半而中道崩殂,今天下三分,益州①疲弊,此诚危急存亡之秋也。然侍卫之臣不懈于内,忠志之士忘身于外者,盖追先帝之殊遇,欲报之于陛下也。诚宜开张圣听,以光先帝遗德,恢弘志士之气,不宜妄自菲薄,引喻失义,以塞忠谏之路也。宫中府中,俱为一体,陟罚臧否②,不宜异同。若有作奸犯科及为忠善者,宜付有司论其刑赏,以昭陛下平明之理,不宜偏私,使内外异法也。侍中、侍郎郭攸之、费祎、董允等,此皆良实,志虑忠纯,是以先帝简拔以遗陛下。愚以为宫中之事,事无大小,悉以咨之,然后施行,必能裨补阙漏,有

---

① 益州,蜀地原为益州所辖,其地包括今四川大部及部分云贵地区,"益州疲弊"即蜀国疲弊。
② 陟罚臧否,奖善罚恶。

所广益。将军向宠，性行淑均，晓畅军事，试用于昔日，先帝称之曰能，是以众议举宠为督。愚以为营中之事，悉以咨之，必能使行陈①和睦，优劣得所。亲贤臣，远小人，此先汉所以兴隆也。亲小人，远贤臣，此后汉所以倾颓也。先帝在时，每与臣论此事，未尝不叹息痛恨于桓、灵②也。侍中、尚书、长史、参军，此悉贞良死节之臣，愿陛下亲之信之，则汉室之隆，可计日而待也。

臣本布衣，躬耕于南阳，苟全性命于乱世，不求闻达于诸侯。先帝不以臣卑鄙，猥自枉屈，三顾臣于草庐之中，谘臣以当世之事，由是感激，遂许先帝以驱驰。后值倾覆，受任于败军之际，奉命于危难之间，尔来二十有一年矣。先帝知臣谨慎，故临崩寄臣以大事也。受命以来，夙夜忧叹，恐托付不效，以伤先帝之明，故五月渡泸③，深入不毛。今南方已定，兵甲已足，当奖率三军，北定中原，庶竭驽钝④，攘除奸凶，兴复汉室，还于旧都⑤。此臣所以报先帝，而忠陛下之职分也。

至于斟酌损益，进尽忠言，则攸之、祎、允之任也。愿陛下托臣以讨贼兴复之效；不效，则治臣之罪，以告先帝之灵。若无兴德之言，则责攸之、祎、允等之慢，以彰其咎。陛下亦宜自谋，以谘诹⑥善道，察纳雅言，深追先帝遗诏。臣不胜受恩感激，今当远离，临表涕零，不知所言。

《三国志·诸葛亮传》。

## 公文笔者：

诸葛亮（181~234），三国时著名政治家、军事家。早年丧父，避战耕读于南阳，常自比管仲、乐毅。建安十二年（207），刘备三顾茅庐，作《隆中对》，为刘备延为军师。建安二十六年（221），刘备称帝于成都，以为丞相，建立了与曹魏、孙权抗衡的蜀汉政权，形成三足鼎立之势。及刘备死，诸葛亮辅后主刘禅，北拒曹魏，东和孙权，并努力恢复农业生产，连他的敌人司马懿也赞其"天下奇才"。在北征时，卒于军中，实践了"鞠躬尽力，死而后已"的誓言。

---

① 行陈，与行阵通，指军队。
② 桓、灵，东汉桓帝、灵帝用宦官败政，文中引以警策刘禅宠信宦官黄皓。
③ 五月渡泸，指诸葛亮于建兴三年（225）南征孟获。
④ 庶竭驽钝，指望竭尽劣马钝刀之力。
⑤ 旧都，西汉都长安，东汉都洛阳，"还于旧都"指汉兴。
⑥ 谘诹，征询。

## 公文赏析：

诸葛亮《出师表》发于蜀后主建兴五年（227）三月，告以欲北定中原发兵时。

文中不用骈句丽辞，甚合《昭明文选》编者萧统"沈思翰藻"的章奏典范。亦如杜甫所赞，"出师一表真名世，千古谁堪伯仲间。"

《出师表》之前文，婉言警策，苦谏刘禅，凡宫中、军中悉以咨之职官，不可偏听偏信偏私，不可亲小人、远君子。其文虽有"叮咛周至"之嫌，但诸葛亮面对的是一个低能又心胸狭小的刘禅，话不说透，恐后方有患。《出师表》之后文，则是禀明心迹，其感情真挚，语言恳切，踌躇满志，是后人推崇之所在。表中13次提到"先帝"，因为先帝既是奉表人的委托者，又是后主之先父，"先帝"在表中具有最大的动员力。

诸葛亮自《隆中对》到备位丞相，他的"联吴抗魏"策略是被刘备集团所接受的，故有火烧赤壁之胜，及吴蜀"湘江和约"之立。可是，自关羽对曹魏作战取得水淹于禁七军大捷，刘备集团上层滋生了抛弃"联吴抗魏"策略的情绪，及吴蜀"江陵之战"、"夷陵之战"爆发，刘关张结义兄弟意气用事，诸葛亮早被排斥于决策之外。直至关羽被杀，刘备白帝败崩，蜀汉残局才回到诸葛亮掌控中。在《出师表》中，诸葛亮并无怨言，仅以"后值倾覆"略之。诸葛亮作《出师表》时，是他推行"天下三分，联吴抗魏"策略得到蜀国朝野认同的时期，也是他借助这一策略北征曹魏的最好机遇。他敢说"愿陛下托臣以讨贼兴复之效；不效，则治臣之罪"，是他的信心来源于这个难得的战略机遇。所以，《出师表》之美伟，是可从中窥见《隆中对》影子的。

汉时所定格制，上奏皇帝公文为四品：章、奏、表、议。章以谢恩，奏以按劾，表以陈情，议以执异。《出师表》突出了陈情，故与《陈情表》被列为古今几大名表之一。不过对《出师表》的评价，也有"过于叮咛周至"的诟病。

在公文的各种体式中，表，是留有叙情空间最大的一种。表体公文的本原，是"立木为表，以视日景（影）"（《史记·司马穰苴列传》），以附"表者，标也"之说。文学理论家刘勰，对表体公文功能的定位是"对扬王庭，昭明心曲。既其身文，且亦国华。"也就是说，表体公文说理要说到至处，为文要达到国家水准。不过，历经两千年演变，表体多用，表体功能也历经迁动。本书所收录魏表、蜀表两文，是距刘勰时代最近的，其格调就很不一致。《请追赠郭嘉封邑表》，是"挟天子以令诸侯"的曹操写给汉献帝的奏文，颂郭有真，尊皇为虚。《出师表》，则是主持蜀政的宰臣诸葛亮写给后主刘禅的。在后人眼里，这篇魏表留给人们印象最深刻的是曹操酷爱人才,而这篇荐表则有"志尽文畅"的"表之英也"之誉(《文心雕龙·章表》)。

## 31 求自试表

### 三国·曹植

　　臣闻士之生世,入则事父,出则事君。事父尚于荣亲,事君贵于兴国。故慈父不能爱无益之子,仁君不能畜无用之臣。夫论德而授官者,成功之君也;量能而受爵者,毕命之臣也。故君无虚授,臣无虚受,虚授谓之谬举,虚受谓之尸禄,《诗》之"素餐"所由作也。昔二虢不辞两国之任,其德厚也。旦、奭不让燕、鲁之封,其功大也。今臣蒙国重恩,三世于今矣。正值陛下升平之际,沐浴圣泽,潜润德教,可谓厚幸矣。而窃位东藩,爵在上列,身被轻暖,口厌百味,目极华靡,耳倦丝竹者,爵重禄厚之所致也。退念古之授爵禄者,有异于此,皆以功勤济国,辅主惠民。今臣无德可述,无功可纪,若此终年无益国朝,将挂风人"彼其"之讥。是以上惭玄冕,俯愧朱绂。

　　方今天下一统,九州晏如,而顾西有违命之蜀,东有不臣之吴,使边境未得脱甲,谋士未得高枕者,诚欲混同宇内以致太和也。故启灭有扈而夏功昭,成克商、奄而周德著。今陛下以圣明统世,将欲卒文、武之功,继成、康之隆,简贤授能,以方叔、召虎之臣镇御四境,为国爪牙者,可谓当矣。然而高鸟未挂于轻缴,渊鱼未悬于钩饵者,恐钓射之术或未尽也。昔耿弇不俟光武,亟击张步,言不以贼遗于君父。故车右伏剑于鸣毂,雍门刎首于齐境,若此二士,岂恶生而尚死哉?诚忿其慢主而陵君也。夫君之宠臣,欲以除患兴利,臣之事君,必以杀身靖乱,以功报主也。昔贾谊弱冠,求试属国,请系单于之颈而制其命,终军以妙年使越,欲得长缨占其王,羁致北阙。此二臣者,岂好为夸主而曜世俗哉?志或郁结,欲逞其才力,输能于明君也。昔汉武为霍去病治第,辞曰:"匈奴未灭,臣无以家为!"夫忧国忘家,捐躯济难,忠臣之志也。今臣居外,非不厚也;而寝不安席,食不遑味者,伏以二方①未克为念。

　　伏见先武皇帝武臣宿将,年者即世者有闻矣。虽贤不乏世,宿将旧卒,犹习战阵,窃不自量,志在效命,庶立毛发之功,以报所受之恩。若使陛下出不世之诏,效臣锥刀之用,使得西属大将军,当一校之队,若东属大司马,统偏舟之

---

①　二方,指吴蜀,即表文前面所述"违命之蜀"和"不臣之吴"。

任，必乘危蹈险，骋舟奋骊，突刃触锋，为士卒先。虽未能禽权馘亮①，庶将虏其雄率，歼其丑类，必效须臾之捷，以灭终身之愧，使名挂史笔，事列朝策，虽身分蜀境，首悬吴阙，犹生之年也。如微才弗试，没世无闻，徒荣其躯而丰其体，生无益于事，死无损于数②，虚荷上位而忝重禄，禽息鸟视，终于白首，此徒圈牢之养物，非臣之所志也。流闻东军失备，师徒小衄③，辍食弃餐，奋袂攘衽，抚剑东顾，而心已驰于吴会矣。

臣昔从先武皇帝南极赤岸，东临沧海，西望玉门，北出玄塞④，伏见所以行军用兵之势，可谓神妙矣。故兵者不可豫言，临难而制变者也。志欲自效于明时，立功于圣世。每览史籍，观古忠臣义士，出一朝之命，以殉国家之难，身虽屠裂，而功铭著于鼎钟⑤，名称垂于竹帛，未尝不拊心而叹息也。臣闻明主使臣，不废有罪。故奔北败军之将⑥用，秦、鲁以成其功；绝缨盗马之臣⑦赦，楚、赵以济其难。臣窃感先帝早崩，威王⑧弃世，臣独何人，以堪长久！常恐先朝露，填沟壑，坟土未干，而身名并灭。臣闻骐骥长鸣，则伯乐照其能；卢狗⑨悲号，则韩国⑩知其才。是以效之齐、楚之路，以逞千里之任；试之狡兔之捷，以验博噬之用。今臣志狗马之微功，窃自惟度，终无伯乐、韩国之举，是以于邑而窃自痛者也。

夫临搏而企竦，闻乐而窃抃者，或有赏音而识道也。昔毛遂，赵之陪隶，犹假锥囊之喻，以寤主立功，何况巍巍大魏多士之朝，而无慷慨死难之臣乎！夫自炫自媒者，士女之丑行也。干时求进者，道家之明忌也。而臣敢陈闻于陛下者，诚与国分形同气，忧患共之者也。冀以尘雾之微补益山海，萤烛末光增辉日月，是以敢冒其丑而献其忠。

《三国志·陈思王植》。

---

① 禽权馘亮，活捉孙权、诸葛亮，馘即割取敌俘左耳以计战功。
② 数，气数，或称命运。
③ 小衄，衄为流鼻血，喻挫折。
④ 玄塞，长城。
⑤ 鼎钟，魏景王之钟，以作铭文记载。
⑥ 奔北败军之将，指秦将孟明视、西乞术、白乙丙，在崤关为晋师所俘，放归后，秦穆公用其大败晋军。又鲁将曹沫，与齐战屡败，鲁庄公仍以为将，后齐鲁会盟，曹沫以匕首劫桓公，桓公尽归掠地。
⑦ 绝缨，事出楚庄王与群臣夜宴，有人拉美人衣，美人揪断其帽缨以告庄王。王曰："饮人以酒如何责人以礼！"不令上灯，曰："与寡人饮，不绝缨者不为尽兴。"于是群臣皆绝缨而去。后楚晋战发，拉美人衣者力战以报庄王宽赦之恩。盗马，事出秦穆公失马，土人窃而食之，穆公发现后，说"食骏马之肉而不饮酒，余恐伤汝"，遍饮而去。后穆公被晋军所困，土人力战解围以报。据上，文后"楚赵"，应为"楚秦"。
⑧ 威王，曹操子曹彰，死谥"威"。
⑨ 卢狗，古时名犬。
⑩ 韩国，齐人，善相狗。

## 公文笔者：

曹植（192～232）曹操三子，魏文帝曹丕的同母弟。曹操在任丞相时封平原侯，后多次徙封。曹植自幼聪颖，才华过人，文章卓群，深得曹操赏识，一度欲立为太子，终因文人气质过重，饮酒无度失宠。曹操死后，屡遭已称帝的曹丕贬爵削邑，抱负无法伸展，抑郁寡欢而终，年41岁。

## 公文赏析：

曹植《求自试表》，上于魏明帝太和二年（228）。

这是一篇向新帝、自己的侄子曹叡自荐的表体公文，其中涵盖的历史掌故与公文见识极其丰富。由理入手，至情而终，据理入情，以情达理，是表体公文的常用手法。

《求自试表》从国事入手，而国事之大，无过于"违命之蜀"尚在诸葛丞相运作下继续北征，另有"不臣之吴"在孙权统领下战力不减，且吴蜀联盟，抗魏比过去更加坚定。这就引出曹植"自试"以建功的公理，陈述了曹植希望在平吴蜀、安边塞，以成宇内一统上，为国家出力的心愿。

曹植与曹丕、曹叡父子之间，有一层亲情关系，这是表中必须利用又不便直白表述的。曹植作为一位文学大家，在这一点上处理得相当妥帖。他用对当年跟随乃父曹操征战的追忆，说明自己见过大世面，通晓战阵，既融洽亲情，又抬高了"自试"砝码，这是高明之处。

但也不乏拙劣，如自喻狗号马鸣，丑女自媒，难脱卑琐之嫌。曹植说，他的表文"必知为朝士所笑"。现在，时过1700年，每过曹植墓，挥之难去的不是笑，而有为其卑琐引出的苦涩。当然，曹植把《求自试表》喻为狗号马鸣，丑女自媒，是想把"自试"说得更恳切些，但这绝不能解除曹丕父子对曹植当年参与皇位竞争的提防。只恐怕越说自己通晓战阵，人家越不让你西征"当一校之队"，东伐委以"统偏舟之任"。所以，这封写得回肠荡气的《求自试表》，只不过是留下一份历史存照。

其实，经过历史证明了的只有曹植的文学才能，至于他的政治才能、军事才能，还是个未知数。跟随乃父临朝、出征，与学会理政、用人、征战，那是两回事。从《求自试表》中他对吴、蜀"二方未克"乃国之大事，并不尽然。其实，在曹植上达《求自试表》时，魏的国内危机是"百姓雕弊"，却仍在追随秦皇、汉武"宫馆是营"，岂有不倒台之理？另外，曹操后人在内斗中无声地衰微，而司马氏窥伺国柄国人早知，可叹的是，这篇有志于为国出力的《求自试表》中，却只字未提。可见，他并非如乃父那般有远见的政治家。所以，后人评说曹植"素怀大志而不得伸"，未免言过其实，而评价他"志大才疏"，倒更贴切。当然，不可苛求于前人。

## 32 诣 蒋 公

### 晋·阮籍

伏惟明公①以含一之德，据上台之位②，英豪翘首，俊贤抗足③。开府之日，人人自以为掾属；辟书始下，而下走④为首。昔子夏处于西河之上⑤，而文侯拥彗⑥；邹子处于黍谷之阴⑦，而昭王⑧陪乘。夫布衣韦带⑨之士，孤居特立，王公大人所以礼下之者，为道存也。今籍无邹卜之道，而有其陋，猥见采擢，无以称当。方将耕于东皋之阳，输黍稷之馀税。负薪疲病⑩，足力不强，补吏之召，非所克堪。乞回谬恩，以光清举⑪。

《晋书·阮籍传》。

## 公文笔者：

阮籍（209~263），魏时著名文人阮瑀之子。阮籍旷达不羁，闲淡寡欲，博览群书，尤好庄老。他对于前代英豪，一向视为机遇造就，而无过度崇尚，尝吊楚汉古战场，叹"时无英才，使竖子成名！"阮籍有济世之志，但魏晋之际天下

---

① 明公，指征召者蒋济。蒋济为曹魏太尉。
② 上台：三台之位，上台、中台、下台，古代以星象命官，"在人曰三公，在天曰三台"，指蒋济位居太尉。
③ 抗足，投奔。
④ 下走，下仆之意，阮籍的自谦。
⑤ 子夏处于西河之上，孔子弟子子夏，讲学于西河。
⑥ 文侯拥彗，魏文侯执帚迎之。
⑦ 邹子处于黍谷之阴，黍谷在今北京密云西南，传说黍谷地寒，因邹衍吹乐而生温气，燕人得种五谷。
⑧ 昭王，燕昭王。
⑨ 布衣韦带，身着布衣、腰束没有装饰的皮带，指贫贱者。
⑩ 负薪疲病，阮籍谦称自己疾病缠身。
⑪ 以光清举，以光大选才的声誉。

纷争，名士少有全身而退者，他以《诣蒋公》一文拒绝曹魏太尉蒋济征召，就是想远离官场，以为全身之计。阮籍拒召，蒋济大怒。后经亲友力劝，乃就尚书郎，后以病归。曹爽辅政，召为参军，阮籍仍以病辞。岁余，曹爽伏诛，时人服阮籍远见。其实，在他身后有司马懿保护，使不为迫害。阮籍为文，尝一气呵成，无所改窜。著有《大人先生传》、《达庄论》及咏怀诗八十余篇。

## 公文赏析：

阮籍《诣蒋公》，写于魏齐王正始元年（240）。

《诣蒋公》在公文类别上称为奏记体。奏记体是呈报三公的专用公文体式。魏齐王（曹芳）即位，蒋济升任太尉，位列三公。这篇作为奏记体的公文，在《昭明文选》中仅收一篇。

全篇用典较多，古人所以视其为公文名篇，在于笔者阮籍的风骨。阮籍拒召，从文中看出的理由，第一，用相当多的文字写自己没有能耐，不堪重任；第二，说自己有病；第三，以很少笔墨，说自己愿躬耕纳税。总之，是婉言谢绝。阮籍蔑视钻营于官场之文人，称他们为裤裆里的虱子，"逃乎深缝，匿乎坏絮，自以为吉宅"。但在这篇奏记中，总体上还是以"敬而不慑，简而无傲"的笔触回复太尉大人的。即使这样，还是引起蒋济暴怒。

阮籍善文，司马炎灭魏建晋，公卿劝进，使阮籍为文。阮籍醉而忘作，来人取文，方提笔疾书，竟一字不更。

# 33 陈 情 表

### 晋·李密

臣以险衅①，夙遭闵凶②。生孩六月，慈父见背，行年四岁，舅夺母志。祖母刘愍臣孤弱，躬亲抚养。臣少多疾病，九岁不行，零丁孤苦，至于成立③。既无伯叔，终鲜兄弟，门衰祚薄，晚有儿息④。外无期功强近之亲，内无应门五尺之童。茕茕孑立，形影相吊。而刘夙婴疾病，常在床蓐，臣侍汤药，未曾废离。

---

① 险衅，灾难。
② 闵凶，丧葬之凶。
③ 成立，年满三十。
④ 儿息，后辈。

自奉圣朝①，沐浴清化。前太守臣逵察臣孝廉，后刺史臣荣举臣秀才②。臣以供养无主，辞不赴命。明诏特下，拜臣郎中，寻蒙国恩，除臣洗马。猥以微贱，当侍东宫，非臣陨首所能上报。臣具以表闻，辞不就职。诏书切峻，责臣逋慢，郡县逼迫，催臣上道；州司临门，急于星火。臣欲奉诏奔驰，则刘病日笃；苟徇私情，则告诉不许。臣之进退，实为狼狈。

伏惟圣朝以孝治天下，凡在故老，犹蒙矜育，况臣孤苦尪赢之极。且臣少仕伪朝③，历职郎署，本图宦达，不矜名节。今臣亡国贱俘，至微至陋，猥蒙拔擢，宠命殊私，岂敢盘桓有所希冀？但以刘日薄西山，气息奄奄，人命危浅，朝不虑夕。臣无祖母，无以至今日，祖母无臣，无以终余年。祖孙二人更相为命，是以私情区区不敢弃远。臣密今年四十有四，祖母刘今年九十有六，是臣尽节于陛下之日长，而报养刘之日短也，乌鸟私情，愿乞终养。

臣之辛苦，非但蜀之人士及二州④牧伯之所见明知，皇天后土实所鉴见。伏愿陛下矜愍愚诚，听臣微志，庶刘侥幸，保卒余年。臣生当陨首，死当结草。

《晋书·李密传》。

## 公文笔者：

李密（224~287），曾任西蜀尚书郎。蜀灭，晋武帝征为太子洗马，诏书累下，郡县催逼，因上《陈情表》。武帝览表，说李密"不空有名者"，嘉其诚款，赐奴二人，以为其祖母奉膳。祖母卒，待其奉孝期满，徙尚书郎，迁汉中太守。后因赋诗得罪晋武帝，免官。

## 公文赏析：

李密《陈情表》，奉于晋武帝泰始三年（267）。

公文一般不可离开主题有太多叙述，而此表开始就有一段百余字的作者生平介绍，似违公文简洁体例，但这是本表的依据与根基，下文发于此，所以读来不以为赘。全文五百言，流淌而出，情理皆切，实为感人。正如史评所赞，《陈情表》"沛然从肺腑中流出，殊不见斧凿痕"。

其实，这里面有很深的政见处置，可以肯定地说，李密拒召的理由，绝对是

---

① 圣朝，指晋。
② 秀才，汉时荐举科目之一，与后世考录的秀才不同。
③ 伪朝，指被灭蜀国。
④ 二州，梁州、益州。

在侍奉祖母之外。

作为三国的延续,蜀为魏所灭。而灭蜀的魏国大都督司马昭,正是征召李密的晋武帝司马炎之父。也就是说,灭蜀、篡魏、平吴者,皆出于司马氏之手。司马炎是曹操名将司马懿孙辈中的佼佼者。试想,一个被打败的蜀国前尚书郎一再拒征,能不引起司马炎对其"矜持名节"、拒绝与司马王朝合作的怀疑?这就是李密写表中需要解决的第一大难题。为了释疑,《陈情表》强化一个"孝"字,洗刷一个"节"字,并使其贯穿全篇。关于强化"孝"字,古人多有评说,自不待言。而《陈情表》中更大胆的,是李密直击要害,去把一个"节"字说透:他说自己原为蜀官时,就"本图宦达,不矜名节",何况现在已是"亡国贱俘,至微至陋","岂敢盘桓,有所希冀";第二,李密借助推荐他的"两州牧伯"所见,以证明自己是一个"愚诚"之人;第三,全文涉及朝代更替用词十分严密,如视晋"圣朝",视己"亡国贱俘",还有什么"前太守"、"后刺史",都分得清清楚楚;第四,他把自己身段放得很低,什么"乌鸟私情","听臣微志",加以"生当陨首,死当结草"的表忠,把司马王朝怀疑的一个"节"字,洗刷得一无痕迹。

强化一个"孝"字,洗刷一个"节"字,是《陈情表》的要义。李密的人生后程,也许是这篇脍炙人口文字的最好注解。李密不以为司马王朝免官为耻,恰为所求。表中有谋,人各有志。

魏晋以来,表体公文名篇迭出。如孔融《荐祢衡表》是推举贤才的,陆机《谢平原内史表》是谢恩固宠的,刘琨《劝进表》是劝人称帝的,曹操《请追赠郭嘉封邑表》是为人请封的,诸葛亮《出师表》是尽忠谏主的,李密《陈情表》是婉言请辞的,杜预《陈伐吴至计表》是请战伐兵的。这些表文都写得情理交融,十分感人。

# 34 请伐吴疏

## 晋·羊祜

先帝①顺天应时,西平巴蜀,南和吴会,海内得以休息,兆庶有乐安之心。而吴复背信,使边事更兴。夫期运虽天所授,而功业必由人而成,不一大举扫灭,则众役无时得安。亦所以隆先帝之勋,成无为之化也。故尧有丹水之伐,舜

---

① 先帝,指魏大都督司马昭,司马炎称帝后追其父司马昭为晋文帝。

有三苗之征，咸以宁静宇宙，戢兵和众者也。蜀平之时，天下皆谓吴当并亡，自此来十三年，是谓一周，平定之期复在今日矣。议者常言吴楚有道后服，无礼先强，此乃谓侯之时耳。当今一统，不得与古时同谕。夫适道之论，皆未应权，是故谋之虽多，而决之欲独。凡以险阻得存者，谓所敌者同，力足自固。苟其轻重不齐，强弱异势，则智士不能谋，而险阻不可保也。蜀之为国，非不险也，高山寻云霓，深谷肆无景，束马悬车，然后得济，皆言一夫荷戟，千人莫当。及进兵之日，曾无藩篱之限，斩将搴旗，伏尸数万，乘胜席卷，径至成都，汉中诸城，皆鸟栖而不敢出。非皆无战心，诚力不足相抗。至刘禅①降服，诸营堡者索然俱散。今江淮之难，不过剑阁②，山川之险，不过岷汉，孙皓③之暴，侈于刘禅，吴人之困，甚于巴蜀。而大晋兵众，多于前世，资储器械，盛于往时。今不于此平吴，而更阻兵相守，征夫苦役，日寻干戈，经历盛衰，不可长久，宜当时定，以一四海。今若引梁益之兵水陆俱下，荆楚之众进临江陵，平南、豫州，直指夏口，徐、扬、青、兖并向秣陵④，鼓旆以疑之，多方以误之，以一隅之吴，当天下之众，势分形散，所备皆急。巴汉奇兵出其空虚，一处倾坏，则上下震荡。吴缘江为国，无有内外，东西数千里，以藩篱自持，所敌者大，无有宁息。孙皓姿情任意，与下多忌，名臣重将不复自信，是以孙秀之徒皆畏逼而至。将疑于朝，士困于野，无有保世之计，一定之心。平常之日，犹怀去就，兵临之际，必有应者，终不能齐力致死，已可知也。其俗急速，不能持久，弓弩戟盾不如中国，唯有水战是其所便。一入其境，则长江非复所固，还保城池，则去长入短。而官军悬进，人有致节之志，吴人战于其内，有凭城之心。如此，军不逾时，克可必矣。

《晋书·羊祜传》。

## 公文笔者：

羊祜（221~278），少时博学能文善辩，曹魏朝公车征拜中书侍郎，寻迁给事中、黄门郎，及司马炎篡魏称帝，进号中军将军，都督荆州诸军事。羊祜在晋吴边界开布恩信，吴人怀之。后坐事贬为平南将军。数年后，起为征南大将军。

---

① 刘禅（207~271），三国蜀汉后主。魏景元四年（263）由魏将大都督司马昭主持伐蜀事宜，遣大将军邓艾、钟会分兵灭蜀，刘禅降，送洛阳，封安乐公。
② 剑阁，陕川之间的栈道名，在今四川剑阁县境内，相传为诸葛亮所建，是蜀之戍守要地。
③ 孙皓（243~281），三国东吴末帝，孙权之孙，继孙休为吴主，暴虐无道。晋武帝咸宁六年（280）伐吴，取建业，孙皓投降，解洛阳。
④ 秣陵，今江苏江宁县。

羊祜擅练兵，屡上疏灭吴之计，晋武帝深纳，托以东南之任。咸宁四年（278）病重，举杜预自代，不久病逝。有文章及《老子传》行于世。羊祜是难得的一位文武全才，《晋书》撰者赞"羊公起平吴之策，其见天地之心"，而《请伐吴疏》，则是他统一华夏诸文中之主干。

## 公文赏析：

羊祜《请伐吴疏》，上于晋武帝咸宁二年（276）。

公文是文学大家族中的一员，公文又特别具有文字表述的原始标志，即以社会效果，而不仅以文字高下美否而论。晋灭吴的情景，虽然羊祜故去，不能亲临，但尽如其文所述。可见《请伐吴疏》确是一篇公文精品。正如晋武帝对羊祜"举成全资，谋有全策"的表彰。

晋灭吴，发生于曹魏赤壁之败的 72 年，晋建国的第 15 年。对于这个新生政权的平吴战争，大臣之中基本分为伐吴者与"适道"者两派。以贾充为首的多数大臣以为，建国初始，平吴必劳"众役"，民不得安；"有道后服"，把晋国的事办好则吴人当"身自来投"，"无礼先强"反失人心；兵家曹操有赤壁之败，今日何人能有胜算？

《请伐吴疏》是时任镇南大将军羊祜所上，集中阐述羊祜、杜预、张华等平吴派的意见，据势依理地批驳"适道"派的主张。其主要观点是：

1. 长痛不如短痛，经平吴战争"大举扫灭"，正是为了"宁静宇宙，戢兵和众"。

2. 凡以险阻得存者，是因为双方势力相当，当今双方势力发生了根本变化。以"一隅之吴"，当天下之众，已到智士不为谋，险阻不可保的地步。巴蜀之国非不险，刘禅降服。今江淮之难，不过剑阁，山川之险，不过岷汉，孙皓之暴，侈于刘禅，吴人之困，甚于巴蜀，何不灭之？

3. 要把握盛衰之期，不可错过。孙皓暴弱，人心离散，这种机遇稍纵即逝，"宜当时定"，不可丧失。

4. 对水险之长短要作破析，长江数千里的阻隔自然是攻者天堑，而对凭江者，同时存在"无有内外"、"无有宁息"之弊。天堑长，战线也长，一入其境，吴人弃江保城，而守城不是吴人长处，必陷"去长入短"之中。

5. 《请伐吴疏》中也透露出羊祜伐吴的作战部署，如引梁益之兵水陆俱下，荆楚之众进临江陵，以巴汉奇兵出其空虚，一处倾坏，则上下震荡；发徐、扬、青、兖之兵，经海南下，合攻建业（今南京）；做好瓦解吴军的工作，攻伐时则"鼓旆以疑之，多方以误之"，以加重吴军"将疑于朝，士困于野"的困境，则战无不胜。

平吴之战，情势一如羊祜所料。晋武帝在庆功宴上举杯流泪说："此羊太傅之功也。"西晋平吴，距曹操赤壁之败72年。羊祜之功，正是从消除火烧赤壁恐惧症这项基础工作做起的，从而成就统一中国大业。

羊祜的奏文，是西晋章表的范体，他笔下的《辞开府》，称誉一时。所谓"羊祜奏文，谋有全策"，是他的公文作特点所在。《请伐吴疏》，是其中要者。

## 35 陈伐吴至计表

### 晋·杜预

自闰月①以来，贼但敕严，下无兵上②。以理势推之，贼之穷计，力不两完，必先护上流，勤保夏口③以东，以延视息④，无缘多兵西上，空其国都。而陛下过听，便用委弃大计，纵敌患生。此诚国之远图，使举而有败，勿举可也。事为之制，务从完牢。若或有成，则开太平之基；不成，不过费损日月之间，何惜而不一试之！若当须后年，天时人事不得如常，臣恐其更难也。陛下宿议，分命臣等随界分进，其所禁持，东西同符，万安之举，未有倾败之虑。臣心实了，不敢以暧昧之见自取后累。惟陛下察之。

《晋书·杜预传》。

## 附：又表

羊祜与朝臣多不同，不先博画而密与陛下共施此计，故益令多异。凡事当以利害相较，今此举十有八九利，其一二止于无功耳。其言破败之形亦不可得，直是计不出己，功不在身，各耻其前言，故守之也。自顷朝廷事无大小，异意锋起，虽人心不同，亦由恃恩不虑后难，故轻相同异也。昔汉宣帝议赵充国所上事效之后，诘责诸议者，皆叩头而谢，以塞异端也。自秋已来，讨贼之形颇露。若今中止，孙皓怖而生计，或徙都武昌，更完修江南诸城，远其居人，城不可攻，野无所掠，积大船于夏口，则明年之计或无所及。

---

① 闰月，晋武帝咸宁五年（279）闰七月。
② 下无兵上，指长江下游的吴都建业未派兵去上游夏口一带戍守。
③ 夏口，今湖北武昌。
④ 视息，意为苟活偷生。

《晋书·杜预传》。

## 公文笔者：

杜预（222~284），字元凯，博学，多谋略，任河南尹、度支尚书，明兴废之道，力主伐吴，继羊祜督都荆州诸军，镇南大将军，镇守襄阳。平吴后，专心经籍，著《春秋左氏经传集解》、《释例》、《盟会图》、《春秋长历》，成一家之言。杜预一生，"用之则习"，故一个文臣能"振长策以攻取，兼儒风而转战"，《晋书》撰者誉以"元凯文场，称为武库"。

## 公文赏析：

《陈伐吴至计表》奉于咸宁五年（279）七月，《又表》奉于一月之后，当在八九月间。奉《表》之地，在镇南大将军的前沿指挥所的襄阳城内。

两《表》文字扼要，简明而无歧义，颇类当今加急军事电文。两《表》反映作者性格的爽直，"间无所隐"。前表言及武帝"过听"，犹豫不决；还批评他的前任、已经过世的羊祜"不先博画"，而只与皇帝密计，以致"异议锋起"；当然，重点还是指向"恃恩不虑后难"的贾充、荀勖对统一大业的不负责任态度。

杜预两《表》的基本内容是：

1. 未发现吴军自京城向长江上游增兵，依理势推断，为吴军顾头露尾，正是我渡江良机。

2. 天时人事不得如常，错过机会，平吴更难。以利害相较，现在平吴"十有八九利"，只有"一二止于无功"，不致败北，何不一试？

3. 今秋以来，我军平吴举动已经显露，若中止，孙皓恐惧必生计谋，或徙都武昌，重修江南诸城，拖到明年再攻则须另做计议。

4. 对平吴之役持有"异议"者，无非是"计不出己，功不在身"，以及"恃恩不虑后难"者。"纵敌患生"，朝廷不要因为他们的异议而失决。

5. 依皇帝宿议，臣等分进，东西同符，万安之举，未有倾败之虑。臣心实了，不敢以暧昧之见自取后累。

两《表》得列名篇，是语言坦直，韬略正确，荡无私念。史载，及杜预《又表》到，晋武帝与中书令张华正在下棋，张华推枰进言："陛下圣明神武，朝野清晏，国富兵强，号令如一。吴主荒淫骄虐，诛杀贤能，当今讨之，可不劳而定。"晋武帝见条件成熟，主帅坚定，即下令征吴。这时，贾充、荀勖仍在阻挡，晋武帝大怒，使其免冠谢罪。是年十一月，六路大军发兵吴国。时天气渐暖，疫病将起，晋将有以吴"百年之寇，不可尽克"，主张把战争拖到来年冬天。杜预说，"今兵已振，譬如破竹，数节之后，皆应刃而解"，令群帅直取秣陵。次年三月十五日，三路大军逼近建业，孙皓自缚，抬棺至军门投降，吴亡。平吴之役尽如羊祜、杜预上书所料。正如军中歌谣，"以计代战一当万"。这是对杜预《至计表》的颂扬。

晋武帝平吴之战，距曹操赤壁之战，时隔72年。曹操用兵20万，耗时一年大败而归。司马炎用兵20万，用时四月而胜。晋平吴之役，先后两任军事指挥羊祜、杜预，都是文官，而非武将。杜预就是"身不跨马，射不穿札"，且是个染有"《左传》癖"的学者。足见，胜负在于战略与韬略的正确。

# 36 请除九品①疏

## 晋·李重

先王议制，以时因革，因革之理，唯变所适。九品始于丧乱，军中之政，诚非经国不刊之法也。且其检防转碎，征刑失实，故朝野之论，佥谓驱动风俗，为弊已甚。而至于议改，又以为疑②。臣以革法创制，当先尽开塞利害③之理，举而错之，使体例大通而无否滞亦未易故也。古者诸侯之治，分土有常，国有定主，人无异望，卿大夫世禄，仕无出位之思，臣无越境之交，上下体固，人德归厚。秦反斯道，罢侯置守，风俗浅薄，自此来矣。汉革其弊，斟酌周秦，并建侯守，亦使分土有定，而牧司必各举贤，贡士任之乡议，事合圣典，比踪三代。方今圣德之隆，光被四表④，兆庶颙颙，欣睹太平。然承魏氏凋弊之迹，人物播越，仕无常朝，人无定处，郎吏蓄于军府，豪右聚于都邑，事体驳错，与古不同。谓九品既除，宜先开移徙，听相并就。且明贡举之法，不滥于境外，则冠带之伦将不分而自均，即土断之实行矣。又建树官司，功在简久。阶级少，则人心定；久其事，则政化成而能否著，此三代所以直道而行也。以为选例九等，当今之要，所宜施用也。圣王知天下之难，常从事于其易，故寄隐括于闾伍⑤，则邑屋皆为

---

① 九品，三国时魏司空陈群始立九品选拔制度，在郡县由品评人才的贤达，称为"中正"，将人材高下分为九等，即九品，向朝廷推荐。到晋时，中正一职多为豪门把持。
② 又以为疑，对改革持犹豫不决态度。
③ 开塞利害，兴利除害。
④ 四表，四方极远之地。
⑤ 闾伍，户籍管理的基层组织。

有司。若任非所由，事非所核，则虽竭圣智，犹不足以赡其事。由此而观，诚令二者既行，即人思反本，修之于乡，华竞自息，而礼让日隆矣。

《晋书·李重传》。

## 公文笔者：

李重（253~300），秦州刺史之子，少好文学，推为中正，力拒不任，深知九品中正用人制度的弊端，遂上书以陈，为后世留下这篇改革用人制度的著名公文。晋时的许多高官，自己就是"九品中正制"的受益者，无人肯提改革。李重提出《请除九品疏》，革除"魏氏凋弊"，表现了一种政治勇气。李重经历西晋武帝、惠帝两朝，时处开国时期，百废待兴，他的奏疏、驳议多得施行。李重在尚书吏部郎职内，用人清正，不通私谒。《晋书》撰者房玄龄对他的评价为："李重清雅，志乃无私，推贤拔滞，嘉言在兹。"卒于相国左司马任内。

## 公文赏析：

李重《请除九品疏》，写于晋武帝太康五年（284）。

这是晋人李重改革用人制度的一篇奏文，它代表的是一种新的用人思想。更可贵的是，他不仅提出建议，而且以吏部郎的身份参与了用人制度的改革实践。

晋初，士族门阀势力日重，因先辈荫庇而入仕者像滚雪球一般，使各级政权运转十分困难。造成这种状况的原因，是曹魏政权遗留的"九品中正"的用人体制。"九品中正制"，是官吏世袭制的战时变种，曹操"唯才是举"是适应开创事业的需要，曹丕转为"以族论官"则是寻找称帝的望族扶持。《请除九品疏》先对"九品中正制"定性为"始于丧乱，军中之政，诚非经国不刊之法"，可谓真知灼见。在这之前，尚未见对曹魏用人做这等剖析者。三国时期，人口急剧下降，而且文人避战迁徙，荐举人才的体系被打乱，设置由社会贤达出任的中正官，四处搜罗人才、分等储备、及时推荐，尚有必要，但毕竟是"丧乱产物"、"军中之政"。及至"下品无高门，上品无贱族"的出现，完全失去以才用人的活力，重新回到世袭制的老路上去，"九品中正制"就成为僵死的制度而非改革不可了。

《请除九品疏》提出，改革曹魏用人流弊的原则有三：一曰用官制度设立要"简久"，才能收到功效；二曰官员等次少，"则人心定"；三曰官员职任要"久其事"，则政绩显现，能者与不能者自然分明。

《请除九品疏》强调，用人有两个要点，即看政绩要看事实，搜索人才的工作要从"闾伍"做起。否则，"任非所由，事非所核"，就是使出圣人的智慧，也难以治理天下。

这篇疏文的施行,对西晋前期人才之盛起了重要作用。但西晋后期,"隆姓望族"日渐形成,望族纷纷修续家谱,且从西晋延伸东晋,从汉族浸漫北方民族政权,以致贯穿于整个南北朝时期。当时,官阶是由求官者与选官者依族谱讨价还价而定,社会急速陷落而难以自拔。这就是封建社会很难与世卿世禄切断关系症结之所在。李重生长在封建社会,他的疏文透视出睿智的光辉。不过,他是在维护世禄制的前提下,使"冠带之伦将不分而自均"上做文章。

## 37 请原王敦佐吏疏

东晋·温峤

王敦①刚愎不仁,忍行杀戮,亲任小人,疏远君子,朝廷所不能抑,骨肉所不能闻。处其朝者恒惧危亡,故人士结舌,道路以目,诚贤人君子道穷数尽,遵养时晦②之辰也。且敦为大逆之日,拘录人士,自免无路,原其私心,岂遑晏处,如陆玩③、羊曼④、刘胤⑤、蔡谟⑥、郭璞⑦常与臣言,备知之矣。必其凶悖,自可罪人斯得,如其枉入奸党,宜施之以宽。如以玩等之诚,闻于圣听,当受同贼之责,实负其心。陛下仁圣含弘,思求允中;臣阶缘博纳,干非其事,诚在爱才,不忘忠益。

《晋书·温峤传》。

## 公文笔者:

温峤(288~329),博学,有识量,擅于谈论。东晋元帝建武元年为中书令。及王敦专擅朝政,到举兵反叛,温峤参与对王敦的平叛战争。他的《请原王敦佐吏疏》,就是这个时期所奏。东晋明帝即位,拜侍中,机密大谋皆所参综,诏命

---

① 王敦(266~324),娶武帝女,拜驸马都尉。后授镇东大将军、荆州刺史,拥兵不朝。及司马氏东渡(东晋),起兵叛乱,病死途中,悬尸于市。
② 遵养时晦,退让隐居以避之。
③ 陆玩(278~341),东晋元帝时为奋武将军。
④ 羊曼,东晋元帝时为丞相主簿。
⑤ 刘胤,东晋元帝时为尚书吏部郎。
⑥ 蔡谟(281~356),东晋元帝时为侍中、五兵尚书等职,博学多议,有文集行于世。
⑦ 郭璞,博学高才,东晋元帝时为著作佐郎,诗词为东晋之冠。

文翰也多出其手。成帝时，温峤为江州刺史，镇武昌，颇有惠政。后苏峻叛乱，温峤再度参与平叛战争。事平还镇，卒于官，年41岁。

## 公文赏析：

温峤《请原王敦佐吏疏》，上于晋明帝太宁二年（324）。

这是一篇将打击叛贼时"枉入"者分解出来的疏文。史称，温峤公文"文清而旨远"，《请原王敦佐吏疏》见其一斑。

晋东渡，明帝二年大司马王敦叛乱，平息后，诏命"王敦纲纪除名，参佐禁锢"。温峤是叛者王敦的受害者，又是王敦叛乱的平息者，依理，对朝中实际存在的王敦集团的处置应是痛心疾首的。在这篇疏文中，他对人皆远之的"王敦佐吏"，却并不一棍子打死，而是加以据实分解。他在疏中对被解脱的大臣申述了三条理由：一是他们在王敦横行时，已经透露出反对态度，说明他们并非王敦死心塌地的追随者，只是不得已而为之；二是他们一向待人以诚，如果把他们列入"同贼之责"，恐失朝廷"允中"；三是自己所以上这篇疏文，并非结好，只是"诚在爱才，不忘忠益"。事实证明，被温峤开脱的陆玩、羊曼、刘胤、蔡谟、郭璞五大臣，都是有才之士，都对东晋后来的稳定和发展起了重要作用。因此，《请原王敦佐吏疏》是一篇为事实证明了的公文名篇。

中国古代，用人是讲追究制的。谁推荐的人，谁为之开脱的人，一旦事发，是要追究责任的。推荐人才，虽有风险，但可广结师生之谊，所以荐举不绝于世。但从叛国集团的圈子中捞人，而且不是私下沟通，而是写成疏文上奏，古代公文中并不多见。温峤是一位以公心处事的人，他对自己也是这样。他文武双全，在东晋南迁的动荡局势中两次平叛，可谓功勋卓著，却自求终老于外官。温峤公文的高明，首先是他的文德，他的识量，他对人才观察的自信。

敢于为人平反，特别是把误入歧途的好人分离出来，则更不容易，特别是在那个禁党锢、讲株连的封建时代。这篇疏文，既看出作者的文德，又看出他公文的严谨有道。可谓古今一例。

进入东晋时期，国势虽然衰微，但在北方民族风云铁骑未达之前，大批知识阶层人士已随之南下，东晋的公文并未出现颓势。温峤"文清而旨远"的公文风格，颇受到中兴的晋明帝器重，曾手诏晋封温峤为中书令。

## 38 逊 位 表
### 晋·陶侃

　　臣少长孤寒，始愿有限。过蒙圣朝历世殊恩、陛下睿鉴，宠灵祢泰。有始必终，自古而然。臣年垂八十，位极人臣，启手启足①，当复何恨！但以陛下春秋尚富，余寇不诛，山陵未反，所以愤忾兼怀，不能已已。臣虽不知命，年时已迈，国恩殊特，赐封长沙，陨越之日，当归骨国土。臣父母旧葬，今在寻阳，缘存处亡，无心分违，已勒国臣修迁改之事，刻以来秋，奉迎窀穸②，葬事讫，乃告老下藩③。不图所患，遂尔绵笃④，伏枕感结，情不自胜。臣间者犹为犬马之齿尚可小延，欲为陛下西平李雄，北吞石季龙，是以遣毌丘奥于巴东，授桓宣于襄阳。良图未叙，于此长乖⑤！此方之任，内外之要，愿陛下速选臣代使，必得良才，奉宣王猷，遵成臣志，则臣死之日犹生之年。

　　陛下虽圣姿天纵，英奇日新，方事之殷，当赖群俊。司徒导⑥鉴识经远，光辅三世，司空鉴⑦简素贞正，内外惟允，平西将军亮⑧雅量详明，器用周时，即陛下之周召也。献替⑨畴谘⑩，敷融政道，地平天成，四海幸赖。谨遣左长史殷羡奉送所假节麾、幢曲盖⑪、侍中貂蝉⑫、太尉章、荆江州刺史印传棨戟⑬。仰恋天恩，悲酸感结。

《晋书·陶侃传》。

----

① 启手启足，《论语·泰伯》"曾子有疾，召门弟子曰：启予足，启予手"，谓临终名誉、身体得以保全。
② 窀穸，墓穴。
③ 下藩，回归封地。
④ 绵笃，病于危重。
⑤ 乖，相背。
⑥ 司徒导，即王导（276~339），受明帝遗诏，辅佐成帝。
⑦ 司空鉴，即郗鉴（269~339），平苏峻之乱，拜司空，与王导、庾亮同受明帝遗诏，辅佐成帝。
⑧ 平西将军亮，即庾良（289~340），任东晋中书郎，侍讲东宫，后受明帝遗诏，辅佐成帝。都督六州军事，进号征西将军。
⑨ 献替，"献可替否"的缩语，即诤言进谏。
⑩ 畴谘，访求。
⑪ 节麾、幢曲盖，官员的仪仗设施。
⑫ 貂蝉，古代显贵的帽饰。
⑬ 棨戟，油漆的木戟，高官外出所用仪仗。

## 公文笔者：

陶侃（257~332），少贫贱，从政勤勉，自县吏升至郡守。先后任武昌太守、荆州刺史。为王敦所忌，调任广州刺史，朝夕运甓习劳。王敦之乱平息，陶侃还官荆州刺史。苏峻、祖约作乱，庾亮、温峤借陶侃之兵收复建康（今南京）。后任荆江二州刺史，都督八州军事，拜大将军，为中兴名将。陶侃在军四十一年，果毅善断，身先士卒，屡建奇功，为人所称。东晋成帝咸和七年（332）六月，年届八旬的陶侃身染重病，奉表请辞。待后事交付，出车就船，明日卒于途中，年76。是谓鞠躬尽瘁，死而后已。

## 公文赏析：

陶侃《逊位表》，奉于东晋成帝咸和七年（332）。

人们少小即知的"陶侃搬砖"故事，其实是一个古代勤政官员壮年的侧影。《逊位表》则是陶侃告别从政、从军生涯的最后岁月。据《晋书·陶侃传》载，及陶侃拜表，立派属官左长史奔往朝廷归还器仗财物，另将后事托付官阶不高的右司马，加官"都护"，暂领文武，自己就以重病之身匆匆上路。及舆车出临津就船，次日卒于途中，时年76岁。东晋成帝览表，对陶侃的功勋归纳为四句话："作藩于外，八州肃清，勤王于室，皇家以宁"。成帝对陶侃谢世颇感"震悼"，对"未及加崇"十分追悔。

《逊位表》给人留下的最珍贵遗产，是勤政廉明。他与那些在位不谋、留恋官场的庸官、劣官、贪官、罪官，相去何远！故《逊位表》给予人们的思想空间，恐不亚于百年前的《出师表》。

《逊位表》感人，是基于事实，也来自公文所设三组比对的鲜明感人：

一是"无恨"与"有愤"的比对。从自己少小孤寒，到位极人臣，个人"当复何恨"；《表》文从发自内心的感恩，切入晋室南播，余寇未诛，先帝山陵未返，则"愤忾兼怀"。这里透视出的是忠臣公心。

二是"年迈"与"小延"的比对。他向朝廷报知自己年时老迈，已做后事安排；《表》文从"情不自胜"切入他曾欲图"小延"，为朝廷西平、北征，且将领业已派出，可是疾患缠身，事与愿违，请朝廷对荆州镇守速作迁代，"臣死之日犹生之年"。这里透视出的也是忠臣公心。

三是荐人与逊位的比对。他称赞司徒王导的"鉴识经远"，司空郗鉴的"简素贞正"，平西将军庾亮的"雅量详明"；《表》文从"当赖群俊"的谏告中切入自求逊位,已派出属官向朝廷归还器仗财物。这里透视出的更是忠臣公心。

《逊位表》作者,结尾处用"悲酸感结"以收,读及此处,使人不免也"悲酸感结"而陷于沉思。

一篇感人的文字都要有情有理,情理交融,公文也是这样。在公文这个文学大家族中,与疏、奏、书、启略有不同的是,表文更浓于情,如《出师表》、《陈情表》、《逊位表》,以其情切达到说理目的,不能不说感人至深。

## 39  考即黜陟诏

### 北魏·拓跋宏

三载考绩,自古通经。三考黜陟,以彰能否。今若待三考然后黜陟,可黜者不足为迟,可进者大成赊缓。是以朕今三载一考,考即黜陟,欲令愚滞无妨于贤者,才能不壅于下位。各令当曹考其优劣,为三等。六品以下,尚书重问;五品以上,朕将亲与公卿论其善恶。上上者迁之,下下者黜之,中中者守其本任。

《魏书·高祖纪》。

### 公文笔者:

拓跋宏(467~499),鲜卑族人,5岁至33岁期间在北魏帝位28年,庙号孝文。在位期间,前5年由其父太上皇辅佐,后13年由皇太后辅佐。在他亲政的10年间,大胆改革北魏的经济、政治制度和用人制度,成为南北朝时期94帝王中最富改革意识、最具工作效率的一位,从而加速了鲜卑族同内地民族融合的步伐。太和十七年(493),拓跋宏亲率30万大军,以征讨南齐为名,自大同迁都洛阳,大踏步地向内地文化靠拢。他以"考即黜陟"的改革启用了大批有用人才,还从南朝争取"南才北上"。他是一位热心学习汉文化,勤政惠民的少数民族帝王,从小接触汉文化,可以一边骑马一边写诗、写文章,《魏书》赞其"有大文笔,马上口授,及其成也,不改一字"的严密程度。自太和十年后,所有皇帝诏书,皆亲手拟文。这在中国历史上,领袖人物自己文翰不假手他人的罕见一例。因出兵征讨南齐劳累过度,以口授诏书委托后事,卒于军中,时年33岁。

### 公文赏析:

《考即黜陟诏》,下于北魏孝文帝太和十八年(494)九月。

这篇诏书的特别之处,一是它改变了"三载考绩,三考,黜陟幽明"的千年传统,二是诏书的署者是拓跋宏,笔者也是拓跋宏,这在诏书类公文中几乎是绝无仅有的一例。

"三年考绩,三考,黜陟幽明",是中国人才考核的古制。三年是考核周期,三个考核周期下来,等满九年才构成黜陟的处置决定。也就是说,只有等满了九年黜陟周期,才能决定罢官、留任、升迁的变动。这样的九年周期,暴露出用人古制的滞缓之弊。拓跋宏称帝的前期,就提出"考即黜陟"的主张。不过,那时他未亲政,只是名义上的皇帝。进入太和年代,急于成就事业的拓跋宏,就把"考即黜陟"的用人改革重新提出,并且亲自书诏、亲自考绩、亲定升降。

《资治通鉴》记载了他对高官的考绩谈话。他对尚书的考绩是:你担任枢机之任不限于行文,国家得失在你的肩上,你在考绩期内可为国家献一良策,废一庸政,进一贤达,退一不肖?如果没有,就是对国家犯罪!他对录尚书职的亲王的考绩是:你是皇弟,无勤恪之声,有阿党之迹,今贬为廷尉。他对另一位任尚书令的皇亲考绩是:你先有善声,近来懈怠,虽无大过,宜有小罚,今削俸一期。由他亲考的九人中,批评最严、处分最重的是皇弟拓跋羽,相比之下,对汉族官员处分较轻。按诏书规定,五品以上官员盖由皇帝考绩。这支由公侯、勋将、名士组成的上万人的官员队伍,后由皇帝委托皇叔拓跋澄代考,并依据政绩分为上、中、下三等,竟"人无怨者"。北魏于公元5世纪进行的这次大规模官员考绩,大大加强了这个北方政权的稳固。

# 40 论 史 官

西魏·柳虬

古者人君立史官,非但记事而已,盖所为监诫也。动则左史①书之,言则右史书之,彰善瘅恶,以树风声。故南史抗节,表崔杼之罪②;董狐书法,明赵盾之愆③。是知直笔于朝,其来久矣。而汉魏已还,密为记注④,徒闻后世,无益

---

① 左史、右史,《礼记》称左史记动、右史记言,《汉书》称左史记言、右史记事。唐宋以下,以门下省起居郎记事,中书省起居舍人记言。

② 南史抗节,表崔杼之罪:南史,为齐国史官。大夫崔杼杀庄公,太史书"崔杼弑其君",为崔杼杀。其弟继书,亦为杀。后弟再书,崔杼不敢杀。南史执简以往,欲冒死记载,知已实录入史,乃还。

③ 董狐书法,明赵盾之愆:董狐,春秋时晋国史官。晋卿赵盾因避灵公迫害出奔,未离境,其族人杀灵公。董狐认为,灵公之死责在赵盾,书"赵盾弑其君",被后人誉为"良史"。

④ 记注,史书体裁之一,亦称"起居注"。

当时。非所谓将顺其美,匡救其恶者也。且著述之人,密书其事,纵能直笔,人莫之知。何止物生横议,亦自异端互起。故班固①致受金之名,陈寿②有求米之论。著汉魏者非一氏,造晋史者,至数家。后代纷纭,莫知准的。

伏惟陛下则天稽古③,劳心庶政。开诽谤之路,纳忠说之言。诸史官记事者,请皆当朝显言其状,然后付之史阁。庶令是非明著,得失无隐。使闻善者日修,有过者知惧。敢以愚管,轻冒上闻。乞以瞽言,访之众议。

《周书·柳虬传》。

## 公文笔者:

柳虬(501~554),自少年时起,就弊衣素食,不事小节,专精文学。南北朝时期,天下动乱,柳虬先是于北魏明帝间举为秀才,擢兖州主簿,迁扬州中从事,加镇远将军,后弃官躬耕。西魏大统年间,征为丞相府记室、秘书监、中书侍郎,史书侍郎,修起居注。时军旅文书紧迫,常通夜不寝。以史官密书于簿善恶未足惩劝由,上《论史官》,以闻朝廷。

## 公文赏析:

柳虬上《论史官》于西魏文帝大统三年(537)。

这篇"论"奏,也是一种奏疏体公文,而非一般论说文字。

这篇"论"式疏奏,写于西魏初年的政局混乱时期。那时,不仅史官难以"直笔",其他职官也是各行其是。《论史官》以为,中国历代史官皆以直书为则,惩恶扬善。文中列举直书的传统,建议西魏史官承继前贤,明著是非,得失无隐,"使闻善者日修,有过者知惧。"

历代的监察制度,都是代表皇权对所有官员的监督。但最高权力的执掌者,由谁来监督的问题并没有解决。当然,官员看到的问题,可用书谏、面谏以至死谏,来帮助帝王改正错误,但这是只有皇帝肯于改正为前提的。起自周代的左、右史官员的设置,自唐以降又有起居注官员的设置,是用记录在案形式,托于史评,托于历史"耻辱柱"的警示。这只对那些有尊严、爱惜名声的帝王、大臣有

---

① 班固,东汉史学家、文学家,因著《史记后传》,以私改国史罪下狱。得释后修《汉书》,开创了断代史体例。后随大将军窦宪出征,因受牵连死于狱中。
② 陈寿(233~297),西晋史学家,少好学,在蜀汉为观阁令史,拒事宦官黄皓。晋灭吴后,集合三国时官私著录,成《三国志》。
③ 则天稽古,以上天为法则,视古人如楷模。

效。史载，左、右史，或起居注官员的记载，帝王是不能过目，更不得干预的。创造贞观盛世的唐太宗，就很想看看《起居注》是怎样记载他自己的，却为职官所拒，很是无奈。可想而知，他会觉得自己也处于随时被监督之下的，于是越加谨慎。这是好事。但是，这必须以史官文德为前提，这就是人们常说的要具备"史笔不饶人"的操守。在这同时，还要有一个为史官"直笔"的工作条件。否则，如柳虬所叙，"物生横议"，"异端互起"，像崔杼杀齐太史，汉武帝处太史司马迁腐刑，班固死于牢狱，《三国志》著者陈寿被污为写书"求米"。这些皆与"直笔"有关。公文工作者不是史官，但公文是历史的细胞，公文工作者手中的一支笔，要为国家与百姓所用，秉笔直书，而不可屈心、曲笔，曲解真相。

# 隋唐公文

# 41 革文华疏

## 隋·李谔

　　臣闻古先哲王之化民也，必变其视听，防其嗜欲，塞其邪放之心，示以淳和之路。五教①六行②为训民之本，《诗》、《书》、《礼》、《易》为道义之门。故能家复孝慈，人知礼让，五俗调风，莫大于此。其有上书献赋，制诔③镌铭，皆以褒德序贤，明勋证理。苟非惩劝，义不徒然。降及后代，风教渐落。魏之三祖④，更尚文词，忽君人之大道，好雕虫之小艺。下之从上，有同影响，竞骋文华，遂成风俗。江左齐、梁⑤，其弊弥甚，贵贱贤愚，唯务吟咏。遂复遗理存异⑥，寻虚逐微，竞一韵之奇，争一字之巧。连篇累牍，不出月露之形，积案盈箱，唯是风云之状。世俗以此相高，朝廷据兹擢士。禄利之路既开，爱尚之情愈笃。于是闾里童昏，贵游总丱⑦，未窥六甲⑧，先制五言⑨。至于羲皇、舜、禹之典，伊、傅、周、孔之说，不复关心，何尝入耳。以傲诞为清虚，以缘情为勋绩，指儒素为古拙，用词赋为君子。故文笔日繁，其政日乱，良由弃大圣之轨模，构无用以为用也。损本逐末，流遍华壤⑩，递相师祖，久而愈扇。

　　及大隋受命，圣道聿兴，屏黜轻浮，遏止华伪。自非怀经抱质，志道依仁，不得引预搢绅，参厕缨冕⑪。开皇四年⑫，普诏天下，公私文翰⑬，并宜实录。其年九月，泗州刺史司马幼之文表华艳，付所司治罪。自是公卿大臣咸知正路，莫不钻仰坟集⑭，弃绝华绮，择先王之令典，行大道于兹世。如闻外州远县，仍钟

---

① 五教，伦理的五项准则，即父义，母慈，兄友，弟恭，子孝。
② 六行，社会行为的六项规范，即孝、友、睦、姻、仁、恤。
③ 诔，上司对下级的悼文体文书。
④ 魏之三祖，三国时魏太祖曹操、魏世祖曹丕、魏烈祖曹叡。
⑤ 江左齐、梁，指南北朝时建都于建康（今南京市）的齐国、梁国。
⑥ 遗理存异，抛弃坟典大理而宣扬荒诞之说。
⑦ 总丱，即"总角"，童子发结，借引童年时代。
⑧ 未窥六甲，还没有学会干支纪数。
⑨ 五言，谓五言诗。
⑩ 华壤，华夏大地。
⑪ 参厕缨冕，谓着服人官。
⑫ 开皇四年，开皇为隋文帝年号，四年为公元584年。
⑬ 公私文翰，为公文和私人书翰。
⑭ 坟集，指三坟、五典、八索、九丘，据传为中国最古老典籍。

敝风，选吏举人，未遵典则，至于宗党称孝，乡曲归仁，学必典谟，交不苟合，则摈落私门，不加收齿；其学不稽古，逐俗随时，作轻薄之篇章，结朋党而求誉，则选充吏职，举送天朝。盖由县令、刺史未行风教，犹挟私情，不存公道，臣既忝宪司①，职当纠察。若闻风即劾，恐挂网者多，请勒诸司，普加搜访，有如此者，具状送台。

《隋书·李谔传》。

## 公文笔者：

李谔（生卒年不详），好学能文，明达世务，仕北周天官都上士时，与杨坚结好，陈十二策，劝其留朝。及杨坚建隋，力赞"今此事业，谔之力也。"有隋，李谔历任比部侍郎、考功侍郎、治书侍御史，卒于通州刺史任内。李谔为官，以敦正风教，禁绝浮华著称，多有奏疏。《隋书》撰者称李谔为隋代开国"北辰之众星"。

## 公文赏析：

李谔报隋文帝《革文华疏》，上于开皇年四年（584）九月之后。

隋朝开国，官场上耍花架子的浮艳文风，使公文不能"褒德序贤，明勋证理"，严重威胁着这个新生政权的稳固。隋文帝杨坚严诏"公私文翰，并皆实录"，随后抓了一个反面典型，对泗州刺史司马幼之，以"文表华艳"治罪。《革文华疏》就是在这种历史背景下，由时任治书侍御史的李谔写出的。

魏晋以来，文章趋向华丽，世风日甚。所谓"革文华"，主要是指公文体文字的华而不实，以至对国政文书、军机急报，也作文字游戏，误国误军。隋初李谔的《革文华疏》，是在进入魏晋以降的三百年后第一个发出的不同声音。其在公文写作历史上，具有划时代意义。

《革文华疏》以为，浮艳文风，始于曹魏，泛滥于南朝的齐、梁，殃及隋代。李谔曾为官于南朝齐国，对浮艳文风之敝感同身受，因而使这篇文字写得十分深切。

《革文华疏》以为，竞骋文华，"损本逐末"，一旦成为风气，公文就会游离出传递信息、"明勋证理"之本务，而且殃及用人标准，以致国家出现"文笔日繁，其政日乱"的境况。

① 宪司，为御史台，掌管纠察弹劾之职。

《革文华疏》以为，公文文体"遏止华伪"，倡以"实录"，这种有破有立的过程不限于倡导，还要动用国家机器的"纠察"，对坚持"作轻薄之篇章"者要报官治罪。

但李谔的文风，并没有完全摆脱骈偶的束缚，隋文帝将《革文华疏》颁示天下，并未收到文风大变的显效。不过，《革文华疏》毕竟对文体"华伪"做出批判，开唐代"古文复兴"之先声。

在《革文华疏》后，李谔又上《奏惩矜伐》，对官场吹嘘造假之风加以鞭笞，这在方向上是积极向上的，是推动社会进步的。试问何朝、何官，敢于对文华、矜伐者送官治罪？

这篇精悍奏文前阙，先从正反典型入手。正方典型，援引舜对禹的嘱告、孔门弟子子游的格言，然后论及人臣，说即使勤比大禹、功如太公，也不得"厚自矜伐"。反方典型，是说隋朝前身的北周，大臣们自吹自擂，夸功透过，面无惭色，因而造成"用人唯信其口，取士不观其行"以至亡国的恶果。

奏文后阙，回答了克服矜伐之风的办法。奏文标题用一个"惩"字，展示了作者的基本思路。李谔指出：凡自陈功勋，自高称誉，喧嚣朝堂，言辞不逊，对帝不恭者，一律加罪罢黜，不予赦免。

什么是矜伐？用现代人的说法，就是逞能争功，恬不知耻，枉自尊大，媚上欺下。矜伐是封建官场的伴物。官员以矜伐提升底气、霸气、人气，朝廷默许矜伐以维护官员群落的平衡，因此，矜伐不失为一种朝堂秩序，当然以不危及"家天下"为底线。李谔在奏文中言及"世之丧道，极于周代"，把北周视为矜伐最为泛滥的朝代，作为亲历者自有他的道理，但从这种矜伐横行时代，"自隋受命，此风顿改"，怕是一个"顿改"难避矜伐之嫌。世上哪有那么容易洗涮的官场公害？

# 42 十 思 疏
## 唐·魏征

臣闻求木之长者，必固其根本；欲流之远者，必浚其泉源；思国之安者，必积其德义。源不深而望流之远，根不固而求木之长，德不厚而望国之治，虽在下愚，知其不可，而况于明哲乎？人君当神器①之重，居域中之大，将崇极天之峻，

---

① 神器，喻以帝位。

永保无疆之休①。不念于居安思危，戒奢以俭，德不处其厚，情不胜其欲，斯亦伐根以求木茂，塞源而欲流长者也。

凡百元首，承天景命，莫不殷忧而道著，功成而德衰。有善始者实繁，能克终者盖寡。岂其取之易而守之难乎？昔取之而有余，今守之而不足，何也？夫在殷忧必竭诚以待下，既得志则纵情以傲物。竭诚则吴越为一体，傲物则骨肉为行路。虽董②之以严刑，震之以威怒，终苟免而不怀仁，貌恭而不心服。怨不在大，可畏惟人。载舟覆舟，所宜深慎，奔车朽索，其可忽乎？

君人者，诚能见可欲，则思知足以自戒；将有所作，则思知止以安人；念高危则思谦冲而自牧③，惧满溢则思江海下百川，乐盘游则思三驱④以为度，忧懈怠则思慎始而敬终，虑壅蔽则思虚心以纳下，惧谗邪则思正身以黜恶，恩所加则思无因喜以谬赏，罚所及则思无因怒而滥刑。总此十思，弘兹九德⑤，简能而任之，择善而从之，则智者尽其谋，勇者竭其力，仁者播其惠，信者效其忠。文武争驰，君臣无事，可以尽豫游之乐，可以养松乔之寿。鸣琴垂拱，不言而化。何必劳神苦思，代下司职，役聪明之耳目，亏无为之大道哉！

《全唐文》139。

## 公文笔者：

魏征（580~643），唐初政治家、史学家。好读书，曾为道士。一生多所投奔，但不改直言秉性。曾进《十策》于李密，李密不能用。归唐后，为窦建德所获，署起居舍人。窦建德败，为隐太子引为洗马，劝太子早为计。及太宗即位，拜谏议大夫、尚书右丞，以秘书监参与朝政。后迁侍中、左光禄大夫、太子太师。知无不言，前后上二百余奏，以敢于直谏著称。受诏总撰周、齐、隋、梁、陈五史。

## 公文赏析：

《十思疏》列为公文名篇，在其精湛地吸纳历史教训，总结出国家"元首"

---

① 休，吉祥。
② 董，监督管理。
③ 自牧，自我克制。
④ 三驱，有选择地射猎禽兽。
⑤ 九德，《书皋陶谟》有"亦行有九德，宽而栗，柔而立，愿而恭，乱而敬，扰而毅，直而温，简而廉，刚而塞，强而义。"

的十大思虑选项，且文笔流畅，易懂、易记、易诵。

开篇第一段，是以木之长、流之远，比对国家由德至治的关联，说明国家不以德治，如同"伐根以求木茂"、"塞源而求流长"一样，是不可以的。

第二段，破解历代"元首"善始者繁、克终者寡的原因，或者说，破解元首多不能善始善终的原因。这是一个重大的历史课题。作者总结和提炼出的只有两件颇为普通的东西，即忧患意识、竭诚待人未能由始至终。结论是：人民可以载舟，也可覆舟，"可畏惟人"！

第三段，为主述部分。正因为上述原因，"元首"要养成十大思虑模式。每一思虑模式，采用动机—思虑—目的形成的三连锁，加以排比，严整深邃，发人省悟。人们希望动机与目的一致，其实两者之间常常并不一致，这就看关键的思虑一环是否正确，正如文中开列，诸如"思知足"、"思知止"、"思谦冲"、"思江海"、"思三驱"、"思慎始"、"思虚心"、"思正身"、"思无因喜"、"思无因怒"，都是很不容易做到的思虑走向。更可贵的是，篇尾处作者讲了一番"元首"思虑的辩证法，即以主动的"十思"，免去被动的"劳神苦思"。这也是所有担负领导责任者应当懂得的哲理。

《论君子小人疏》，也是魏征所上二百余奏中的名篇。在奏疏主段，魏征直指太宗在"近君子，远小人"上存有缺陷：好善不择人，疾恶未远佞，出言无隐。太宗新登帝位，很要颜面，这些指摘，颇为触及灵魂，但谁要太宗偏偏拜了这个"知无不言"的谏议大夫？他也就只好硬着头皮听下去。疏文接下指出：君王"闻善或疑"，"闻恶必信"，这种看起来是接受信息的心理倾向，但作为领导者，这种习惯性就会诱使"小人之道长"，"君子之道消"。因为君子以扬善为风，小人以告讦为营。爱听"小报告"，宠信告密者，必使国家告讦风起，长奸邪，乱视听，使人君不知所信，臣下不得相安，君臣失序，国家何以求治？何况，"情在告讦，好言朋党"这种人情世俗，往往成为"清浊共流，善恶无别"的本源。可知，"朋党"自古就被人先掩其善恶之界，将"同德"、"朋党"混淆，从而使朝中官员交往失矩。什么是朋党？"以善相成谓之同德，以恶相济谓之朋党"。首先要从善恶上加以区分。因为以"朋党"加之，则"事无可信"，而以诚直视之，则"言皆可取"。帝王要以先哲为鉴，"进善黜恶"。

历史记载，《论君子小人疏》上，太宗亲览，手诏褒扬，以为《疏》中"前后讽谕，皆切至之意"，称赞魏征是航行中不可缺少的舟楫，调味中不可缺少的盐梅，赐绢300匹。

魏征一生谨慎，从无"朋党"之嫌。谁曾料知，他生前密荐中书侍郎杜正伦、吏部尚书侯君集有宰相之材，在他身后却发生了杜罪、侯诛事件，太宗始疑当年辩说朋党的魏征也有朋党。幸好，缜密的魏征，在谢世前将一生"谏净言辞"尽示起居郎褚遂良,朝廷无由加魏征"朋党"之名,只是太宗把原许公主下嫁魏征长子一门亲事"手诏停婚"。不过,太宗身后,魏征仍以忠臣陪葬昭陵。《论君子小人疏》发出的"君子小过,盖白玉之微瑕"的辩说,适于天下,也适于魏征。《旧唐书·魏征传》,对魏征并非"阿党"做出雄辩的评价,说他"根于道义,发于律度,身正而心劲,上不负事主,下不阿权幸,中不佋亲族,外不为朋党,不以逢时改节,不以图位卖忠。"这一史评,也是对《论君子小人疏》的铁证。

## 43 陈 情 表

### 唐·员半千

臣某言:臣贫穷孤露,家资不满千钱;乳杖藜糗①,朝夕才充一饭。有田三十亩,有粟五十石。闻陛下封神岳②,举英才,货卖以充粮食,奔走而归帝里。京官九品,无瓜葛之亲,立身三十有余,志怀松柏之操,不能籴贱贩贵,取利于锥刀,斗酒只鸡求举,将何以辨?投匦进款,奉敕送天官,捧以当心,似悬龙镜。家乏以守,若戴鳌山,于今立身,未蒙一任。臣恨不能益国,死将以选地,不赐臣一职,剖判疑滞,移风易俗,以报陛下深恩。若使臣平章③军国,燮理阴阳,臣不如稷契④。若使臣十载成赋,一代称美,臣不如左太冲⑤。若使臣荷戈出战,除凶去逆,臣不如李广⑥。若使臣七步成文,一定无改,臣不愧子建⑦。若使臣飞书走檄,援笔立成,臣不愧枚皋⑧。陛下何惜玉阶前方寸地,不使臣披露肝胆,抑扬辞翰。请陛下召天下才子三五千人,与臣同试诗、策、判、笺、表、论⑨,勒字数,定一人在臣先者,陛下斩臣头,粉臣骨,悬于都市,以谢天下才子。望陛下收臣才,与臣官,如用臣刍荛之言,一辞一句,敢请于玉阶之前。如弃臣微见,即烧诗书,焚笔砚,独坐幽岩,看陛下召得何人?举得何士?

---

① 藜糗,粗食。
② 封神岳,指唐高宗封禅泰山(666)。
③ 平章,共同参决。
④ 稷契,舜时的二臣。
⑤ 左太冲,即左思,号太冲,西晋人,作《三都赋》,十年始成,京都传抄,竟至"洛阳纸贵"。
⑥ 李广,汉时大将军,善骑射,匈奴称其"飞将军"。
⑦ 子建,曹植,字子建,七步成诗。
⑧ 枚皋,汉代人,长于辞赋。
⑨ 诗、策、判、笺、表、论,六种文体的文字。

无任郁结之至。

《全唐文》卷165。

## 公文笔者：

员半千（621～714），本名余庆，幼通史书，举童子科。及长，事王义方，极得赏识，以为"五百岁一贤者生，子宜当之"，因以"半千"名之。唐高宗时为武陟尉，武周时补为左卫胄曹、左卫长吏、弘文馆直学士。中宗时守濠、蕲二州刺史。睿宗时为崇文馆学士，封平原郡公。玄宗开元年间卒于官。五朝为官，吏事清廉，及卒，吏民有哭于野者。

## 公文赏析：

员半千《陈情表》上于唐高宗咸亨年间（670～673），皇帝李治病体缠身，疏于政事，未置可否，直到上元元年（674），才授其为武陟县尉官职。

从这封《陈情表》中，看出了一个由"贞观之治"用人盛世走向人才衰败的历史曲线。不过，作者在《陈情表》中以五才自比，求六术之试，似有狂妄之意。但事出有因。员半千在高宗期间，应举八科，皆中，皆未授官，颇有些不公。他的自荐求官，以斩首、粉骨、烧书、焚砚为注，难免有走偏之嫌。不过，敢试诗、策、判、笺、表、论于天下才子者，也并不多见。

《陈情表》中的"五才"自诩，即以五种职事，平章、作赋、出战、成文、飞书，一一夸耀，尤其在成文、飞书两项还给自己打出高分。既然五朝为官，封"郡公"，只是未进平章事的宰辅位次，他的自比还算恰当。他的"六术"之试，即诗、策、判、笺、表、论的比试，除诗之外，都属公文写作，从这篇《陈情表》来看，他对公文相当娴熟。另外，从"及卒，吏民哭于野"的记载来看，他是个好官，《陈情表》所陈，确有真情流露。

# 44 答魏征手诏

### 唐·李世民

省频抗表①，诚极忠款，言穷切至，披览忘倦，每达宵分。非公体国情深，

---

① 省频抗表，看了频上的奏表。

匪躬义重，岂能示以良图，救其不及！

朕在衡门①，尚惟童幼，未渐师保之训，罕闻先达之言。值隋祚分离，万邦涂炭，慑慑黔黎②，庇身无所。朕自二九之年，有怀拯溺，发愤投袂，便提干戈。蒙犯霜露，东西征伐，日不暇给，居无宁岁。降苍昊之灵，禀庙堂之略，义旗所指，触向平夷。弱水流沙③，并通轺轩之使④；被发左衽⑤，化为冠盖之域⑥。正朔所颁，无远弗届。及恭承宝历⑦，寅奉帝图，垂拱无为，氛埃⑧静息，于兹十有一载⑨矣。盖股肱謇帷幄之谋，爪牙竭熊罴之力，协德同心，以致于此。

自惟寡薄，厚享斯休，每以大宝神器，忧深责重，尝惧万几多旷，四聪不达，何尝不战战兢兢，坐以待旦。询于公卿，以至皂隶。推以赤心，庶几刑措⑩。

但倾年以来，祸衅既极⑪，又缺佳偶⑫，茶毒未几，悲伤继及。凡在生灵，孰胜哀痛！岁序屡迁，触目摧感。自尔以来，心虑恍惚，当食忘味，中宵废寝，是以三思万虑，或失毫厘，刑赏之乖，实由于此。

昔者徇齐⑬睿知，资风牧⑭以致隆平，翼善钦明⑮，赖稷契⑯以康至道。然后文德武功，载勒于钟石，淳风至德，永传于竹素。克播鸿名，永为称首。朕以虚薄，多惭往代，若不任舟楫，岂能济彼巨川，非借盐梅⑰，安德调夫鼎味。

朕闻晋武帝自平吴以后，务在骄奢，不复留心治政。何曾⑱退朝，谓其子劭⑲曰："吾每见主上，不论经国远图，但说平生常语，此非贻厥子孙者也，尔身犹可以免。"指诸孙曰："此等必遇乱。"及孙绥⑳，果为淫刑所戮。前史美之，

---

① 衡门，横木为门，喻卑微之时。
② 慑慑黔黎，危惧的百姓。
③ 弱水流沙，华夏极西地区。
④ 轺轩之使，指天子使臣。
⑤ 被发左衽，指少数民族地区。
⑥ 冠盖之域，文明礼义之邦。
⑦ 宝历，指帝位。
⑧ 氛埃，指战乱。
⑨ 十有一载，手诏发于贞观十一年。
⑩ 庶几刑措，由于百姓守法，刑法几乎废弃。
⑪ 祸衅既极，指贞观九年其父高祖李渊之死。
⑫ 佳偶，指贞观十年皇后长孙氏之死。
⑬ 徇齐，"徇齐"是《史记·五帝本纪》中赞颂黄帝的话，此处用以代黄帝。
⑭ 风牧，指黄帝二大臣风后、力牧。
⑮ 钦明，《尚书·尧典》赞美帝尧"钦明文思安安"，此处"钦明"指尧。
⑯ 稷契，指尧时的二贤臣。
⑰ 盐梅，指贤能大臣。《尚书·说命》载，殷高宗命傅说作相，说"若作和羹，尔惟盐梅"。
⑱ 何曾（199～278），仕魏，晋武帝司马炎受禅，拜太尉，晋爵为公，进位太傅，性奢豪。
⑲ 劭，何曾子何劭，晋武帝时侍中尚书。
⑳ 绥，何劭庶兄何遵次子，位至侍中尚书，自以继世名贵，举止放纵，遭罪诛。

以为明于先见。朕意不然，谓曾之不忠，其罪大矣。夫为人臣，当进思竭诚，退思补过，将顺其美，规救其恶，所以为治也。曾位极台司①，名器隆重，当直词正谏，论道佐时。今乃退有后言，进无廷谏，以为明智，不亦谬乎！颠而不扶，安用彼相？

公之所谏，朕闻过矣。当置之几案，事等弦韦②。必望收彼桑榆，期之岁暮，不亦康哉良哉，独惭于往日，若鱼若水，遂爽③于当今。迟复嘉谋④，犯而无隐⑤，朕将虚衿靖志，敬伫德音⑥。

《全唐文·唐太宗》。

## 公文笔者：

李世民（598~649），唐高祖李渊次子。隋末天下大乱，劝李渊起兵，且亲赴戎阵，成一统大业。称帝后，励精图治，从谏如流，威及域外，成"贞观之治"。在位23年，庙号太宗。

## 公文赏析：

李世民《答魏征手诏》（下称《手诏》），写于贞观十一年（637）七月。

这是一封由皇帝亲书的给谏臣的答诏。诏文写得十分恳切，可以说，这是"贞观之治"留给后人不可多得的一个政治剖面。先是在这年五月，魏征上疏，批评太宗"欲善之志"不如昔时，"闻过必改"亏于往日，谴罚却多起来，威怒也显"微厉"。然后以《尚书》"贵不期骄，富不期侈"，引出隋代灭亡教训。七月，魏征再上疏，批评太宗对贤臣"疑而不信"，而小人则可在朝内"言无不尽"，这样下去，"危亡之期，未可保也"。《手诏》作为对魏征二疏的回复，太宗为自己设置的反面镜鉴是晋武帝司马炎，为魏征设置的反面镜鉴是司马炎宰臣何曾。李世民不赞同前史美化何曾"先见"，而指斥他"其罪大矣"。这样，就出现了两种治理观：一种是以司马炎、何曾君臣为代表的治理观。司马炎依靠其先辈司马懿、司马昭聚集的权势篡魏而有晋，待之平吴，天下一统，就"务在骄

---

① 台司，指三公，何曾官至太尉、太保、太傅，时处最高官位。
② 弦韦，乐于受人规劝。《韩非子·观行》记：西门豹性急，尝佩韦（熟皮）自缓，董安性缓，尝佩弦自急。
③ 爽，违背。
④ 迟复嘉谋，等待再有良谋。
⑤ 犯而无隐，犯颜直谏，无须隐讳。
⑥ 敬伫德音，敬盼善言。

奢，不复留心治政"，西晋政权在36年后便偏居江南。而司马炎宰臣何曾，虽然察觉司马炎临朝"不论经国远图，但说平生常语"，心思不用于理政上，预见大厦将倾，但并不规劝皇帝，却在朝堂上顺水推舟地粉饰太平。如果单从预见性来说，不能不说何曾比常见的庸臣要精明得多。而在奢侈无度来说，则其君臣不相上下，何曾食日万钱，还嫌"无处下箸"。这样的君臣，岂有不亡国之理？

《手诏》中，李世民返顾平生，说的是心里话。他说自己年轻卑微时，"罕闻先达之言"。及提兵打仗时，"居无宁岁"，也没有时间读书。如今虽然当了十一年皇帝，仍惧"四聪不达"，尝"战战兢兢"，"坐以待旦"。九年太上皇去世，十年长孙皇后去世，"三思万虑"，更加深切感知需要帮助。

《手诏》中，说他对魏征的谏书"披览忘倦，每达宵分"，表达的是虔诚态度；"朕闻过矣"，表达的是敞开心扉的自我批评；"敬伫德音"，表达的是所寄厚望。"贞观之治"已见初成的李世民，戒骄去满，反觉自己"虚薄"，这是十分可贵的。此后的十余年，他从谏如流，不改前踵，正是成功的秘诀。

李世民《教戒太子》，也是一篇著名的手诏文书。这篇文字，为皇帝亲书，是写给太子看的，是教子怎么当皇帝的，但从中也透视出教子的普通道理，也包括"遇物诲谕"的教子方法。唐太宗很重视教子。但教子成果，他的继位者唐高宗并没有多少作为，可是他扶持下的则天皇后，弃唐改周，丢了天下，所以难说李世民教子成功。相信太宗诸子中，总有比李治高明者。既然太宗自己先已打破"嫡长制"的远古传统，为什么偏偏选了李治这个无能之子？尧治天下，难易其子丹朱之恶，大概也是这个道理。国主是这样，唐代"自武德已来，称贤相者，房（玄龄）、杜（晦）、姚（崇）、宋（璟）四公，皆遭无赖子弟污圮先业"，称为"燕国公"的名相张说，两个儿子都因在安禄山叛乱时变节而遭杀身之祸。看来，所谓教子，父辈有可为的一面，也有不可为的一面。特别是居身高位的人。

# 45　讨武曌[①]檄

### 唐·骆宾王

伪临朝武氏者，性非和顺，地实寒微。昔充太宗下陈，曾以更衣入侍。洎乎晚节，秽乱春宫。潜隐先帝之私[②]，阴图后宫之嬖[③]。入门见嫉，蛾眉不肯让人，

---

① 武曌，武则天的自名。
② 潜隐先帝之私，隐瞒以更衣侍女身份与太宗曾有私情。
③ 阴图后宫之嬖，图谋获取高宗后宫宠爱。

掩袖工谗，狐媚偏能惑主。践元后于翚翟，陷吾君于聚麀①。加以虺蜴为心，豺狼成性，近狎邪僻，残害忠良，杀姊屠兄，弑君鸩母。人神之所同嫉，天地之所不容。犹复包藏祸心，窥窃神器。君之爱子，幽之于别宫，贼之宗盟，委之以重任。呜呼！霍子孟②之不作，朱虚侯③之已亡。燕啄皇孙，知汉祚之将尽，龙漦帝后，识夏庭之遽衰。

敬业，皇唐旧臣，公侯冢子。奉先君之成业，荷本朝之厚恩。宋微子④之兴悲，良有以也。袁君山⑤之流涕，岂徒然哉！是用气愤风云，志安社稷。因天下之失望，顺宇内之推心，爰举义旗，以清妖孽。南连百越，北尽三河，铁骑成群，玉轴相接。海陵红粟，仓储之积靡穷，江浦黄旗，匡复之功何远？班声动而北风起，剑气冲而南斗平。喑呜则山岳崩颓，叱咤则风云变色。以此制敌，何敌不摧？以此图功，何功不克？

公等或居汉地，或叶周亲，或膺重寄于话言，或受顾命于宣室。言犹在耳，忠岂忘心？一抔之土未干⑥，六尺之孤⑦何托？倘能转祸为福，送往事居，共立勤王之勋，无废大君之命，凡诸爵赏，同指山河。若其眷恋穷城，徘徊歧路，坐昧先几之兆，必贻后至之诛。请看今日之域中，竟是谁家之天下！

《古文观止》。

## 公文笔者：

骆宾王（约640~684），少有志节，善文，与王勃、杨炯、卢照邻齐名，时称"四杰"。曾从军西域。自塞外归，任武功、长安主簿。唐高宗时授侍御史。因事下狱，次年遇赦。武则天时出任临海县丞。对武氏临朝及诸武当权，深表不满，弃官为民。武则天光宅元年（684）徐敬业扬州起兵，骆宾王出任徐敬业匡复府记室，代徐敬业草拟讨武后檄。徐敬业兵败，骆宾王亡命，不知所终。中宗复国，下诏搜访骆宾王文，得数百篇。与王勃、杨炯、卢照邻并称为唐初善文"四杰"。今传有《骆临海集》。

---

① 聚麀，指父子乱伦。
② 霍子孟，西汉霍光，字子孟。
③ 朱虚侯，汉高祖皇子刘章。
④ 宋微子，商纣王庶兄。
⑤ 袁君山，桓谭字君山，遭受贬谪而忧愤流涕。
⑥ 一抔之土未干，唐高宗下葬于八月，檄书随发其后。
⑦ 六尺之孤，指高宗死时传子李显，后为武则天鸩杀。

## 公文赏析：

《讨武曌檄》署者徐敬业，该文由笔者骆宾王写于武则天光宅元年（684）。

这篇公文，后人在编辑时所加标题，就把"署者"与"笔者"分得一清二楚。这是因为这篇公文闹出的事件太大，武则天穷追不舍，才把"署者"身后的那个捉刀人找出来，以致使骆宾王名扬天下。

檄书，是宣战书，是讨伐令，所以檄书首先要把征讨的理由发凡确当，把自己的阵列宣扬出去，而且要有鼓动人心的口号，适于传播。于是，怎样写檄书，就成为公文门类中的一门大学问。骆宾王的《为徐敬业讨武曌檄》，也成为继《尚书》中的《汤誓》、《牧誓》、《费誓》、《秦誓》后最著名的战争文书，也是写得很好的讨伐宣言。其声名，不在此前的隗嚣《檄亡新》、陈琳《檄豫州》、钟会《檄蜀》之下。

骆宾王20岁时，曾上高宗《自叙状》，对官场靠阿谀奉承升官者的刻画，可谓入木三分，称之为"小人之丑行"。他把靠花言巧语，奉迎拍马的"弹冠入仕"者的行迹，又以"脂韦"称之。脂为油脂，是说他的行为像油脂那样无节无度光滑圆润，韦为软皮，是说他的行为无棱无角尽由揉搓。他主张国家应选用"临大节而不可夺，处至公而不可干，冀斯言之无亏"的贤者。武则天称制，篡唐立周，诛灭皇嗣，滥杀大臣，为后党篡政，而许多平日里忠于大唐言之凿凿的将相，在刀斧胁迫下不得不拥戴武后。而一个身为县丞级的小官，敢于参与扬州起兵，出任匡复府记室，写出《讨武曌檄》的激昂文字，说明他的"临大节而不可夺，处至公而不可干，冀斯言之无亏"，不为虚谈，而为实迹。从《自叙状》到《讨武曌檄》，中隔24年，很好地证明了他自己不是"虚谈"之辈。

徐敬业讨伐武则天之战失败后，时人论曰：徐敬业若能如《讨武曌檄》所言，以匡复为事，直指河洛，即使军败身戮，亦有忠义传世，而他妄望金陵王气，冒出自己当皇帝的念头，就真的成为叛逆。当然，这是徐敬业的账，不能算在骆宾王头上。如史书载，武则天披览檄书后，并未大动肝火，却问"谁所为？"告为"骆宾王。"武后说："宰相之过也。人有如此才，而使之流落不偶乎！"这说明，武则天默认出自这位政敌之手的文书击中了她的要害。这是对檄书另外一种形式的首肯。

檄，作为一种公文体式，经过了漫长的演变过程。檄体公文，主用于交兵。"兵先乎声"，由来已久。不过，这种"声"的发出，春秋及春秋以前，由交战双方派出的使者面辞宣战，战国始用檄书。檄者，皎也，即把本方征伐的理由在文书上写得皎然明白。长此以往，就形成一种"述此休明，叙彼苛虐"（《文心雕龙·檄移》）的檄文格式。不过，秦汉以来，檄体公文也与征召、晓喻的露布通用。

## 46 对问怨狱疏
### 唐·姚崇

自垂拱①已后，被告身死破家者，皆是枉酷自诬而死。告者特以为功②，天下号为罗织③，甚于汉之党锢。陛下令近臣就狱问者，近臣亦不自保，何敢辄有动摇？被问者若翻，又惧遭其毒手，将军张虔勖④、李安静⑤等皆是也。赖上天降灵，圣情发寤，诛锄凶竖，朝廷乂安。今日已后，臣以微躯及一门百口保见在内外官更无反逆者。乞陛下得告状，但收掌，不须推问。若后有征验，反逆有实，臣请受知而不告之罪。

《旧唐书·姚崇传》。

### 公文笔者：

姚崇（650~721），好学，有气节，应"下笔成章"之举入官。任郎官时，边境战事，兵机丛进，奏决如流，迁为侍郎。历经武则天、唐中宗、睿宗、玄宗四朝，三为宰相。睿宗时，因奏请专擅朝政的太平公主出居东都而遭贬。他反对宦官、外戚干政，反对大造佛寺道观，鼓励谏诤，多有政绩。封梁国公。

### 公文赏析：

姚崇《对问怨狱疏》，写于则天神功元年（697）九月。

---

① 垂拱（685），武则天称制年号。
② 告者特以为功，武则天称制，知宗室大臣不服，遂给告密者驿马，五品食，亲召见，授官爵，不实不罪，以倡奖告密。
③ 罗织，武则天豢养酷吏周兴、来俊臣，靠数百无赖专事告密，并把刑讯逼供手段撰为《罗织经》。
④ 李虔勖，武则天时大将军，为来俊臣所诬，不堪其苦，为来俊臣等人乱刀杀死。
⑤ 李安静，武则天时右卫将军，武则天欲称制，百官劝进，惟李安静正色拒之，后为来俊臣罗织罪名诛杀。

这是一篇敢于言事的公文，其求实精神令人肃然起敬。说明一篇公文名作，不仅在于文笔，而首在笔者人格。

武则天称制，知宗室大臣人心不服，自徐敬业起兵，尤疑天下多叛，遂大兴告密之风，任用酷吏，欲以诛杀立威。神功元年（697），即称制后的第13年，武则天对侍臣说：以前周兴、来俊臣审案，多连引朝臣，判其谋反，国有常法，我岂敢不遂？有时疑其不实，另派近臣征查，得其案卷，皆犯人自己承服，故我不以为疑。但自周兴、来俊臣死后，却不再听说有谋反者，难道从前被判谋反者有什么冤枉吗？

时任夏官侍郎姚崇，在这篇《对问怨狱疏》奏议中，回答了武则天提出的谋反者为什么没有过去多的问题。十年前的谋反者，多是周兴、来俊臣罗织罪名逼出来的，以邀功受赏；陛下派近臣查问，近臣自顾不暇，那敢为人平反翻案；至于案卷上的犯人"承服"，那是酷刑所迫，以求速死。现在陛下察明事实，周兴、来俊臣业已伏法，臣愿以全家百口性命为质，保内外官员无复反者，如查出谋反痕迹，臣愿承担"不告之罪"。

其实，武则天诛杀周兴、来俊臣是为转移目标、以平民愤的。她在神功元年的一番谈话，就是要在大臣中找一个下台阶。姚崇敢于直言的奏书，武则天看了非常高兴，说以前都是宰相助成其事，使我成了严刑峻法之君，姚崇奏书甚合我意。于是，赐姚崇赏钱千贯。

《答捕蝗奏》是姚崇"开元之治"的公文名篇。玄宗开元三年，春夏之交，山东大蝗，百姓只于田头焚香设祭，而莫敢捕杀者。姚崇奏遣御史，督州县捕杀。议者以为蝗多，除不可尽，玄宗亦疑。姚崇力排众议，"今蝗满山东，河南北之民流亡殆尽，岂可坐视食苗，曾不救乎？借使除之不尽，犹胜养以成灾"。玄宗以为有理。反对捕蝗的官员以为，杀蝗太多，恐伤天和。姚崇则说，如果捕蝗有祸，愿"请一身当之"。经过捕蝗，是年虽有蝗灾，仍有收获，百姓对姚崇十分感激。公文是用于治理国家的，要说理，更要拿出解决问题的办法。当然公文中的说理要简约，要合政，不可铺述。因为公文体式有别于议论性文字，公文是要职司限时阅处的，否则就属"惰政"、"荒政"。议论性文字则没有这种作为国家行为的要求。《答捕蝗奏》的百字短文，把捕蝗理由，拘于神明不敢捕蝗造成百姓流离的历史教训，朝廷推动捕蝗的运作方法，奏文官员愿质以"在身官爵"使捕蝗成功的表态，都写得恳切明析。这种敢作敢为、掷地有声的风格，可谓公文体式的典范。姚崇在《答捕蝗奏》中提到的"胶柱"，即今日官场仍未匿迹的所谓"扯皮"，是治理国家的一大祸患。故姚崇的"事系安危，不可胶注"，是古代公文要破解的难题，今日仍不例外。

## 47　谏滥官①疏

唐·韦嗣立

臣又闻设官分职，量事置吏，此本于理人而务安之也。故《书》曰"在官人，在安人。官人则哲，安人则惠。能哲而惠，何忧乎欢兜，何畏乎有苗"者也！是明官得其人，而天下自理矣。古者取人，必先采乡曲之誉，然后辟于州郡；州郡有声，然后辟于五府②；才著五府，然后升之天朝。此则用一人所择者甚悉，擢一士所历者甚深。孔子曰："譬有美锦，不可使人学制。"此明用人不可不审择也。用得其才则理，非其才则乱。理乱所系，焉可不深择之哉！

今之取人，有异此道。多未甚试效，即顿至迁擢。夫趋竞者人之常情，侥幸人之所趣。而今务进不避侥幸者，接踵比肩，布于文武之列。有文者用理内外，则有回邪赃污上下败乱之忧；有武者用将军戎，则有庸懦怯弱师旅丧亡之患。补授无限，员阙不供，遂至员外置官，数倍正阙。曹署典吏，困于只承③，府库仓储，竭于资奉。国家大事，岂甚于此！古者悬爵待士，惟有才者得之，若任用无才，则有才之路塞，贤人君子所以遁迹销声，常怀叹恨者也。且贤人君子，守于正直之道，远于侥幸之门，若侥幸开，则贤者不可复出矣。贤者遂退，若欲求人安化洽，复不可得也。人若不安，国将危矣，陛下安可不深虑之！

又刺史、县令，理人之首。近年已来，不存简择。京官有犯及声望下者，方遣牧州。吏部选人，期年无手笔者④，方拟县令。此风久扇，上下同知，将此理人，何以率化？今岁非丰稔，户口流亡，国用空虚，租调减削。陛下不以此留念，将何以理国乎？臣望下明制，具论前事，使有司改换简择，天下刺史、县令，皆取才能有称望者充。自今已往，应有迁除诸曹⑤侍郎⑥，两省⑦、两台⑧及五品已上清望官，先于刺史、县令中选用。牧宰得人，天下大理，万姓欣欣然，岂非太平乐事哉！惟陛下详择。

---

① 滥官，由于补授无限，形成官滥其位。
② 五府，太傅、太尉、司徒、司空、大将军的官署。
③ 只承，供奉。
④ 手笔者，有文学才能并擅于书写的官员。
⑤ 诸曹，尚书省六部。
⑥ 侍郎，六部的次官。
⑦ 两省，中书省、门下省。
⑧ 两台，左御史台、右御史台，分掌监察事务。

《旧唐书·韦思谦》附韦嗣立传。

## 公文笔者：

韦嗣立（654~719），以进士入仕。在武周、中宗、睿宗三朝为官，历任凤阁舍人，凤阁侍郎，凤阁鸾台平章事，同中书门下三品，兵部尚书，中书令等职，进逍遥公。父思谦，兄承庆，与嗣立皆官至宰辅，封为逍遥公，"有唐已来，莫与为比。"

## 公文赏析：

《谏滥官疏》，上于中宗景龙三年（709），与唐玄宗即位仅距3年，尚属武周之后的动荡年代。

唐中宗、睿宗时期，政局昏暗，中宗的皇后韦氏和安乐公主等人，卖官鬻爵，只需纳钱30万，就以墨敕"斜封"入官，时达数千人之多。这些"斜封"官，无德无才，混乱政事，加重国负，不亚于武周时期。

韦嗣立是从武周过来之官，对那个时代，只要给武则天写一封告密信，就可以升官，"因借际会，入仕尤多"，"摄职多庸琐之才"的情景，尚历历在目，痛切在心。《谏滥官疏》从国家担负"设官分职"、"量事置吏"、"理人务安"的职能讲起，以为国家治乱献策。

下一段，则以"今之取人"为题展开，是谏书的重要部分。首先是对掌管用人大权者的批评，除皇帝李旦外，主要是针砭韦皇后与太平公主，说他们"补授无限，员阙不供，遂至员外置官，数倍正阙"。补官没有限制，授官也没有限制，缺编不得递补，却在编外置官，以致"外置官"数倍于"正阙官"，即所谓"滥官"充斥。这样，一则大开"侥幸之门"，而塞贤人君子之路；二则府库仓储，因支付官俸枯竭。由此，作者呼吁"国家危矣"！

第三段，作者专门谈及重视"州县首官"的选用。州县首官，位在"牧宰"，只有这个岗位上的官员选用得当，才能天下大治。现在，京官犯事或声望低下，以及经试用文学才能不高者，方遣州县，这大大损害"州县首官"这个职位的声望。建议朝廷今后选用五品以上官员，应先从刺史、县令中选用，以提高"州县首官"职位的声望。作者在提到选用官吏标准时，提到"手笔者"这个词汇，这向我们透出一个信息，说明那个时代对官员的写作能力，主要为公文写作能力，是看得很重的。公文写作能力不高的人，在那个时代，上情下达、下情上达，只能假手于人。这是一个秉公执法官员的致命缺陷。

"疏奏不纳",本在预料之中,但作者为国为民的忠义胆气,足以令后世赞颂。

## 48 请置屯田表

#### 唐·张说

臣说言:臣闻求人安者,莫过于足食;求国富者,莫先于疾耕。臣再任河北,备知川泽。窃见漳水①可以灌巨野,淇水②可以溉汤阴,若开屯田,不减万顷。化萑苇③为粳稻,变斥卤④为膏腴,用力非多,为利甚博。谚云:"岁在申酉,乞浆得酒。来岁遁迩⑤,春事方兴。"愿陛下不失天时,急趋地利,上可以丰国,下可以廪边。河漕通流,易于转运。此百代之利也。当今国储未赡,边军未息。静人业农,愿留圣意。亦尝赐前阶之食,承后骑之顾,竟唯唯而无一言者,岂敢隐情于圣主也?正以职在仗卫,忧于部伍,马上非公议之所,围游非朝廷之事。今昧死上愚见,乞与大臣筹谋,速下河北支度⑥及沟渠使⑦,检料施功,不后农节。谨附贺正使随军前曹州考城县尉同希再奉表以闻。谨言。

《全唐文》。

## 公文笔者:

张说(667~730),武则天时,以"对策第一"入朝为官,历任太子校书郎、凤阁舍人、黄门侍郎、中书侍郎等职。睿宗时,进同中书门下平章事入相,劝皇帝用太子李隆基监国以避太平公主之乱,为太平公主所忌。及李隆基诛太平公主党羽,召为中书令,封燕国公。后为人所构,出守三州。《请置屯田表》,为在相州刺史、充河北道按察使任内所奏。开元十七年(729)复拜尚书左丞相,加开府同三司,复归相位。张说三为宰辅,掌枢机30年,有谋略,擅文辞,用思精密,朝内要文多出其手,尤长于碑文、墓志,他与苏颋并称"燕许大手笔"。

---

① 漳水,今为河北、河南两省界河。
② 淇水,在今河南北部。
③ 萑苇,芦苇类的水草。
④ 斥卤,盐碱地。
⑤ 遁迩,始近。
⑥ 支度使,唐时主管军需官员的职称。
⑦ 沟渠使,唐时主管疏浚河道官员的职称。

玄宗曾亲书诏表彰："动惟直道，累闻献替之诚；言则不谀，自得谋猷之体。政令必俟其增删，图书又借其刊削，才望兼著，理合褒升。"皇誉"自得谋猷之体"，可谓对公文官员的最高犒奖。有《张燕公集》传世。

## 公文赏析：

张说《请置屯田表》，上于开元十六年（728）。

这是一篇经济公文，表现了作者"备知川泽"的洞察能力，以及对国家与百姓的关心。而且，这篇公文写得贴切通俗，即使今人读来也未见生涩。

屯田制度，起源很早，且事关边事成败。开垦边远废弃耕地，一可减少征粮于民，二可节省转运之资，三可保证供给及时，四可安置军士眷属，五可招募贫民，六可"河漕通流"，乃"用力非多，为利甚博"之举，对国家和边地稳固十分有益。唐时屯田，已经形成完整的管理制度。根据《旧唐书·职官志》、《旧唐书·食货志》、《通典·食货二·屯田》记载，唐时从尚书省、司农寺，以至州郡都设专职屯田机构和职司官员，主持屯田事宜。

张说拜《请置屯田表》，当在开元初年，他贬为相州刺史兼河北道按察使时。建议引漳河、淇河之水用来灌溉，开发一个规模万顷的屯田区域，请求玄宗皇帝"不失天时"，"不后农节"，派出支度使、沟渠使实地考察，尽早谋划决策。应当说，张说对睿宗、玄宗父子的亲政，在谋略上居有头功，太平公主胁迫贬谪张说，也是做给睿宗父子看的。所以，在《请置屯田表》中，"静人业农，愿留圣意"之恳请，"尝赐前阶之食，承后骑之顾"的思念，并非荡来之笔，是后人赏析时需留意之处。

张说的文字通顺、贴切，事在公务。过多地引证，以替代用自己的观点说话，不是公文的主流体式。因为公文不同于论文要引经据典，并着重于理性论证，不同于诗词歌赋，着眼于形象描绘，而是用最简练、最准确的文字去传达信息，从而达到采取正确社会行为的目的。如果一篇公文，引经据典，展示知识，虽然得到某些文人雅士的赞扬，但作为公文，它在阅读上的艰涩，不能不说是致命弱点。

## 49 上《贞观政要》表

### 唐·吴兢

臣兢言：臣愚，比尝见朝野士庶，有论及国家政教者，咸云："若陛下之圣明，克遵太宗之故事，则不假远求上古之术，必致太宗之业。"故知天下苍生所望于陛下者，诚亦厚矣！《易》曰："圣人感人心，而天下和平"。今圣德所感，可谓深矣！窃惟太宗文武皇帝之政化，自旷古而来，未有如此之盛者也。虽唐尧、虞舜、夏禹、殷汤、周之文武、汉之文景，皆所不逮也。至如用贤纳谏之美，垂代立教之规，可弘阐大猷①，增崇至道者，并焕乎国籍，作鉴来叶。

微臣以早居史职，莫不诚诵在心。其有委质策名②，立功树德，正词鲠义，志在匡君者，并随事载录，用备劝戒，撰成一帙十卷，合四十篇，仍以《政观政要》为目，谨随表奉进，望纡天鉴③，择善而行，引而伸之，触类而长。《易》不云乎，"圣人久于其道，而天下化成"。伏愿行之而有恒，思之而不倦，则贞观巍巍之化，可得而致矣。

昔殷汤不如尧、舜，伊尹耻之。陛下倘不修祖业，微臣亦耻之。《诗》云："念我皇祖，陟降庭止。"④ 又云："无念尔祖，聿修厥德。"⑤ 此诚钦奉祖先之义也。惟陛下念之哉，则万方幸甚！不胜诚恳之至，谨奉表以闻。谨言。

《贞观政要·卷首》。

## 公文笔者：

吴兢（670~749），少年励志，博通经史，武则天时入史馆，编修国史。中宗时，历任右补阙、起居郎、水部郎中。玄宗时为谏议大夫，兼修文馆学士。任史官近30年，著述甚丰。卒于天宝八年。

## 公文赏析：

《上〈贞观政要〉表》，是一篇十分简要的公文。

《贞观政要》，唐吴兢所撰，成书于玄宗开元八年（720），10卷，40篇，258章，计8万字。本书记载太宗与大臣魏征、房玄龄、杜如晦等45人间的政论问答及谏诤事迹，系统总结贞观之治的历史经验。书中所用专题记事、分类排纂的编纂方法，为吴兢创新。本书的写作，历经高宗、武则天、中宗、睿宗、玄宗五朝，终于在李世民辞世的第70年成书。作者历经30年的史官生涯，家境贫

---

① 大猷，大道。
② 委质策名，追随君主。
③ 纡天鉴，尊崇上天儆戒。
④ 语出《诗经·颂·闵予小子》。
⑤ 语出《诗经·大雅·文王》。

寒,有时纸笔难继。不过,书成之后,他要"奉表以闻"于玄宗皇帝的,是所用"正义鲠词,志在匡君"的史笔,请求认同。因为作者像写政绩一样,对太宗晚年的腐败也直言不讳。这本书甚受历代统治者重视,成书千余年间,有22家注释。公元九世纪,《贞观政要》刻本传至日本皇家、幕府。

## 50 褒言官御批
### 唐·李隆基

动惟直道,累闻献替之诚。言则不讳,自得谋猷之体。政令必俟其增损,图书又藉其刊削,才望兼著,理合褒升。考中上。

《旧唐书·张说传》。

### 公文笔者:

李隆基(685~762),睿宗第三子。九岁时,其母窦氏(后追封为昭成皇后)被武则天杀害,使他在少年孤独中政治早熟,也学得了许多真才实艺。武则天之后,中宗暴崩,李隆基率众平息韦后临朝称制之乱。睿宗即位,立为皇太子。睿宗延和元年(712),受命即皇位。颁新定《令、式、格及事类》于天下,善于用人,中兴有术,使经济富庶,四境平安,史称"开元之治"。天宝十四载,安史之乱发,奔蜀地避难,其子李亨即皇位,自为太上皇。李隆基在位43年,庙号玄宗。

### 公文赏析:

不满五十字的一纸《褒言官御批》,李隆基写于开元十年(722)四月。

御批,是公文的一种体式,类似于今日的批示文体。

时任兵部尚书张说,在处置边境事务中十分得力。开元十年,戍边士兵逃亡,边疆不稳,四方告急。张说进"召募强壮"建策,旬日间,得精兵13万。这种称为"彍骑"的兵役制度,成为大唐中兴的兵源骨干。随后不久,玄宗在外地,拟经并州(今山西太原为李渊隋末起兵之地)还京。张说建策:(1)皇帝所幸,应在王业所起之地"建碑纪德"。(2)路途所过,有汉武帝当年设置的后土祀,可顺行"祈谷"之礼,以为天下人祈福。玄宗采纳,一举三成。接下来,张说就代替了张嘉贞为中书令，皇帝还为此写下比升职宰相更令后人关注的《褒言官御批》。其实，李隆基对张说的"亲敬"，可以追溯到十年前他在东宫为太子、张说为侍读的时期。当时，睿宗皇帝与太平公主互相掣肘，国事荒废，时任同中书门下平章事的张说，一份"使太子监国，则君臣分定"的进言，使李隆基从懦弱的乃父和霸道的姑姑间杀出一条血路，登上帝位，使国家走出由他祖母武则天听政所留下的阴影。

御批文字简短，却包含了与言官职守、公文写作十分切近的四层意思：

一是"动惟直道，累闻献替之诚。"这是对张说为人正直的评价。正确的谋略与献策，是与正直相联系的，"动惟直道"的一个"惟"字，把张说的正直说得满了一些，而"累闻献替之诚"则相较适中。张说前期对大唐的中兴，屡出奇策，多有建树，而他自己却因得罪图谋篡权的太平公主而贬官东京。

二是"言则不谀，自得谋猷之体。""谋猷之体"，广义来讲，是指言官进言的风度。而狭义来讲，则是指言官奏疏的体式与特点，其中特别提到"言则不谀"。因为那时，对皇帝的进言中，敢不敢直陈实情，特别是敢不敢直陈皇帝的弱点与失误，是一大检验。除少数"口蜜腹剑"者有谀而无言者外，不少言官采用的是用阿谀包裹着的进言，皇帝听着很顺耳，又达到自己进言的目的。能做到"言则不谀"者仅是言官中的睿智者。特别是"自得谋猷之体"，可谓对言官的最高犒奖。

三是"政令必赖其增损，图书又借其刊削。"这是对张说的能力的评价。赖增损政令、刊削图书者，说明他是一位文才极高的言官。

四是"才望兼著，理合褒升。考中上。"这是对言官的才望两个方面的总评。第一层所评侧重于望，第二、三层所评侧重于才，综合以上，得出对作为言官的张说"才望兼著"的总评。

# 51 上封事书（节）

### 唐·张九龄

今刺史、县令，除京辅近处雄望之州，刺史犹择其人，县令或备员而已，其余淮陇蜀三河诸处，除大府之外，稍稍非才。但于京官之中，出为州县者，或是缘身有累、在职无声，用于牧宰之间，以为斥逐之地；或因势附会，遂忝高班，比其势衰，且无他责，又谓之不称京职，亦乃出为刺史。至于武夫流外，积资而得，官成于经久，不计于有才。诸若此流，尽为刺史，其余县令已下，固不可胜言。

盖氓庶所系，国家之本务。本务之职，反为好进者所轻；承弊之人，每遭非才者所扰。陛下圣化，从此不宜，皆由不重亲人之选，以成其弊，而欲天下和洽，固不可得也。

古者刺史入为三公，郎官出宰百里，莫不于其所重、劝其所行。臣窃怪近俗，偏轻此任。今朝廷卿士，入而不出，于其私情，遂自得计。何则？京华之地，衣冠所聚，子弟之间，身名所出。从容附会，不劳而成。一出外藩，有异于此。人情进取，岂忘于私？但立法制之，不敢违耳。原其本意，固私是欲，今大利在于京职而不在于外郡。如此，则智能之士，欲利之心，日夜营营，宁有复出为刺史、县令？而陛下国家之利，方赖智能之人，此辈既自固而不行，在外者又技痒而求入。如此，则智能之辈，常无亲人之责。陛下又未格之以法，无乃甚不可乎？故臣愚以为，欲理之本，莫若重刺史、县令。此官诚重，智能者可行，正宜悬以科条，定其资历，凡不历都督、刺史，虽有高第者，不得入为侍郎、列卿；不历县令、有善政者，亦不得入为台郎、给、舍。虽远处都督、刺史至于县令，以次差降，以为出入。亦不得十年频任京职，又不得十年尽任外官。如此设科，以救其失，则内外通理，万姓获宁。如积习为常，遂其私计，陛下独宵衣旰食，天下亦未之理也。

《全唐文》。

## 公文笔者：

张九龄（669~736），少好属文，以进士及第入仕。唐玄宗在东宫时举"文藻之士"，迁右拾遗。开元年间任中书舍人、太常少卿、尚书右丞相。敢于直谏，正直不阿。为李林甫所忌，贬为荆州长史。他是开元贤相，对安禄山叛乱早有奏报，玄宗不纳。撰《金镜录》五卷，有文集20卷。张九龄是一个颇有政治远见的宰相。他在安禄山未叛之先早有预言，足见他对选拔官员"先考才行"上所具有的睿智。在"安史之乱"中避难巴蜀的唐玄宗，每思张相对起用安禄山的诤谏之言，尝涕泣满面。

## 公文赏析：

玄宗开元初年，张九龄为左拾遗，与右拾遗赵冬曦参与吏部考授官吏之事，甚为公允。《上封事书》，就是张九龄对参与此次选拔官员事宜向玄宗皇帝的奏报。奏报的要点有三：在官员选拔中，"偏轻"州县首官的遴选，这种导向，欲求"天下和洽"是不可能的;吏部不应忙于条章拟制的文牍事宜,而要下功夫先考被选者的才行,然后送台备选;每岁选者,动以万计,贤愚浑杂,毁誉相乱,用人之际不可不第高下。

现节录《上封事书》中重视州县首官遴选部分。张九龄的这篇公文,从公元8世纪初年到现在,时过千年,政体屡迁,但要重视州县首官遴选,却依然如故。因为州县首官,是国家治理网络上的结点未曾改变。在选拔官员中,要处理好京官与外官、朝官与州县首官的衔接,直到"入而不出"的积习得到纠正,国家才会有"内外通理,万姓获宁"的局面。

张九龄是一个颇有政治远见的宰相。他在安禄山未叛之前早有识破,足见他对选拔官员"先考才行"上所具有的睿智。在"安史之乱"中避难巴蜀的唐玄宗,每思张相对起用安禄山的诤谏之言,常涕泣满面。

封事,即用皂囊封板,有公文密件的含义。晁错所上疏文,尝附有封事、便宜,即把疏文中不宜传播的人物、事节,另纸报送,以慎机密。因为奏疏是要公之于众的,而封事、便宜另纸专报,皇帝阅后不必发下。这是言官在当时条件下的一种自我保护形式。

# 52 与韩荆州①书

## 唐·李白

白闻天下谈士相聚而言曰:"生不用封万户侯,但愿一识韩荆州。"何令人之景慕,一至于此耶!岂不以有周公之风,躬吐握之事,使海内豪俊奔走而归之,一登龙门,则声誉十倍,所以龙蟠凤逸之士,皆欲收名定价于君侯。愿君侯不以富贵而骄之,寒贱而忽之,则三千宾中有毛遂,使白得脱颖而出,即其人焉。

白,陇西布衣,流落楚汉。十五好剑术,遍干诸侯。三十成文章,历抵卿相。虽长不满七尺,而心雄万夫。王公大人,许与气义。此畴曩心迹,安敢不尽于君侯哉!

君侯制作侔神明,德行动天地,笔参②造化,学究天人③。幸愿开张心颜,不以长揖见拒。必若接之以高宴,纵之以清谈,请日试万言,倚马可待。今天下

---

① 韩荆州,即韩朝宗,玄宗开元年间任荆州长史,是地方高级行政长官,以奖携后进著称。
② 笔参,写作与讲述。
③ 学究天人,学问达到能知天上人间事理。

以君侯为文章之司命①，人物之权衡，一经品题，便作佳士。而君侯何惜阶前盈尺之地，不使白扬眉吐气、激昂青云耶？

昔王子师②为豫州，未下车，即辟荀慈明，既下车，又辟孔文举③。山涛④作冀州，甄拔三十余人，或为侍中、尚书，先代所美。而君侯亦荐一严协律⑤，入为秘书郎，中间崔宗之、房习祖、黎昕、许莹之徒，或以才名见知，或以清白见赏。白每观其衔恩抚躬，忠义奋发，以此感激，知君侯推赤心于诸贤腹中。所以不归他人，而愿委身国士⑥。倘急难有用，敢效微躯。

且人非尧舜，谁能尽善。白谟猷筹画，安能自矜，至于制作，积成卷轴，则欲尘秽视听，恐雕虫小技，不合大人。若赐观刍荛⑦，请给纸墨，兼之书人⑧。然后退扫闲轩，缮写呈上。庶青萍、结绿⑨，长价于薛、卞之门⑩。幸惟下流，大开奖饰，惟君侯图之。

《李太白全集》。

## 公文笔者：

李白（701~762），唐代大诗人。其父为任城（今山东济宁市）尉，李白少年与鲁中诸生孔巢父、韩沔、裴政等隐于徂徕山，时号"竹溪六逸"。及长，漫游江汉、吴越之地。天宝初，玄宗召为翰林供奉。李白生性豪放，蔑视权贵，对玄宗用人不满，为朝廷亲信不容，于是上书请还。安史之乱，永王璘以平叛之名分裂朝廷，李白误投而受株连，流放夜郎，中途遇赦。后客死族叔李阳冰家。今有《李太白文集》传世。

## 公文赏析：

李白《与韩荆州书》，写于唐开元二十二年（734），时李白居安陆游襄阳。

---

① 文章之司命，评价文章优劣的定调者。司命，星名，亦称文昌星，传说是天上主管人间文运的星宿。
② 王子师，东汉王允，字子师，汉灵帝时任豫州刺史。
③ 孔文举，孔融，汉献帝时任海相。
④ 山涛，西晋人，任冀州刺史时搜访贤才达30余人，皆显于当时，以识人著称。
⑤ 严协律，郎严武。
⑥ 国士，举国尊崇的士人，指韩朝宗。
⑦ 刍荛，割草与采薪，喻在野之人。
⑧ 书人，抄写的人。
⑨ 青萍，良剑名，结绿，美玉名，皆为李白借以形容自己文章之美。
⑩ 薛、卞之门，薛烛，春秋时越国人，善鉴宝剑，卞和，春秋时楚国人，能识宝玉。用以喻韩朝宗。

隋唐公文

　　这是一篇自荐文字，写得委婉感人，兼具公务文书与私人文函所长。自荐文书，一般包括对事主的赞颂以及自我介绍，《与韩荆州书》作为一篇名文得以流传，是因为在这两个方面都写得十分饱满。

　　第一段，从士人传言说起，对事主韩朝宗提携后进大加赞颂，表示自己如今甘做平原君门下的那个毛遂，也来自荐。

　　第二段，生平与志向的自述。

　　第三段，愿求一试，无论辩说还是文章。

　　第四段，希望事主能像东汉王充、西晋山涛那样，做个举贤任能的人。称赞从韩朝宗已荐者数人看出，那种对贤者推心置腹的精神令人感激。

　　末段，说自己虽不擅长政治谋画，但文章绝佳，只待识者奖饰。

　　这篇自荐书，心气很高，自命蔑视权贵，却对韩朝宗这位另类权贵说了许多奉迎话，对自己的本领也有夸大其词之处，史家视为败笔。李白一生，为谋仕奔走，终不得志。他在官场上的失败，败在仕进心切，也败在"谟猷筹画"无长，即缺乏政治经验。倒是所成诗词文章，使他留名后世。

# 53　遗　表

## 唐·封常清

　　中使①骆奉仙至，奉宣口敕②，恕臣万死之罪，收臣一朝之效。令臣却赴陕州，随高仙芝③行营。负斧缧囚，忽焉解缚，败军之将，更许增修。臣常清诚欢诚喜，顿首顿首。

　　臣自城陷已来，前后三度遣使奉表，具述赤心，竟不蒙引对④。臣之此来，非求苟活，实欲陈社稷之计，破虎狼之谋。冀拜首阙庭，吐心陛下，论逆胡之兵势，陈讨捍之别谋，酬万死之恩，以报一生之宠。岂料长安日远，谒见无由，函谷关遥，陈情不暇。臣读《春秋》，见狼瞫⑤称未获死所，臣今获矣。

　　昨日者，与羯胡接战，自今月七日交兵，至于十三日不已。臣所将之兵，皆

---

① 中使，由帝王宫廷派出的使者，多由宦官充任。
② 口敕，皇帝的口头命令，多用于非常时期或秘密使命。
③ 高仙芝（？~755），右羽林军大将军。安禄山叛，升兵马副元帅，与封常清同为监军宦官潜杀。
④ 引对，皇帝召询。
⑤ 狼瞫，春秋时晋国大夫，谋求为国效力死有所归，后战死于沙场。

是乌合之徒，素未训习。率周南①市人之众，当渔阳突骑之师，尚犹杀敌塞路，血流满野。臣欲挺身刃下，死节军前，恐长逆胡之威，以挫王师之势。是以驰御就日②，将命归天。一期陛下斩臣于都市之下，以诫诸将。二期陛下问臣以逆贼之势，将诫诸军。三期陛下知臣非惜死之徒，许臣竭露③。臣今将死抗表。陛下或以臣失律之后，诳妄为辞。陛下或以臣欲尽所忠，肝胆见察。臣死之后，望陛下不轻此贼，无忘臣言，则冀社稷复安，逆胡败覆，臣之所言毕矣。仰天饮鸩，向日封章④，即为尸谏⑤之臣，死作圣朝之鬼。若使殁而有知，必结草军前，回风阵上，引王师之旗鼓，平寇贼之戈铤。生死酬恩，不任感激。臣常清无任永辞圣代，悲恋之至。

《全唐文》。

## 公文笔者：

封常清（？~755），少孤贫，由外祖父教以读书。年过30，投牒应高仙芝军招募。因其瘦弱、跛足，外貌丑陋，高仙芝不肯收留。次日再往，高仙芝无奈收于军中。及高仙芝在边境作战，封常清根据平日掌握的双方军势的对比及所用谋略，预作《捷布》。及高仙芝从战场归来，《捷布》已经写就，读来正是高仙芝欲作的战报，遂知名，擢升判官。高、封戍边，每有战事，必由封常清留后。封常清有才能，做事果断，胸无疑事，敢于承担，与主帅配合默契，屡建战功。天宝末年，入朝为御史大夫，处事公道，赏罚分明。及安禄山反，玄宗引见，问讨贼之策，封常清以为，"天下太平久，人不知战"，请求去洛阳募兵，计日取胜，为主分忧。玄宗赞其志，调任范阳节度。兵败削官，以"白衣隶"回高仙芝军效力。后遭监军宦官谮杀。死前作《遗表》。

## 公文赏析：

封常清《遗表》，写于唐玄宗天宝十四载（755）冬。

这是一位唐代将军的绝命书。带兵将领熟悉文案，实属少见，此表写得荡气断肠，实是难得。

---

① 周南，指洛阳以南的江汉地带，此处专指洛阳。
② 驰御就日，驾车奔向皇帝所在。
③ 竭露，坦诚表白。
④ 封章，上呈机密奏章的最后程序，以皂囊重封，防止脱泄或被篡改。
⑤ 尸谏，以死谏诤。

天宝十四年（755）冬，安禄山叛乱，封常清从御任史大夫，再任范阳节度，奉诏往洛阳募兵抗敌，得6万人，多为市井子弟，未受过军事训练，因而在武牢关及洛阳城下连打败仗。安禄山入洛阳，封常清弃奔陕郡，被削去官职，投高仙芝军效力。高、封退兵坚守潼关，为监军太监边令诚所谮，唐玄宗密令诛杀。他的冤死，令人惋惜。这篇《遗表》，是封常清临刑前的最后一表。

在《遗表》中，他首先表明，自己并非"惜死之徒"，奉表乃为"陈社稷之计"。首先，封常清平心静气地陈述八日苦战全军覆没的原因，是所招之兵乃乌合之众，即使这样，仍然"杀敌塞路，血流满野"。他本来可以"死节军前"，但恐"挫王师之势"，于是就把自己这条性命交由皇上发落，不过自己心存三个期盼：一是就斩于都市，"以诫诸将"；二是答皇帝所问，以"将诫诸军"；三是允许自己坦露心胸，说出对国家安定的看法。不过，在他拜表之际，已经得知这些都为非分，他要说的，只求皇帝"不轻此贼"，然后申明，"臣之所言毕矣"。

"望陛下不轻此贼"，是《遗表》全文的核心。仅在几个月前，他御前答询，还表示愿洛阳募兵，披挂上阵，计日取胜，为主分忧。这是何等豪迈。但武牢关一战，方知两军战力悬殊，自己轻敌。但他深知，造成"天下太平久，人不知战"的责任者，不是别人，是久在帝位的李隆基；战事一起，欲速战平叛而轻敌者，不是别人，是久在帝位的李隆基；官军武备旧朽，却保安禄山有特殊装备者，不是别人，也是久在帝位的李隆基。对于一个不久后遭诛杀的将领来说，他想的是皇帝。如今明白了吗？如果还不明白，那我用一具尸体，一封《遗表》，请你明白！

至于唐玄宗为什么要诛杀高仙芝、封常清于军中？根据史料记载，是叛军进逼甚猛，唐玄宗恐对退守的将领不严处，溃势难扼，故而拿"高封"开刀，以示警诫。诛杀"高封"，高仙芝是兵马副元帅，封常清是奉诏平叛，且为"一生之宠"的要臣，确实在官军将帅中引起巨大震动。同守潼关的兵马元帅哥舒翰的部将，知战则难胜，退必遭诛，竟于战阵劫持元帅降贼，以致潼关失守，长安陷落，玄宗避难巴蜀。长安陷落之前，封常清的《遗表》早达于玄宗之手，他本来有时间调整战略，据守潼关，以待天下援兵。看来他并没有读懂"不轻此贼"的尸谏，历经八年平叛，终于没有迎来凯旋之师，而悲怆地死去。

高仙芝与封常清是两员善战猛将，他们两人，从胜在"高封"连结，到殁于"高封"同案，是唐玄宗从"善政"走向"荒政"的分水岭。

## 54 破 贼 疏

**唐·李泌**

贼掠金帛子女，悉送范阳①，有苟得心，渠能定中国耶？华人为之用者，独周挚、高尚等数人，余皆胁制偷合，至天下大计，非所知也。不出二年，无寇矣。陛下无欲速②。夫王者之师，当务万全，图久安，使无后害。今诏李光弼③守太原，出井陉，郭子仪④取冯翊，入河东，则史思明、张忠志⑤不敢离范阳常山，安守忠、田干真⑥不敢离长安，是以三地禁其四将也。随禄山者，独阿史那承庆⑦耳。使子仪毋取华，令贼得通关中，则北守范阳，西救长安，奔命数千里，其精卒劲骑，不逾年而毙。我常以逸待劳，来，避其锋，去，剪其疲。以所征之兵会扶风，与太原、朔方军互击之，徐命建宁王⑧为范阳节度大使，北并塞与光弼相犄角，以取范阳。贼失巢穴，当死河南诸将手。必得两京⑨，则贼再强，我再困。且我所恃者，碛西⑩突骑西北诸戎耳，若先取京师，期必在春，关东早熟，且马病，士皆思归，不可以战，贼得休士养徒，必复来南，此危道⑪也。

《全唐文》。

## 公文笔者：

李泌（722~789），博览经史，通道学，有王佐之风。少时上书论世务，唐玄宗授特诏翰林，陪太子李亨读书。后遭杨国忠"讽刺时政"的诬陷，遭外安置。及安史乱起，玄宗避难巴蜀，太子即位于陇西，称肃宗，召李泌，授官"侍谋军国"，军政之权大于宰相。李泌主张，由于双方军力悬殊，易先耗叛军有生

---

① 范阳，玄宗置幽州节度使，治所在今北京西南，后改范阳。安禄山以范阳三节度使起兵反唐。
② 欲速，求速战速决。
③ 李光弼，平定安史之乱的副将。
④ 郭子仪，平定安史之乱的主将。
⑤ 史思明、张忠志，叛军范阳守将。
⑥ 安守忠、田干真，叛军西京守将。
⑦ 禄山、阿史那承庆，叛军首领安禄山，为范阳三镇节度使，与叛将阿史那承庆盘踞东京，机动作战。
⑧ 建宁王，唐肃宗次子李倓，是李泌"三地禁四将"战略的支持者，遭帝妃张良娣暗算，为肃宗赐死。
⑨ 两京，西京长安，东京洛阳。
⑩ 碛西，大汉之西。
⑪ 危道，兵法用语，指敌强我弱形势下先取两京，以求速决，是危险的战略思想。

力量，后复两京，因献"三地禁四将"策。肃宗为稳固皇位，急于收复两京，故不纳李泌策。待两京强攻而下，军力损耗，已无后继之力，故李泌自求归隐衡山。代宗、顺宗，求起李泌，因政见不合，终不得志。

## 公文赏析：

李泌《破贼疏》，写于唐肃宗至德元年（756）。

这是本书所收战争谋略的一篇公文。本文，旨在说服唐肃宗，平定安史之乱的战争不可"欲速"，可采用"三地禁其四将"战略，保持长安、洛阳、范阳三地畅通，诱敌千里"奔命"，官军则采用"避其锋"、"剪其疲"的战法，让叛军跑死、累死，然后待机夺其老巢范阳，再取两京。

李泌甚通道家学说，他在青少年时期，就参加了只有高官、大学士才有资格出席的唐宫"儒道法"大辩论。他对道家学说理解之深刻，颇受玄宗赏识。《老子》倡导的战争观，一是反对战争，二是"不得已而用之"，三是用兵则奇，"以正治国，以奇用兵"。所以，道家的谋略，"言兵者师之"，并为"后世阴谋者法"。通过平定安史之乱的前期战例，李泌观察到，叛将只有数员，大唐官军"王者之师"依存，整个战争应坚持"务完全"、"图久安"、"无后害"的三原则，不可速战；当时的战场形势，是叛军强劲，官军怯战，采取"三地禁四将"战法以"避其锋"、"剪其疲"，推迟决战时机；叛军把战场掠夺的女子、财宝、皇宫礼乐器物，尽送范阳，判知其没有"定中国"之谋，故采取"覆巢"战略，一旦时机成熟，先取范阳，后收两京。李泌在《破贼疏》中的这些战略思想和战术思想，是道学战争观的生动体现。可惜，肃宗李亨，过去扮演的是为保太子之位战战兢兢过日子，今日扮演的是以收复两京稳固皇位掐着指头过日子的角色，自然对李泌提出的战略三原则听不进去。唐肃宗"欲速"是必然的，《破贼疏》遭遇弃置是难免的，李泌退隐山林，是不得已而为之。按照肃宗李亨的打法，越想速胜，越是把自己的老本拼光，平息安史之乱用了八年，以致李隆基、李亨父子都没有看到最后胜利的那一天。大唐以千万人计的牺牲，证明了《破贼疏》是正确的国家战略。

# 55 进《通典》表

### 唐·杜佑

臣闻太上立德，不可庶几①。其次立功，遂行当代。其次立言，见志后学。

---

① 不可庶及，不可企及。

由是往哲递相祖述，将施有政，用乂邦家。臣本以门资，幼登官序，仕非游艺，才不逮人，徒怀自强，颇玩坟籍。虽履历叨幸，或职剧务殷，窃惜光阴，未尝轻废。夫《孝经》、《尚书》、《毛诗》、《周易》、《三传》①，皆父子君臣之要道，十伦五教之宏纲，如日月之下临，天地之大德，百王是式，终古攸遵。然多记言，罕存法制，愚管窥测，莫达高深，辄肆荒虚，诚为亿度②。每念懵学，莫探政经，略观历代众贤著论，多陈亲失之弊，或阙匡拯之方。臣既庸浅，宁详损益，未原其始，莫畅其终。尚赖周氏典礼，秦皇荡灭不尽，纵有繁杂，且用准绳。至于往昔是非，可为来今龟镜，布在方册，亦粗研寻。自顷缵修，年逾三纪，识寡思拙，心昧辞芜，图籍实多，事目非少，将事功毕，罔愧乖疏，固不足发挥大猷，但竭愚尽虑而已。书凡九门，计二百卷，不敢不具上献，庶明鄙志所之，尘渎圣聪，兢惶无措。

《旧唐书·杜佑传》。

## 公文笔者：

杜佑（735~812），先以门荫入仕，补济南郡参军，历任江淮青苗使、水陆转运使、度支使、岭南节度使、淮南节度使。长达200卷的《通典》，是他在淮南节度使任内完成的。杜佑献《通典》后两年，入朝升任同中书门下平章事，以宰辅之位，历德宗、顺宗、宪宗三朝。卒年78岁。杜佑勤政好学，思维严密，自己言语，发现有误当即质正，终生言行"无所玷缺"。

## 公文赏析：

杜佑《进〈通典〉表》，拜于唐德宗贞元十七年（801）。

这是唐代的一位地方高官，淮南节度使杜佑，向皇帝进献类书《通典》的一封拜表。

唐玄宗开元末年，学者刘秩，采经史百家之言，取《周礼》六官所职，撰《政典》一书，分门35卷，时为称赏。杜佑得书，以为条目未尽，因而加以扩充，并把开元以来的礼、乐充实进去，扩充为200卷，名曰《通典》。经36年刻苦编纂，于贞元十七年（801）将新著献于唐德宗。德宗"优诏嘉之，命藏书府"。杜佑所撰《通典》，是我国现存最早的一部有关典章制度的类书，所用史

---

① 《三传》，为《春秋》左传、《春秋》公羊传、《春秋》谷梁传。
② 亿度，亿通臆，猜度。

料，始自上古，下至玄宗天宝年间。引文略古详今，简繁得体，具有很大的学术价值与应用价值，宋、元、明、清都有刻本。

这封《进〈通典〉表》，自立德、立功、立言讲起，说了些自谦的话，然后递进为对自己所以动手编撰《通典》，是以为前代众贤著论，"多记言，罕存法制"，"多陈紊失之弊，或阙匡拯之方"，其中自然包括60年前刘秩所撰《政典》。他想以新著《通典》，补前人之不足。他在编撰《通典》时，还将"往昔是非"作为"来今龟镜"采撰其中。也就是说，他在表文中，厘清了著述应当遵循的原则，即触及"政经"，探索法制，供后世借鉴的"方策"。他在全书的开篇语中，明白无误地交代，他的书"以食货为之首"，相信人们读后会知其"篇第之旨"。他在入朝居宰辅之位的9年，始终兼任度支盐铁使官，总理"金谷之务"，成为三朝的"经国之臣"。他在《进〈通典〉表》中阐明的类书编纂指导思想，应该说是相当前卫的，但表文却写得平实无华，可见杜佑公文风格之一斑。

杜佑30岁编《通典》，完成于淮南节度使任内，时年66岁，已过花甲，编《通典》耗时36年之久。献书两年后，他奉调入京做了9年宰相。古时著名学者，不少出自官员，这是因为居官有提供见识、资讯的优越条件，又有官俸作为物质保障。政学合一，是中国古代学者的优良传统，政清廉明与学识渊博，相得益彰。相反，不学无术，常常与官员疏于职守、贪污腐败相伴生。今日，我们捧起《通典》这部浩瀚大书，研读《进〈通典〉表》这篇短小公文，不能不对职守敬谨、学术丰硕的杜佑，流露出感佩之情。

# 56 驳《复仇议》[①]

### 唐·柳宗元

臣伏见天后[②]时，有同州下邽[③]人徐元庆者，父爽为县吏赵师韫[④]所杀，卒能手刃父仇，束身归罪。当时谏臣陈子昂[⑤]建议诛之而旌其闾，且请编之于令，永为国典。臣窃独过之。

---

① 《复仇议》，武周时期右拾遗陈子昂所作《复仇议状》。
② 天后，指武则天。
③ 下邽，唐时县名，治所在今陕西渭南东北。
④ 赵师韫，时任下邽县尉，后升任御史，为下邽人徐元庆以报父仇之名所杀。
⑤ 陈子昂（661~702），武则天称帝的御用文人。时徐元庆杀人案发，上《复仇议状》，即"诛而后旌其闾"。

臣闻礼之大本，以防乱也，若曰无为贼虐，凡为子者杀无赦。刑之大本，亦以防乱也，若曰无为贼虐，凡为理者杀无赦。其本则合，其用则异，旌与诛莫得而并焉。诛其可旌，兹谓滥，黩刑甚矣。旌其可诛，兹谓僭，坏礼甚矣。果以是示于天下，传于后代，趋义者不知所向，违害者不知所立，以是为典可乎？

盖圣人之制，穷理以定赏罚，本情以正褒贬，统于一而已矣。向使刺谳其诚伪，考正其曲直，原始而求其端，则刑礼之用，判然离矣。何者？若元庆之父不陷于公罪，师韫之诛独以其私怨，奋其吏气，虐于非辜，州牧不知罪，刑官不知问，上下蒙冒，呼号不闻。而元庆能以戴天为大耻，枕戈为得礼，处心积虑，以冲仇人之胸，介然自克，即死无憾，是守礼而行义也。执事者宜有惭色，将谢之不暇，而又何诛焉？其或元庆之父，不免于罪，师韫之诛，不愆于法，是非死于吏也，是死于法也。法其可仇乎？仇天子之法，而戕奉法之吏，是悖骜而凌上也。执而诛之，所以正邦典，而又何旌焉？

且其议①曰："人必有子，子必有亲，亲亲相仇，其乱谁救？"是惑于礼也甚矣。礼之所谓仇者，盖以冤抑沉痛而号无告也，非谓抵罪触法陷于大戮。而曰"彼杀之，我乃杀之"，不议曲直，暴寡胁弱而已。其非经背圣，不亦甚哉！《周礼》"调人②，掌司万人之仇。""凡杀人而义者，令勿仇。仇之则死。""有反杀者，邦国交仇之。"又安得亲亲相仇也？《春秋·公羊传》曰："父不受诛，子复仇可也。父受诛，子复仇，此推刃之道，复仇不除害。"今若取此以断两下相杀，则合于礼矣。且夫不忘仇，孝也。不爱死，义也。元庆能不越于礼，服孝死义，是必达理而闻道者也。夫达理闻道之人，岂其以王法为敌仇者哉？议者反以为戮，黩刑坏礼，其不可以为典，明矣。

请下臣议，附于令，有断斯狱者，不宜以前议从事。谨议。

《柳宗元全集》。

## 公文笔者：

柳宗元（773～819），出身官宦人家，年少有才气。唐德宗贞元九年（793）中进士，应举宏词，授校书郎。调蓝田尉。十九年为监察御史，参与王叔文集团政治革新活动，迁礼部员外郎。顺宗永贞元年（805）九月革新失败，贬邵州刺史，赴任途中再贬为永州司马。宪宗元和十年（815）迁柳州刺史，政绩卓著，卒于任内。柳宗元文学上的贡献丰厚，与韩愈共同倡导唐代古文运动，对时代文

---

① 其议，指陈子昂的论说。
② 调人，周代主管司法的职官名称。

风颇具影响，是著名的文学家、哲学家，也是公文杰笔，列唐宋八大家之一。他主张"文以明道"，注重文学的社会功能，提倡思想内容与艺术形式的完美结合，力倡作者要有道德修养。韩愈评其为文"雄深雅健，似司马子长"。有《柳河东集》传世。

## 公文赏析：

柳宗元《驳〈复仇议〉》，写于唐顺宗永贞元年（805）。

这是一篇驳议体公文力作。文中指出，武则天当政时，下邽人徐元庆，刺杀当年曾任下邽县尉的赵师韫，以报杀父之仇。对杀人者，被当时谏臣陈子昂定为"诛之而旌其闾"，并"请编于令，永为国典"。诛之，是出于杀人偿命的律令，而对同一罪犯加表，则是因为他杀人出于"为父报仇"的孝心可嘉。其实，这是武则天"威制天下"的刑制怪胎。柳宗元上奏《驳〈复仇议〉》，翻一个百年老案，是惧其作为"国典"，造成复仇盛行，从而影响社会稳定。

这篇公文，在道出案由后，笔者直奔主题：治理国家的礼，其"大本"在于防乱。而治理国家的刑，其"大本"也在于防乱。礼、刑是国家安定的两个相依相傍的推手。陈子昂的"诛之而旌其闾"，对一个"无为"杀人者，以刑律处死，同加彰表，两者如何合于一身？表彰是国家的礼，诛杀是国家的刑，都是发出社会规范信号的。"诛之而旌其闾"，发出的则是混乱信息，使后世百姓"不知所以向"。这完全是庸人政治。

驳议的下一段，是讲"穷理以定赏罚，本情以正褒贬，统于一而已矣"，即判定一个案件要做到礼刑合一。笔者作了两种推理：假使陈元庆的父亲陈爽，当年为赵师韫怨杀，上告无门，陈元庆为父申冤报仇，为官者当有"惭色"，为何对陈元庆判处死刑？如果陈元庆的父亲陈爽当年是犯有死罪，他的死，不死于官吏，而死于国法。对国法报仇，是与天子为敌，怎么可以表彰，又怎么可以用此案的处置为"国典"呢？

最后一段，把驳《复仇议状》的论说推向高峰。笔者引用《复仇议状》的话："人必有子，子必有亲，亲亲相仇，其乱谁救？"然后不无辛辣地说：陈子昂"感于礼也甚矣！"可是不问是非曲直地杀之，其欺侮弱者、非经背圣的做法"不亦甚哉"！然后，极具针对性地引出先秦时期有关复仇的两段经典言论。先是引用《周礼》的一段话：司法官的职责，本是专门执掌万民冤仇的事的，凡是杀人，被杀的人为当杀者，就令死者亲属不得报复。假如报复了，就以国法处死。有为报复而杀人者，国人皆得仇之。再引《春秋·公羊传》一段话：父亲罪不当诛而被杀，按古代法律儿子可以报仇，若其父罪本该杀，儿子报仇会开连环报复之先河，这种"复仇"不能达到为国"除害"的目的。这两段引文十分精当。公文，是陈述自己观点的，中国古代公文引文过多，满篇文字是"孔子曰"、"孟子云"，而不知道笔者说了些什么，这不能不说是公文写作的一大弊端。可是，柳宗元引的两段引文，恰到好处。接下来，柳宗元提出，关键的是要讲是非曲直，严格地在国法范围内行事。陈子昂对陈元庆案的处置建议，背离是非曲直，"诛其可旌"、"旌其可诛"，必是"黩刑坏礼"之举。

最后，笔者请求把他的《驳〈复仇议〉》一文，附于唐代律令之后，颁示天下，消除陈子昂的"诛之而旌其间"的悖谬，给今后审理此类案件以相应参照。

正是同年，柳宗元遭遇"八司马"案，作为朝内革新派成员之一被发配边地，开始了颠沛流离的后半生。从此，人们读到柳宗元的作品则多是山水散文，在他"居闲"的岁月中，"自肆于山水间"，不见经国鸿篇。在贫困岁月中，柳宗元47岁病逝于柳州。对一代文人早夭，韩愈为其"材不为世用，道不行于时"，曾叹惜不已。

# 57 论朋党事

### 唐·李绛

上御延英殿，与宰臣言："向外人言朋党颇甚，如何？"武元衡、李吉甫未对，而李绛奏曰："朋党之称，为臣也。

臣历观自古及今，帝王之最恶者是朋党。奸人能揣知上旨，非言朋党，不足以激怒主心，故小人谮毁贤良，必言朋党。寻之则无迹，言之则可疑，所以构陷之端，无不言朋党者。

夫小人怀私，常以利动，不顾忠义，自成朋党。君子以忠正为心，以惩劝为务，不受小人之佞，不遂奸人之利，自然为小人所嫉。谮毁百端者，盖缘求无所获，取无所得故也。忠正之士，直道而行，不为诡诶，不事左右，明主顾遇则进，疑沮则退，不为他计，苟安其位？以此长为奸邪所构，以其无所入也。夫圣贤合迹，千载同符，忠正端悫①之人，所以知奖，亦是此类，是同道也，非为党也。岂可使端良之人，取非僻之士，然后谓非朋党也？陛下亲行尧舜之道，高尚禹汤之德同也，岂谓上与数千年尧舜禹汤为党？是道德乎。孔子，圣人也。颜回

---

① 端悫，端正诚实。

以下十哲①，希圣者也，更相称赞，为党乎？是道业同也。仲尼祖述尧舜、宪章文武，又曰'吾不复梦见周公。'远者二千年，近者五百年，岂谓之党？是圣人德行同也。后汉末时，名节骨鲠、忠正儒雅之臣同心匡国、尽节忧时，而宦官小人憎嫉正道，同为构陷，目为党人，遂起锢党之狱②，以成亡国之祸，备在史策，明若日月，岂不为诫乎？诗人嫉谗佞之人，曰：'取彼谗人，投畀豺虎'，可谓三复也。"

上曰："朕无疑卿等意，况言朋党失至公之道尔。"绛又对曰："趋利之人常为朋党以同其私，故守正之人常遭毁以违其私。故也小人多谮言，常胜，正人少机直道，常不胜。伏希陛下监其事情，而察其言行，则可矣。"

《李相国论事集》。

## 公文笔者：

李绛（764～830），举进士，登宏辞科，授秘书省校书郎，后授翰林学士、知制诰。屡上书议政。德宗贞元五年（789）拜中书侍郎，同中书门下平章事，入宰辅之列。李绛作谏书、答问，凡万余言，以"骨鲠"、"巨德"为称。十年出为刺史，入为兵部、吏部尚书。再出为山南西道节度使，因军乱遇害。封赵郡开国公。

## 公文赏析：

《论朋党事》，是李绛对皇帝奏对的纪要体文字，成于唐宪宗元和四年（809）。

朋党，是个众说纷纭的古老课题。李绛解析朋党的角度，是劝宪宗皇帝以是非划线，识破那些靠打"朋党"小报告起家的人。其实，他们才是结党以谋私利者。

在《论朋党事》的问对中，有"李吉甫未对"的记载。其实，这个记载很有讲究。李吉甫与李绛，同朝为宰，迥然异风。李吉甫好"盛赞天子威德"，是个报喜不报忧的太平宰臣，或者说是个"马屁精"。李绛则不然。他直言今时不如汉初，汉文帝时贾谊说他"措火积薪下"，今日不如汉初，怎可"高枕而卧"？直说得宪宗皇帝满脸发热，待回过神来，才感叹"绛言骨鲠，真宰相也！"

---

① 十哲：颜回、闵子骞、冉伯牛、仲弓、宰我、子贡、冉有、季路、子游、子夏。
② 锢党之狱：东汉桓帝、灵帝时，朝官李膺等起而反对宦官集团，被诬为朋党而杀害、囚禁、流放。

官员，以至大臣、宰辅，敢捅"朋党"问题这个马蜂窝的，微乎其微。李绛不然，论朋党是他的御前常题。比如，帝怨"今无贤可任"。李绛对：圣王"折节下士"，今贤乃出，自可致治，昔时贤者不可借。帝问：何以知贤？李绛对：循其名，验其事，所得十之有七。辨廉，不说假话，不谄媚于人，近于贤。贤者中立而寡助，举贤必然引起不肖者抱怨，奸者嫉恨，贵戚毁伤，谏君则遭疏忌，可见用贤不易。这些都为他的《论朋党事》做了铺垫。《论朋党事》最大的贡献，是不能以有"同"、有"朋"而视为朋党。奸人有"同"，那就是同私利，同嫉贤，因而结党；君子有同，却是"德行同"、"道业同"、"同心匡国"，他们间的"知奖"、"合迹"，正是贤者的标识。

## 58　论淮西事宜状

### 唐·韩愈

右臣状以淮西①三州之地，自少阳②疾病，去年春夏以来，图为今日之事。

有职位者，劳于计虑抚循。奉所役者，修其器械防守。金帛粮畜，耗于赏给。执兵之卒，四向侵掠。农夫织妇，携持幼弱，饷于其后。虽时侵掠，小有所得，力尽筋疲，不偿其费。又闻畜马甚多，自半年已来，皆上槽枥。譬如有人，虽有十夫之力，自朝及夕，常自大呼跳跃，初虽可畏，势不久必自委顿。乘其力衰，三尺童子可使制其死命。况以三小州③残弊困剧之余，而当天下之全力，其破败可立而待也。然所未可知者，在陛下断与不断耳。夫兵不多，不足以必胜。必胜之师，必在速战。兵多而战不速，则所费必广。两界之间，疆场之上，日相攻劫，必有杀伤。近贼州县，征役百端，农夫织妇，不得安业。或时小遇水旱，百姓愁苦。当此之时，则人人异议，以惑陛下之听。陛下持之不坚，半途而罢，伤威损费，为弊必深。所以要先决于心，详度本末，事至不惑，然可图功。为统帅者，尽力行之于前，而参谋议者，尽心奉之于后，内外相应，其功乃成。昔者殷高宗④大圣之主也，以天子之威，伐背叛之国，三年乃克，不以为迟。志在立

---

①　淮西，淮西唐时的淮南西道，治所蔡州（今河南汝南）。唐初称豫州，因避讳唐代宗李豫之讳，更名蔡州。

②　少阳，即陈少阳。自唐中叶以来，李希烈、吴少诚、吴少阳，先后出任节度使，割据称藩。至吴少阳死，朝廷不允其子吴元济接替节度使，吴元济便以所掌之军，四处掳掠，搅扰唐中央政权。

③　三小州，即淮南西道所属申州、光州、蔡州。

④　殷高宗，商王武丁，用兵讨伐边境叛乱三年始成。

功,不计所费。《传》曰:"断而后行,鬼神避之。"迟疑不断,未有能成其事者也。臣谬承恩宠,获掌纶诰,地亲职重,不同庶僚,辄竭愚诚,以效裨补。谨条次平贼事宜,一一如后:

一、诸道发兵或三二千人,势力单弱。羁旅异乡,与贼不相谙委。望风慴惧,难便前进。所在将帅,以其客兵难处使,先不存优恤。待之既薄,使之又苦,或被分割队伍,隶属诸头,士卒本将,一朝相失,心孤意怯,难以有功。又其本军,各须资遣,道路辽远,劳费倍多。士卒有征行之艰,闾里怀离别之思。今闻陈、许、安、唐、汝、寿等州①,与贼界连接处,村落百姓,悉有兵器,小小俘劫,皆能自防,习于战斗,识贼深浅,既是士人护惜乡里,比来未有处分,犹愿自备衣粮,共相保聚,以备寇贼。若令召募,立可成军。若要添兵,自可取足。贼平之后,易使归农。伏请诸道先所追到行营者,悉令却牒归本道,据行营所追人额器械弓矢,一物已上,悉送行营,充给所召募人。兵数既足,加之教练,三数月后,诸道客军一切可罢。比之征发远人,利害悬隔。

一、绕逆贼州县堡栅等各置兵马,都数虽多,每处则至少,又相去阔远,难相应接。所以数被攻劫,致有损伤。今若分为四道,每道各置三万人,择要害处屯聚一处,使有稳然之望,审量事势,乘时逐利。可入则四道一时俱发,使其狼狈惊慌,首尾不相救济。若未可入,则深壁高垒,以逸待劳,自然不要诸处多置防备。临贼小县,可收百姓于便地,作行县以主领之,使免散失。

一、蔡州②士卒,为元济迫胁,势不得已,遂与王师交战。原其本根,皆是国家百姓。进退皆死,诚可闵伤。宜明敕诸军,使深知此意。当战斗之际,固当以尽敌为心,若形势已穷,不能为恶者,不须过有杀戮。喻以圣德,放之使归,销其凶悖之心,贷以生全之幸,自然相率弃逆归顺。

一、《论语》曰:"欲速则不达,见小利则大事不成。"比来征讨无功,皆由欲其速捷。有司计算所费,苟务因循,小不如意,即求休罢。河北、淮西等见承前事势,知国家必不与之持久,并力苦战,幸其一胜,即希冀恩赦。朝廷无至忠忧国之人,不惜伤损威重,因其有请,便议罢兵,往日之事患皆然也。臣愚以为淮西三小州之地,元济又甚庸愚,而陛下以圣明英武之姿,用四海九州之力,除此小寇,难易可知。大山压卵,未足为喻。

一、兵之胜负,实在赏罚。赏厚可令廉士动心,罚重可令凶人丧魄,然可集事。不可爱惜所费,惮于行刑。

---

① 陈、许、安、唐、汝、寿等州,为陈州治宛平(今河南淮阳),许州治长社(今河南许昌),安州治安陆(今湖北安陆),唐州治比阳(今河南泌阳),汝州治梁县(今河南临汝),寿州治寿春(今安徽寿县)。
② 蔡州,唐初称豫州,因避讳唐代宗李豫之讳,更名蔡州。

一、淄青①、恒冀②两道，与蔡州气类略同，今闻讨伐元济，人情必有救助之意。然皆暗弱，自保无暇。虚张声势，则必有之。至于分兵出界，公然为恶，亦必不敢。宜特下诏云：

蔡州自吴少诚已来，相承为节度使，亦微有功效。少阳之殁，朕亦本拟与元济。恐其年少，未能理事，所以未便处置。待其稍能缉绥，然拟许其承继。今忽自为狂勃侵掠，不受朝命，事不得已，所以有此讨伐。至于淄青、恒州、范阳③等道，祖父各有功业，相承命节，年岁已久，朕必不利其土地，轻有改易，各宜自安。如妄自疑惧，敢相扇动，朕即赦元济不问，回军讨之，自然破胆，不敢妄有异说。

以前件谨录奏闻，伏乞天恩，特赐裁择。谨奏。

《韩昌黎集》。

## 公文笔者：

韩愈（768~824），昌黎（今辽宁文县）人，故以"韩昌黎"称。早孤，养于嫂，勤勉读书，擢进士第，唐德宗贞元末为监察御史，上疏极论宫市之弊，贬为阳山令。后数遭贬，作《进学解》以自喻。以参与平定淮西叛乱有功，召为兵部、吏部侍郎。韩愈奏文，不曲不阿。韩愈交友，荣悴不易。其为文，抒意立言，自成新语，后学取为师法，且有"史笔能令谀媚羞"的崇高声誉。有文集40卷传世。

## 公文赏析：

韩愈《论淮西事宜状》，写于唐宪宗元和十年（815）五月考功郎中、知制诰任内。奏文的主题为"平贼事宜"。

这篇公文的案由，笔者表述为："蔡西三州之地，自少阳疾病，去年春夏以来，图为今日之事。"其实，这是一个关系唐代兴亡的大题目。

在这之前，玄宗、肃宗两帝，经八年平叛，以人口骤减三分之一的重大代价，平息"安史之乱"。"安史之乱"的本质，是藩镇势力的极度膨胀。肃宗在平叛中借用并助长其他藩镇力量，从而造成一些大藩、强藩尾大不掉。平定"安史之乱"几十年，唐再度陷入藩镇分割的旋涡。至宪宗时，闹得最凶的是淮西

---

① 淄青，即淄青道，辖。
② 恒冀，即恒冀道，辖。
③ 范阳，即范阳道，辖。

道、淄青道、恒冀道。当年安禄山起事的范阳道，也在蠢蠢欲动中。淮西镇自李希烈据此叛乱平定后，朝廷派去的新任节度使为部将吴少诚杀，宪宗无力追究，听任吴少诚为淮西节度使留后，开骄兵悍将"废主自专"的历史先例。吴少诚死，其子吴元济请"主军务"，朝廷例允。吴元济继而自封节度使，宪宗不允。于是发兵越界攻掠，兵锋直指东都洛阳，满朝文武，无以为计。元和九年（814）十月，宪宗诏削吴元济官爵，遣使率十六道军围攻淮西。可惜官军屡败，更加助长了吴元济的反叛气焰。

对淮西叛乱，朝廷内部多数主张招抚，唯有中书侍郎同平章事武元衡、中丞裴度坚主平叛。是年，主张平叛的武元衡，被人在京城取去头颅，裴度也被击为重伤。恐怖笼罩着京师。韩愈坚主平叛的《论淮西事宜状》，就是在这种情况下写出的。可见韩愈是一个很有政治气概者。

韩愈所上《论淮西事宜状》，坚定站在拥护王朝统一之一方。该文可贵之处，是对平叛取胜的各个节点上，一一涉及：

该文首先面对的是国家意志问题，即国家需要一个"断"字。这篇公文用大量篇幅劝说宪宗要下决断，不可犹豫不决。

该文后面陈述的六条建议，是平叛战争中调整战略战术问题。

《论淮西事宜状》建议，招募淮西毗邻七州的"抗贼百姓"充军，"比之征发远人，利害悬隔"。

《论淮西事宜状》建议，周边州县已建的小型堡栅，易被攻破，当集中为四道围敌，每道堡栅三万人。

《论淮西事宜状》建议，宽待蔡州士卒，不使蔡元济裹挟百姓。

《论淮西事宜状》建议，与贼持久，不求速胜，以去其侥幸之心。

《论淮西事宜状》建议，实行"赏厚罚重"之制。

《论淮西事宜状》建议，对与淮西叛乱"类同"的淄青、恒冀两道颁以敕书，以作警示与分化。

历史证明，他的判断包括军事策略的绩效甚佳。

如宽待蔡州士兵，不可妄杀，就很有针对性。官军三十年不得进入蔡州，将士积愤甚深。官军攻陷郾城，收降兵三万，将军李光颜杀其十分之二三。及《论淮西事宜状》所言淮西之卒皆是国家百姓"不须过有杀戮"的观念被将士接受，太子詹事李愬奇袭蔡州活捉陈元济后，不戮一人，从官吏、帐下、厨厩之卒，皆复其职。宰相裴度，以朝廷"彰义节度使"进驻蔡州，率万余降卒举行入城式。入城后，裴度的守门牙兵皆用蔡兵，并对疑者说："蔡人，则吾人也。"蔡人闻之感泣。

作为知制诰，韩愈在上《论淮西事宜状》文内已代拟了给不安分的淄青、恒冀两道的诏书。颁示后,在官军平定淮西之役中,两道皆无异动,并"遣子入侍",表示服从中央政权。

韩愈在奏文中强调,"必胜之师,必在速战",力凸一个"速"字。在随后的文字中,韩愈提出"比来征讨无功,皆由欲其速捷",又力鞭一个"速"字。乍看,颇似书生论兵,不着边际,使人无所适从。其实,这是一个针对性极强的战争策略。前一个"速战",是指战术上的趁敌不备,以闪击作战取胜。后一个"速捷",是指战略上的缺乏长远准备,让速胜论放松了自己的耐久性,而为叛军的并力苦战所屈。韩愈对"速"字的一凸一鞭,足见其军事思想的深邃。韩愈在平定淮西叛乱上,不仅有书状一纸,且亲赴前线。他以右庶子之衔,出任节度使裴度的行军司马。行军司马,是唐代在节度使或出征将帅辖下所设的职官,主持战守之法、军备以及后勤事宜,相当于现代军制的参谋长的职守。韩愈离京将行,在与皇帝告别时说:"臣若灭贼,则朝天有期。贼在,则归阙无日。"德宗泪流满面,亲往通化门送行。淮西平叛,打了四年,证明《论淮西事宜状》强调的战略上欲速则不达的道理;而李愬雪夜奇袭擒贼首,则收闪击速战之效,证明韩愈战术上"速战"的正确。韩愈是以知制诰职位上《论淮西事宜状》的,知制诰是皇帝身边专门起草诰敕文书的最高官员。知制诰所书公文,不必事事专长,也不可能事事专长。但有广博知识,且务求真相而书,与不求甚解地夫写,就是两个层次。而不仅能够成文,且可亲为,这又是一个更高的层次。

编著者所以收入这篇文字,是想说明古时的公文笔者治国才能的适应性,可以为文,也可以为武,不要把自己人为地框死在一个职门内,而是以国家的需要去掌握知识,竭尽才能。公文作为一个平台,使将兵者习文,南宋辛弃疾、明代戚继光当属佼佼者;又使文人涉武,则西晋杜预、中唐韩愈当属佼佼者。一个公文笔者的视野与博学精神,大致决定了他们的历史地位。

韩愈一生为文甚多,其中涉及淮西平叛事宜者,还有《进撰平淮西碑文表》、《平淮西碑》等公文传世。

"长于论",即议论文是刘禹锡之所擅,"短于笔",即牒牍文非为其长。

# 59 苏州谢上表

### 唐·刘禹锡

臣某言:伏奉制书授臣使持节苏州诸军事、守苏州刺使。始从郎署,出领郡章①，承命若惊，省躬增感。伏惟皇帝②陛下，受上玄之眷佑，扬列圣之耿光。大康黎元，慎择牧守，德音每发，品物咸苏。

臣本书生，素无党援，谬以薄伎，三登文科。德宗皇帝擢为御史，在台三载，例转省官。永贞之初，权臣领务，遂奏录用，盖闻虚名，唯守职业，实无朋附。竟坐飞语，贬在遐藩。宪宗皇帝后知事情，却授刺史。凡历外任二十余年，伏遇陛下应运重光，物无废滞，收拾耆旧，尘忝班行③。既幸逢时，常思展效。在集贤院四换星霜，供进新书二千余卷。儒臣之分，甘老于典坟，伏诏忽临，又委之符竹。分忧诚重，恋阙滋深。石室之书，空留笔札，金闺之籍，已去姓名。本末可明，申雪无路，岂意圣慈弘纳，不隔卑微。面辞之日，特许升殿，天颜咫尺，臣礼兢惶。不敢尽言，空怀诚恳。谢恩而出，生光于九陌之间，受训而行，布政于五湖之外。臣即以今月六日到任上讫。伏以水灾之后，物力索空。臣谨扬皇风，慰彼黎庶。

臣闻有味之物，蠹虫必生，有才之人，谗言必至，事理如此，古今同途。了然辨之，惟在明圣。伏惟陛下察臣此言，则天下之人无不幸甚。江海远地，孤危小臣，虽雨露之恩，幽遐必被，而犬马之恋，亲近为荣。大和六年二月六日。

《刘禹锡集》。

# 公文笔者：

刘禹锡（772~842）少时受父辈精心栽培，贞元进士，又登博学宏词科、吏部取士科。官至监察御史。中唐时期，藩镇割据，官府横征暴敛，经济凋敝。为挽救国家，刘禹锡参与了王叔文为首的政治革新活动。恰德宗病亡，太子李诵开明，即位称顺宗，使王叔文领导的"永贞革新"推进得十分顺利。此时，宦官、藩镇惟恐失势，乘顺宗生病之机发动宫廷政变，以"内禅"迫其让位，另立宪宗，"永贞革新"的领导者王叔文被赐死，参与政治革新活动的韩泰、柳宗元、刘禹锡、陈谏、凌准、韩晔、程异、韦执谊被贬为远州司马，史称"八司马"案。宪宗元和十年（815），刘禹锡奉召回京，复出为连州、夔州、和州刺史。文宗太和二年（828）再度奉召回朝，拜礼部侍郎、集贤院学士。后因荐举他的宰相裴度罢官，又出为苏州、汝州、同州刺史。文宗开成元年（836）因足疾回京，迁太子宾客。刘禹锡两次被贬远州23年，在六州刺史任内皆有政声。不过，一位有远大志于国家者，历德、顺、宪、穆、敬、文六帝而难脱朋党株连，不能放

---

① 郡章，指刺史之任。
② 皇帝，指文宗李昂。
③ 班行，指在朝内任职。

手为国谋事，尝"寄心之楮墨，移才于篇什"，不能不视为人才悲剧。

## 公文赏析：

刘禹锡《苏州谢上表》，奉于唐文宗太和六年（832）二月六日。

《谢上表》从感戴文宗的皇恩写起。文宗皇帝把苏州军政大权委之一身，且从"慎择牧守"着眼，并非贬外之用，从而引出一个深深的"谢"字。

第二层是坦诚自述。说他在御史台的三年，"唯守职业，实无朋附，竟坐飞语"，遭"八司马"案株连。十年后，宪宗皇帝对他改派刺史，说明皇帝已知情由。这是他为官的第一次由内而外。第二个由内而外，是文宗召他回朝，拜礼部侍郎、集贤院学士，他感叹，四年编纂两千卷图籍尚在，而奉诏起草的国家文翰，已是"石室之书，空留笔札，金闺之籍，已去姓名"。奉诏作书不具姓名本为常例，只是再度牵进裴度案，自感"申雪无路"。

第三层是表露他对身后的忧虑。他认为，"有味之物，蠹虫必生，有才之人，谗言必至，事理如此，古今同途"，况且一个孤危小臣，身处江海远地，什么坏话都是会有人说的，寄望于皇帝的"了然辨之"。这也算是立此存照吧。所以，此表"谢上"是引子，自护为期冀。这才是全篇要害。

《谢上表》成为公文名篇，是它很好地表达了一个为国效力的士人，在世事纷繁、宦海升沉中的心境。

# 60 请限年除刺史疏

### 五代·麻麟

臣闻汉朝①除吏②，苟称其职，不数迁移。自先朝开国以来，牧守多酬勋旧，以宠劳臣。窃见晋朝③除刺史，或数月骤替，或一岁即移。不惟送故迎新，转成烦忧。其次廉能者未暇施政，贪浊者转急诛求。以臣愚管，望朝廷立定年限，观其考课，以议转迁。

《全唐文》。

---

① 汉朝，指唐末由太原节度使刘知远拥兵自重所立政权，为五代十国之"后汉"。
② 除吏，拜官。
③ 晋朝，指唐末由太原节度使石敬瑭拥兵自重所立政权，为五代十国之"后晋"。

## 公文笔者：

麻麟，生卒年不详。五代后晋石敬瑭天福七年（942）刑部员外郎。

## 公文赏析：

麻麟《请限年除刺史疏》，大致写于后晋石敬瑭天福七年（942）任刑部员外郎期间。

五代时期，历53年，朝代更替，公文官员犹如走马灯一般，自然缺少大手笔和名篇涌现。但是，细细发掘，还是能找到这个时期称为公文代表作的篇章，以资补遗。后晋麻麟的《请限年除刺史疏》，就是其中以务实为征之篇。

长达半个世纪的五代时期，处于非统一状态下的中华大地，分兵割据，可谓国家林立。由大唐节度使拥兵自重称帝者，如朱温、李存勖、石敬瑭、刘知远、郭威等。他们既得藩镇之利，又知藩镇之弊，故而千方百计限制藩镇发展，其中包括弱化州县首官。这个时期的州县首官，"或数月骤替，或一岁即移"。缺乏尽心守职的州县首官，对百姓的生计与社会发展损害极大，民生凋萎日益加剧。麻麟深知，大权尽掌武人之手的状况难以改变，但对州县首官"立定年限"，改变随意变动的状况，使其在地方治理中有所作为是可以做到的。这正是这篇公文的可取之处。

## 61　请慎择牧守疏

五代·刘昫

藩侯郡牧①，仗钺分符②，系千里之惨舒，行一方之威福。自古选任，须择贤明，近代统临，为酬勋绩③，将邦域之生聚，展将领之人情。识分者附正营私，黩货者严刑广敛。诸头剥削，多赡爪牙，自黄巢以来，伪梁④之后，公署例皆隳坏，编户悉是雕残。或不近边陲，不屯师旅，无城廓郡邑，非控扼藩垣，试任廉

---

① 藩侯郡牧，州牧首官。
② 仗钺分符，指手持钺斧以调兵遣将。
③ 为酬勋绩，把州郡首官作为赏赐，分配给并无才能的有战功者。
④ 伪梁，即唐藩镇朱温所立之梁国，史称后梁。

能，且权常理，逐年属州钱物，每季申省区分，支解有余，罄竭供进，府库渐足，黎庶稍苏，纵有过愆，亦施惩责。言虽鄙近，望赐施行。

《全唐文》。

## 公文笔者：

刘皞（891~952），后唐明宗迁史馆修撰，后为起居郎。及后汉高祖时授宗正卿。后周改卫尉卿，奉使高丽，卒于途。先后历五代三国之官。《请慎择牧守疏》是他在后唐任员外郎时所上。

## 公文赏析：

刘皞《请慎牧守疏》，上于后唐末帝李从珂的清泰年间（934~936）。

五代十国，改变了汉唐以来的"功以爵赏，官以授能"的常制，把官职用来封赏功臣，这不仅弱官削国，而且有藩镇之患。

五代时期，武人专政，"五十年间，天下五代，而实八姓"（《新五代史·义儿传序》）。"自梁唐以来，藩侯郡守，多以勋授，例为左右群小惑乱"，所以，每为易代，都以武人拥兵自重而起。

刘皞发《请慎择牧守疏》时，正是后唐最黑暗年间，疏奏被"留中不出"当在预料之中。唐季以来，任用州郡首官之失，待后周英主周世宗时得以整敕。赵匡胤建立北宋后，制定州郡首官必须由文官担任，才彻底改变了延续百年的藩镇之患。刘皞《请慎择牧守疏》，是中国历史上藩镇猖獗的见证。

# 宋元公文

# 62　要务七事

## 北宋·包拯

臣非材，备位谏职，思所以为补报者，惟言责①而已。然言不激切，则不足开宸虑②而补圣政。谨条上七事，皆当今之要务，词理鄙直，惟陛下留神省察。

一事，臣伏以陛下天纵宽仁，海纳谋议，是者取而施用，非者存而掩覆。群下见圣度宏博，不以是非皆能容受，故奸邪敢肆矫妄，持难明不然之事③，巧饰厚诬，使人无由自辩，而默受排斥之祸，致陛下明有所蔽，疑贰忠良，率以此也。夫忠良见疑，则忠义之臣欲竭节尽忠补报陛下者，皆惧谗畏祸④，不敢挺然当国家之事矣。由是阴奸得计，滋长弊病，不惟有亏圣德，致害时政，一旦缓急，乏才贤以使，陛下持大任，将谁付之？臣愿陛下听纳群下谋议之际，留神深察，如有持难明不然之事，巧饰厚诬于人者，请付有司责其明辩，使真伪不杂，是非较然，则忠邪自分，天下庶几于理矣。

二事，臣伏闻近岁以来，多有指名臣下为朋党者。其间奋不顾身，孜孜于国，奖善嫉恶，激浊扬清之人，尤被奸巧诬罔，例见排斥。故进一贤士，必曰朋党相助，退一庸才，亦曰朋党相嫉。遂使正人结舌，忠良息心，不敢公言是非，明示劝诫，此最为国家之大患也。夫圣明在上，未曾闻有朋党。朋党之来，大抵起于衰暗。故汉之党锢始安帝，而极于桓、灵，唐之朋党由穆宗，而甚于文、武⑤，是皆衰暗之际。以陛下用心图治，功同尧舜，讵可如汉唐衰暗之际，而致有朋党乎？斯乃臣下务相倾轧，自快其志，加诸其人，不顾破坏陛下事业者也。在昔刘向进谏于汉元帝曰："孔子与颜渊、子贡更相称誉，不为朋党，禹、稷与皋陶转相汲引，不为比周。何则？忠于为国，无邪心也。"又曰："贤人在上位，则引其类⑥则聚之于朝，在下位，则思与其类俱进。"臣谓刘向之言，垂千余年，谈者以为至当。臣诚学向者也，不忍以熙洽之朝有朋党之说，亏损至德，蔽塞大明，臣实痛伤不能已也。臣愿陛下端虑以临下，推诚以格物，循名以核其实，因

---

① 言责，谏职属于言官，当言而不言者承担言责。
② 宸虑，帝者驭天下之思虑。
③ 难明不然之事，颠倒黑白，无事生非。
④ 惧谗畏祸，惧于谗言和怕惹灾祸而不奋于事业。
⑤ 甚于文、武，唐之竞锢，到文宗（李昂）、武宗（李炎）时已为激甚。
⑥ 引其类，引聚有共同志向者。

迹以照其心，使忠者、邪者情伪毕见，勿以朋党为意，则君子、小人区以别矣。

三事，臣伏闻顷岁大臣专政，颇恶才能之士，有所开建，则讥其近名①，或云沽激②，欲求进达，遂使才能之士莫敢自效，纵能不顾忌讳，指陈事理，固亦困于沮挠，无得而施用矣。且名者，圣贤之所贵也。孔子曰："君子疾没世而名不称焉。"贾子③曰："烈士徇名。"人不顾名，何以趋善？圣人所以贵也。夫群下虽众，然士有志于国家之急者甚少。其能处心积虑图报于上，又困于近名之说，是则志士仁人终无以奖进矣，岂陛下之心哉？此诚顷岁大臣之罪也。臣愿陛下但顾其所臧否而亟行之，勿以近名沽激求进为念，则人得以尽其心矣。

四事，臣闻议者云：陛下颇主先入之说。臣以陛下通照于事，务得情伪，理必无之。万一或有，臣止可过虑而议，不可闻之而不言也。臣谓帝王行事，但顾理道之如何尔，固不计于先入后陈也。必若主先入者以为是邪，则奸罔之人逞其敏捷，或巧中人，或阴图事，惟恐居其后矣，得不惑乱于耳目哉！臣愿陛下采纳群议之际，但顾其事之是非，裁之以当，则先入之患息矣。

五事，臣伏见近日以来，科禁④多有疑下之意。如举御史，须荐二员，上自点定，仍有在京与外任之拘，及见任府曾举奏之人，亦不详论，至与中书、枢密院，止许旬假见客，及不许百官巡听，台谏官不得私谒，并与刑法官接见雪罪叙劳之人等事，皆非帝王推诚尽下之美政也。以陛下至德难名，待物无间，方将拟迹尧舜，固非汉武雄猜多忌之比也。斯盖不识大体之臣，过防谬论，上误陛下。臣恐书之史册，取讥万古，愿陛下速革近制，推大信于群下，以景祐初年之政为法，则尽美矣。

六事，臣伏见近岁以来，灾异备至，天象谪见⑤，地理倾震，虫蝗为孽，水旱作沴，连绵三数年未已，而河北最甚，其次利州、京东西、两浙、河东路，循环皆被大患矣。以陛下焦劳求理，恐一物失其所，持此寅畏⑥，宁不感召和气，格上天之福禄乎？然而致如此者，盖大臣不能同寅协恭，知无不为，切救时弊。而陛下志虑亦或有疑沮，未能委任忠贤，以成垂拱之美也。方今诸路饥馑，万姓流离，府库空虚，财力匮乏，官有数倍之滥，廪无二年之蓄，兵卒骄惰，夷狄盛强，即不幸继以凶年，加之小寇，则何人可以倚仗而枝梧哉！臣所以夙夜怵惕，思进苦言，冀开悟陛下而不能已已也。臣愿陛下切留宸虑，密以事诏令之执政，

---

① 近名，追求名声。
② 沽激，沽名钓誉。
③ 贾子，东汉经学家贾逵，主张士当舍身以求名。
④ 科禁，国之法令。
⑤ 天象谪见，古人以为自然灾患就是"天谴"。
⑥ 寅畏，敬畏，"寅畏天命"语出《尚书·无逸》。

谁能尽心敢救天下之弊，敢当天下之责者，果得其人，愿陛下主张而委任之。其阴拱循默、持禄取容、嫉妒贤能、以一己为计者，宜速罢免，毋俾久塞要路，则化危为安，变艰于易，如反掌矣。陛下固不可失此时而不为。倘失此时而不为，祸变一发，则虽欲为而不可为矣。惟陛下深存念之。

　　七事，臣伏见近岁以来，多有窜逐之臣，或以无罪，或因小过，或为阴邪排陷，或由权要憎嫉，吹毛求其疵点，洗垢出其瘢痕，罪罟①实繁，刑网太密，甚伤清议，大郁舆情。昔匹妇含怨，三年亢阳②，匹夫怀愤，六月飞霜。近岁窜逐之人，讵止匹夫匹妇之伦也，得不逆和气召灾沴乎！陛下固宜矜体而深惟之。《传》曰："使功不如使过③。"盖负责之人，自念废绝，不能振起，一旦为明主弃瑕录用，则其自奋图报，倍万常人。愿陛下诏近岁窜逐之臣，有才行效实，而本无过累，泪坐累获罪之轻者，或加牵复，或加宠擢。如此，则圣造洪覆，同天之仁，使排陷憎嫉之风不敢复为矣。

　　《包拯集》。

## 公文笔者：

包拯（999～1062），北宋庐州（今合肥）人，天圣进士，先后任知县、户部判官、知开封府，京东、陕西、河北路转运使，龙图阁直学士，卒于枢密副使任内。为官清廉，执法公允，向有"铁面包公"之称。谥号"孝肃"。有《孝肃包公奏议》十卷传世。

## 公文赏析：

《要务七事》疏，由包拯于仁宗皇祐二年（1050）所上。

这是言官的一篇综合性谏诤体公文。此时，仁宗居帝位已届30年，持事懈怠，朝政昏暗。为了振作朝廷，文中直言不讳地批评仁宗不辨善恶，导致贤才离散。疏文还不指名地批评权相吕夷简排斥异己，朝内奸佞以"朋党之说"诬陷忠良。

包拯所陈"要务"七事，其背景语言为：一是不要贪图"海纳谋议"美誉而使真伪混杂，让奸邪诬陷忠良。二是"朋党之说"出于社会"衰暗"之际，不忍见本朝有此说流行。三是不要让专政大臣以"近名"、"沽激"、"求进"之

---

① 罪罟，法网。
② 亢阳，大旱。
③ 使功不如使过，任用有功者不如任用有过者更激励世人。

论，打击追求上进的忠良。四是皇帝不要"先入为主"，当以是非论定。五是实施"推诚尽下"的美政，法令不可出于钳制下官。六是灾异频发，国家危难，当取"敢当天下之责者"委以大任。七是"刑网太密"，罪臣过多，可择其无大过者为国出力。

包拯所奏"要务"七事，都属于政风，看似并非"要务"，但事涉诫君易相。包拯"思进苦言"，还是把为臣难以出口的一些话说了出来。因为政风不正，消极因素大于积极因素，奸佞残害忠良，庸人压过贤材，顷朝尽失。官场中被劾奏者，有罪要查实处置，凡被诬陷，要敢为洗刷。不敢处置坏人，又不敢为被诬者洗刷，这是最危险的政治。前一个"不敢"，是助奸佞之气。后一个"不敢"，则令进者寒心，逼使他们另择"自保"之路。一个朝代，当"奋不顾身"者与"颜不惧羞"者均被劾奏，且无人秉正，只能让"老好人"政治抬头，世上惰风必起。

## 63 朋 党 论

宋·欧阳修

  臣闻朋党之说自古有之，惟幸人君辨其君子、小人而已。

  大凡君子与君子以同道为朋，小人与小人以同利为朋，此自然之理也。然臣谓小人无朋，惟君子则有之，其故何哉？小人所好者禄利也，所贪者财货也。当其同类之时，暂相党引以为朋者，伪也。及其利而争先，或利尽而交疏，则反相贼害，虽其兄弟亲戚不能相保。故臣谓小人无朋，其暂为朋者，伪也。君子则不然，所守者道义，所行者忠信，所惜者名节。以之修身则同道而相益，以之事国则同心而共济，始终如一。此君子之朋也。故为人君者，但当退小人之伪朋，用君子之真朋，则天下治矣。

  尧之时，小人共工、驩兜等四人为一朋，君子八元[①]、八凯[②]十六人为一朋。舜佐尧，退四凶小人之朋，而进元凯君子之朋，尧之天下大治。及舜自为天子，而皋、夔、稷、契等二十二人并列于朝，更相称美，更相推让，凡二十二人为一朋，而舜皆用之，天下亦大治。《书》曰："纣有臣亿万，惟亿万心，周有臣三千，惟一心。"纣之时，亿万人各异心，可谓不为朋矣，然纣以亡国。周武王之臣，三千人为一大朋，而周用以兴。

---

[①] 八元，古代传说高辛氏身边的八个才德之士，即伯奋、仲堪、叔献、季仲、伯虎、仲熊、叔豹、季狸。
[②] 八凯，古代传说高阳氏身边的八个才德之士，即苍舒、隤敳、梼戭、大临、龙降、庭坚、仲容、叔达。

后汉献帝时①，尽取天下名士囚禁之，目为党人②，及黄巾贼起，汉室大乱，后方悔悟，尽解党人而释之，然已无救矣。唐之晚年，渐起朋党之论。及昭宗时，尽杀朝之名士，或投之黄河，曰："此辈清流，可投浊流"③。而唐遂亡矣。

夫前世之主，能使人人异心不为朋莫如纣，能禁绝善人为朋莫如汉献帝，能诛戮清流之朋莫如唐昭宗之世，然皆乱亡其国。更相称美推让而不自疑，莫如舜之二十二臣，舜亦不疑而皆用之，然而后世不诮舜为二十二人朋党所欺，而称舜为聪明之圣者，以能辨君子与小人也。周武之世，举其国之臣三千人共为一朋，自古为朋之多且大莫如周，然周用此以兴者，善人虽多而不厌也。

嗟呼！夫兴亡治乱之迹，为人君者可以鉴矣。

《居士集》。

## 公文笔者：

欧阳修（1007～1072），幼年丧父，家贫，母教以"画地学书"。举进士，试南宫第一，擢甲科，调西京推官，入朝为馆阁校勘，以"不避群邪切齿"著称。范仲淹贬饶州，欧阳修于庆历三年（1043）上《朋党论》，为范仲淹辩诬，坐贬夷陵令。放逐流离，至于再三，而志气自若，风节自持。及范仲淹使陕西，辟欧阳修掌书记，以"同其退不同其进"而谢绝。后奉使河东、河北都转运使。为政宽简，所至民便。欧阳修在外十一年，其发斑白，仁宗奖其敢言，擢知谏院，兼修起居注，知制诰，后迁枢密副使、参知政事。欧阳修是历史学家、金石学家，又是杰出的文学家。当时，应考的学子，以"险怪奇涩"的"太学体"为文，欧阳修知贡举，皆不取录，使场屋之习为之一变。他倡导的古文运动，上继韩愈、柳宗元，下开苏轼、王安石、曾巩等人之先河。他的文笔，包括公文写作，"言简而明，信而通，引物连类，折之于至理，以服人心。"神宗时求退，后以太子少师致仕。奉诏修《新五代史》、《新唐书》。著有《欧阳文忠公文集》。

## 公文赏析：

欧阳修上《朋党论》，于宋仁宗庆历三年（1043）。是一篇直言朋党的奏文，

---

① 后汉献帝时，发生党锢之祸实于灵帝时。
② 党人，东汉桓、灵帝时，宦官专政，以"党人"之罪杀戮李膺、范滂等大臣百人，各地以此项罪名处死、流放、囚禁数百人，史称"党锢之禁"。
③ "此辈清流，可投浊流"，实为唐哀帝时，朱全忠以朋党之罪杀士大夫裴枢等30人，扬言"此辈常自谓清流，宜投入黄河，使为浊流"。

彰显了他"一生奏文无曲笔"的高风亮节。

宋仁宗庆历三年（1043），范仲淹执政，推行改革，利益受到侵犯的保守派攻击范仲淹私立朋党，遭贬饶州。欧阳修上《朋党论》为范仲淹辩诬。庆历四年，新政尽废，欧阳修也遭贬谪。

《朋党论》的立论为："朋"者，同道相益，同心共济，更相称美，更相推让。基于这一立论，文中推演为四：一是同道结朋是自然之理，有益于国家，有助于治事。二是君子有朋，小人无朋，小人"暂相党引以为朋者，伪也"。三是人君不必疑心臣下结朋。四是历史并不消笑用朋，惟辨君子与小人而用。

怎么证实这种立论的正确？范仲淹奏文中列举大舜、周武，不疑朋者，"不厌"臣下结朋之"多且大"，结果天下大治。相反，商纣王、后汉末年、晚唐之时，起"党人"、"党锢"、"朋党"之罪，把臣下、贤士的结交视为虎狼，贬谪、囚禁、诛杀忠臣，"皆乱亡其国"。全文说理清晰，因果分明，可谓惊心动魄。

他在其后的上书中，也有朋党之议，如"自古小人谗害忠贤，其说不远。欲广陷良善，则不过指为朋党，欲动摇大臣，必须诬以专权，其故何也？夫去一善人而众善人尚在，则未为小人之利。欲尽去之，则善人少过，难为一二求瑕，唯有指以为朋，则可一时尽逐。至如大臣已被知遇而蒙信任，则难以他事动摇，唯有专权是上之所恶，故须此说，方可倾之。"

# 64 本朝百年无事札子

#### 北宋·王安石

臣前蒙陛下问及本朝所以享国百年，天下无事之故，臣以浅陋，误承圣问。迫于日暮，不敢久留，语不及悉，遂辞而退。窃惟念圣问及此，天下之福。而臣遂无一言之献，非近臣所以事君之义，故敢昧冒而粗有所陈。

伏惟太祖①躬上智独见之明，而周知人物之情伪。指挥付托，必尽其材，变置②施设，必当其务。故能驾驭将帅，训齐士卒，外以捍夷狄，内以平中国。于是除苛赋，止虐刑，废强横之藩镇③，诛贪残之官吏，躬以简俭为天下先。其于出政发令之间，一切安利元元为事。太宗承之以聪武，真宗守之以谦仁，以至仁宗、英宗，无有逸德。此所以享国百年而天下无事也。

仁宗在位，历年最久。臣于时备从官，施为本末，臣所亲见。尝试为陛下陈

---

① 太祖，指宋太祖赵匡胤。
② 变置，革新。
③ 藩镇，唐时要地设置都护府，军事重镇设置节度使，通称藩镇，唐中后期藩镇为乱。

其一二，而陛下详择其可，亦足以申鉴于方今。

伏惟仁宗之为君也，仰畏天，俯畏人，宽仁恭俭，出于自然，而忠恕诚悫，终始如一。未尝妄兴一役，未尝妄杀一人。断狱务在生之，而特恶吏之残扰。宁屈己弃财于夷狄，而终不忍加兵。刑平而公，赏重而信。纳用谏官御史，公听并观，而不蔽于偏至之谗。因任众人耳目，拔举疏远，而随之以相坐之法①。盖监司②之吏，以至州县，无敢暴虐残酷，擅有调发，以伤百姓。自夏人③顺服，蛮夷遂无大变，边人父子夫妇，得免于兵死。而中国之人，安逸蕃息，以至今日者，未尝妄兴一役，未尝妄杀一人，断狱务在生之，而特恶吏之残扰，宁屈己弃财于夷狄，而不忍加兵之效也。大臣贵戚，左右近习，莫敢强横犯法，其自重慎，或甚于闾巷之人，此刑平而公正之效也。募天下骁雄横猾以为兵，几至百万，非有良将以御之，而谋变者辄败。聚天下财，虽有文籍④，委之府史，非有能吏以钩考，而断盗者辄发。凶年饥岁，流者填道，死者相枕，而寇攘者辄得，此赏重而信之效也。大臣贵戚，左右近习，莫能大擅威福，广私货赂，一有奸慝，随辄上闻。贪邪横猾，虽间或见用，未尝得久，此纳用谏官御史，公听并观，而不蔽于偏至之谗之效也。自县令、京官以至监司、台阁⑤，升擢之任，虽不皆得人，然一时所谓才士，亦罕蔽塞而不见收举者，此因任众人之耳目，拔举疏远，而随之以相坐之法之效也。升遐⑥之日，天下号恸，如丧考妣，此宽仁恭俭，出于自然，忠恕诚悫，始终如一之效也。

然本朝累世因循末俗之弊，而无亲友群臣之议。人群朝夕与处，不过宦官女子，出而视事，又不过有司之细故，未尝如古大有为之君，与学士大夫讨论先王之法，以措之天下也。一切因任自然之理势，而精神之运，有所不加，名实之间，有所不察。君子非不见贵，然小人亦得厕其间。正论非不见容，然邪说亦有时而用。以诗赋记诵求天下之士，而无学校⑦养成之法。以科名资历叙朝廷之位，而无官司课试之方。监司无检察之人，守将非选择之吏。转徙之亟，既难于考绩，而游谈之众，因得以乱真。交私养望者多得显官，独立营职者或见排沮。故上下偷惰取容而已，虽有能者在职，亦无以异于庸人。农民坏于徭役，而未尝特见救恤，又不为之设官，以修其水土之利。兵士杂于疲老，而未尝申饬训练，又

---

① 相坐之法，牵连式惩罪。
② 监司，宋代诸路转运使司、提点刑狱司等，有监察州官责任，总称监司。
③ 夏人，指西夏党项族。
④ 文籍，文书。
⑤ 台阁，台指御史台，职司监察。阁，指龙图阁、天章阁，皇家藏书机构。
⑥ 升遐，升天，喻仁宗皇帝之死。
⑦ 学校，宋时京城有国子监、太学，地方州县也置学校。

不为之择将,而久其疆场之权。宿卫则聚卒伍无赖之人,而未有以变五代姑息羁縻之俗。宗室则无教训选举之实,而未有以合先王亲疏隆杀之宜。其于理财,大抵无法,故虽俭约而民不富,虽忧勤而国不强。赖非夷狄昌炽之时,又无尧汤水旱之变,故天下无事,过于百年。虽曰人事,亦天助也。盖累圣相继,仰畏天,俯畏人,宽仁恭俭,忠恕诚悫,此其所以获天助也。

伏惟陛下躬上圣之质,承无穷之绪,知天助之不可常恃,知人事之不可怠终,则大有为之时,正在今日。臣不敢辄废将明之义,而苟逃讳忌之诛。伏惟陛下幸赦而留神,则天下之福也。取进止。

《王临川文集》。

## 公文笔者:

王安石(1021~1086),少好读书,为文如飞,构思精妙,为"唐宋八大家"之一。庆历进士。任淮南判官,知鄞县,常州知府,多有便民之利。嘉祐三年(1058)入为度支判官,上"万言书",有矫世变俗之志,仁宗未纳。神宗即位,召为翰林学士兼侍讲,上《本朝百年无事札子》,改革之意与神宗契合。熙宁二年(1059)出任参知政事,主持变法,先后颁行水利、青苗、均输、保甲、免役、市易、保马、方田诸法。次年,任同中书门下平章事,居位宰辅。王安石变法遭到司马光、文彦博、吕诲的反对,七年罢相,复而又罢。死后赠太傅。诗风豪气纵横,散文主张实用,为"唐宋八大家"之一。有《王文公文集》、《临川先生文集》传世。

## 公文赏析:

王安石《本朝百年无事札子》,是一篇札子体式的公文。

这篇札子,写于神宗熙宁元年(1068),是一篇立论性较强的公文。

王安石在答神宗"本朝何以百年无事"时,说了一些"顺风话"。不过,就此题目说"顺风话"的,还有反对革新派的司马光诸大臣。追根溯源,神宗新登皇位所出的这个题目,恐难脱粉饰太平之嫌。甚至可以说,这个题目原本就是伪命题,因为实际上并非"百年无事"。在建宋的第44年,因宋仁宗作战失败,放弃"幽云十六州"签订宋辽"澶州之盟",算不算有"事"?

还有,神宗所问"本朝何以百年无事",是指过去百年,即从赵匡胤建宋(公元960)到宋神宗赵顼即皇位(1068)时的108年间。后来,百官在蜂拥答问时,竟为今后百年无事"打保票",这就为北宋"积弱积贫"、不思革新埋下隐患。事实并未如大臣们的"顺风话"所预料。在神宗发问后的第58年，北宗亡。不过，王安石这篇札子在说"顺风话"时，能大胆指陈北宋社会正在酝酿的危机，如"因循末俗之弊"，致使"精神之运，有所不加，名实之间，有所不察"，力劝神宗当学历代名君，论先王之法，以治天下；国家在广罗人才上，既无"养成之法"，又失"课试"之方，故"交私养望"者得显官，真才实能者受排挤；农民苦于徭役，士兵老于边塞，国家"理财无道"，故"虽俭约而民不富，虽忧勤而国不强"，今日改革乃"大有为之时"。这正是本篇札子的可贵之处，也正是王安石与反革新派们的区别所在。一篇好的公文，要经过时间洗礼。

文中字句多处重复，而不代以概括用语，读来欠畅。此为公文写作之忌。

札子体式公文，宋时多见。札是木简，文字书之版上。王安石《本朝百年无事札子》一文，是答帝王问的备忘录性的奏闻。

# 65 议经费札子

### 北宋·曾巩

臣闻古者以三十年之通制国用，使有九年之蓄。而制国用者，必于岁杪，盖量入而为出。国之所不可俭者，祭祀也。然不过用数之仂，则先王养财之意可知矣。盖用之有节，则天下虽贫，其富易致也。汉唐之始，天下之用常屈矣。文帝、太宗能用财有节，故公私有余，所谓天下虽贫，其富易致也。用之无节，则天下虽富，其贫亦易致也。汉唐之盛时，天下之用常裕矣，武帝、明皇不能节以制度，故公私耗竭，所谓天下虽富，其贫亦易致也。

宋兴，承五代之敝，六圣①相继，与民休息，故生齿既庶，而财用有余。且以景德②、皇祐③、治平④校之：景德户七百三十万，垦田一百七十万顷；皇祐户一千九十万，垦田二百二十五万顷；治平户一千二百九十万，垦田四百三十万顷。天下岁入，皇祐、治平皆一亿万以上，岁费亦一亿万以上。景德官一万余员，皇祐二万余员，治平并幕职、州县官三千三百余员，总二万四千员。景德郊费六百万，皇祐一千二百万，治平一千三百万。以二者校之，官之众一倍于景德，郊之费亦一

---

① 六圣，指宋初的宋太祖赵匡胤、宋太宗赵炅、宋真宗赵恒、宋仁宗赵祯、宋英宗赵曙、宋神宗赵顼。
② 景德，宋真宗年号（1004）。
③ 皇祐，宋仁宗年号（1049~1054）。
④ 治平，宋英宗年号（1064~1067）。

倍于景德。官之数不同如此,则皇祐、治平入官之门多于景德也。郊之费不同于此,则皇祐、治平用财之端,多于景德也。诚诏有司按寻载籍,而讲求其故,使官之数、入者之多门可考而知,郊之费、用财之多端可考而知。然后,各议其可罢者罢之,可损者损之。使天下之入,如皇祐、治平之盛,而天下之用、官之数、郊之费皆同于景德,二者所省者盖半矣。则又以类而推之。天下之费,有约于旧而浮于今者,有约于今而浮于旧者。其浮者,必求其所以浮之自而杜之。其约者,必本其所以由而从之。如是而力行,以岁入一亿万①以上计之,所省者十之一,而岁有余财一万万。驯致不已,至于所省者十之三,则岁有余财三万万。以三十年之通计之,当有余财九亿万,可以为十五年之蓄。自古国家之富,未有及此也。古者言九年之蓄者,计每岁之入存十之三耳,盖约而言之也。

今臣之所陈,亦约而言之。今其数不能尽同,然要其大致,必不远也。前世于雕敝之时,犹能易贫而为富。今吾以全盛之势,用财有节,其所省者一,则吾之一也,其所省者二,则吾之二也。前世之所难,吾之所易,可不论而知也。

伏惟陛下冲静质约,天性自然。乘舆器服,尚方所造,未尝用一奇巧。嫔嫱左右,掖廷之间,位号名阙,躬履节俭,为天下先。所以忧悯元元,更张庶事之意,诚至恻怛,格于上下。其于明法度以养天下之财,又非陛下之所难也。臣诚不自揆,敢献区区之愚,惟陛下裁择,取进止。

《曾巩集》。

## 公文笔者:

曾巩(1019~1083),年少之时,即以文章闻名,与王安石结友,颇受文坛先辈欧阳修之赏识。进士,召编修史馆校勘,后任实录检讨官,先后出任齐、襄、洪、福、明、亳、苍诸州知州。元丰三年(1080)神宗召判三班院,四年任史馆修撰,典修五朝国史。五年授中书舍人,参与改革官制。后以翰林院学士掌延安郡王(后来的哲宗)笺奏,不久病逝于江宁。曾巩在出任知州期间,清除民害,平反冤狱,关心民生,颇有政绩。他的散文,入列唐宋八大家之一,奏章也颇有盛名。曾巩为文,"上下驰骋,愈出而愈工",时人鲜有过者。有《元丰类稿》传世。

## 公文赏析:

曾巩《议经费札子》,写于神宗元丰三年(1080)判三班院任内。

① 一亿万,古时计数方法以十万为亿,一亿万即为十万万。

北宋"积弱积贫",到神宗时,国家财力已捉襟见肘。曾巩长期出任知州,深知财力枯竭对国家发展的制约,及入朝判三班院职,先从调查财政入手,以图挽救北宋颓势。为此,曾巩写了多篇财用类奏文。本文是其首篇。

为防止藩镇割据,大力加强中央集权,朝官职数激增,官俸开支巨大。加以宋初赵匡胤"杯酒释兵权",以文官取代征战名将,大大削减军力,造成北疆少数民族政权入主中原,每年向辽及西夏支付的钞、绢、茶、盐的"岁赐"递增。为了防止流民聚啸山林,反叛朝廷,宋代采用特别的兵役制度,无限度地扩充灾民充军,军费极度扩张,使宋代的"国用"更加入不敷出。曾巩作为一个有远见的政治家,在奏札中阐发的是"养财"与"节用"并举的理念。

《议经费札子》开首一段,笔者提出,"天下富"与"天下贫"两者可以相互转换。当然,这是以一代人为期的。古时,一代人为三十年,年蓄百之三,一代人就可以造成"九年之蓄"。有了"九年之蓄",就可以称为"盛世"。汉文帝、唐太宗是"其富易致"的典范,汉武帝、唐玄宗是"其贫易致"的先者。也就是说,纵观中国历代的财用,有两个皇帝把穷日子过富了,有两个皇帝把富日子过穷了,而且他们的贫富转换都没有超过三十年。应该说,曾巩的这个观察和推断是准确的。

奏札后段,进入对有宋以来六代皇帝的"国用"分析,并以景德、皇祐、治平三个年号的数据相较,使神宗看到入官的"门"多,郊祀用财的"端"多,"国用"入不敷出的态势十分严峻,从而引出笔者"法度养财"的解决途径,包裹皇帝的"躬履节俭"。

《议经费札子》是食货类奏文中的名篇。书上后,神宗以为曾巩"以节用为理财之要,世之言理财者,未有及此。"于是,引出神宗支持王安石变法的重大政治事件。可惜,积重难返,曾巩提出的"法度养财"、"节以制度"的食货方略,在用官制度、兵役制度、郊祀制度、税赋制度上不见革新。加之北宋末年的苛征暴敛、以济多欲,北宋王朝终以"积弱积贫"亡国。

# 66 进《资治通鉴》表

### 北宋·司马光

臣光言:先奉敕编集历代君臣事迹,又奉圣旨赐名《资治通鉴》,今已了毕者。

伏念臣性识愚鲁,学术荒疏,凡百事为,皆出人下,独于前史,粗尝尽心,自幼至老，嗜之不厌。每患迁固①以来，文字繁多，自布衣之士，读之不遍，况于人主，日有万机，何暇周览？臣常不自揆②，欲删削冗长，举撮机要，专取关国家兴衰，系生民休戚，善可为法，恶可为戒者，为编年一书，使先后有伦，精粗不杂。私家力薄，无由可成。

伏遇英宗③皇帝，资睿智之性，敷文明之治，思历览古事，用恢张大猷，爰诏下臣，俾之编集。臣夙昔所愿，一朝获伸，踊跃奉承，惟惧不称。先帝仍命自选辟官属，于崇文院置局，许借龙图、天章阁、三馆、秘阁书籍，赐以御书笔墨缯帛，及御前钱，以供果饵，以内臣为承受。眷遇之荣，近臣莫及。不幸书未进御，先帝违弃群臣。陛下绍膺大统，钦承先志，宠以冠序④，赐之嘉名，每开经筵⑤，常令进读。臣虽顽愚，荷两朝知待如此其厚，陨身丧元，未足报塞，苟智力所及，岂敢有遗！会差知永兴军，以衰疾不任治剧，乞就冗官⑥。陛下俯从所欲，曲赐容养，差判西京留司御史台，及提举嵩山崇福宫。前后六任，仍听以书局自随，给以禄秩⑦，不责职业。臣既无他事，得以研精极虑，穷竭所有。日力不足，继之以夜。编阅旧史，旁采小说。简牍盈积，浩如烟海。抉摘幽隐⑧，校计毫厘。上起战国，下终五代，凡一千三百六十二年，修成二百九十四卷。又略举事目，年经国纬⑨，以备检寻，为目录三十卷。又参考群书，评其同异，俾归一途，为《考异》三十卷。合三百五十四卷。自治平⑩开局，迨今始成，岁月淹久，其间抵牾，不敢自保，罪责之重，固无所逃。臣光诚惶诚惧，顿首顿首。

重念臣违离阙庭，十有五年⑪，虽身处于外，区区之心，朝夕寤寐，何尝不在陛下之左右。顾以驽蹇，无施而可，是以专事铅椠⑫，用酬大恩，庶竭涓尘，少裨海岳。臣今骸骨癯瘁，目视昏近，齿牙无几，神识衰耗，目前所为，旋踵遗忘，臣之精力，尽于此书。伏望陛下宽其妄作之诛，察其愿忠之意，以清闲之

---

① 迁固，指司马迁（《史记》著者）与班固（《汉书》著者）。
② 自揆，自量。
③ 英宗，北宋第五帝，在位四年（1064~1067）。
④ 冠序，在卷首为序。
⑤ 经筵，帝王为研读经史而设讲席。
⑥ 乞就冗官，主持编修《资治通鉴》系司马光的自荐、自请。
⑦ 禄秩，官俸。
⑧ 抉摘幽隐，发掘被埋没的史料。
⑨ 年经国纬，以纪年为主轴，分国编排。
⑩ 治平，英宗年号，《资治通鉴》起编。
⑪ 十有五年，指司马光于自神宗熙宁四年（1071）"乞就冗官"，入洛阳编书，至元丰七年（1084）书成。从司马光在英宗时将战国至秦二世时期，以《左传》体成书《通志》的前期工作，前后通计，则为"历十九年而成"。
⑫ 铅椠，编纂事务。

宴，时赐省览，鉴前世之兴衰，考当今之得失，嘉善矜恶，取是舍非，足以懋稽古之盛德，跻无前之至治，俾四海群生，咸蒙其福，则臣虽委骨九泉，志愿永毕矣。谨奉表陈进以闻。

《司马文正公传家集》。

## 公文笔者：

司马光（1019～1086），北宋政治家、历史学家，先祖是西晋司马氏贵族。自幼好学，中进士甲科。先后出任将作监主簿、国子直讲、馆阁校勘、天章阁待制兼主讲、龙图阁直学士、翰林学士、御史中丞等。因反对王安石变法罢翰林学士职。后自请退居洛阳编集历代君臣事迹，历十五年《资治通鉴》成，是年67岁。元丰八年（1085）哲宗即位，太皇太后高氏临朝听政。二月，司马光以旧党首领，出任尚书左仆射兼门下侍郎，主持朝政，数月尽废新法。次年九月病死。一生著述甚丰，除主持编修《资治通鉴》外，另有《温国文正公文集》、《稽古集》、《涑水纪闻》传世。

## 公文赏析：

《进〈资治通鉴〉表》，是司马光于元丰七年（1084）十二月随书向神宗皇帝的奏表。这篇表体公文，用不长的文字，勾勒出《资治通鉴》成书的清晰的脉络，又不露声色地对罢黜自己的神宗皇帝有所规谏。

《资治通鉴》是一部上接《左传》，下至五代的历代君臣事迹的编年巨著。在前期创写，随后的设局编纂，以及后期总纂，司马光都有重大贡献。这封表文，说明了本书的由来、编纂目的，以帮助有国者从中"鉴前世之兴衰，考当今之得失"。可惜，神宗得到这部书，不久病亡，以至整个宋代，也没有从《资治通鉴》中找到走出"积弱积贫"困境的道路。但把1300年的治国经验加以比对、评说，对有头脑的政治家来说还是有裨益的。一个善于重温历史经验的民族，是不可战胜的。当然，《资治通鉴》带有很大历史局限性，以致夹带司马光许多保守偏见，当用批判的眼光阅读。

# 67 决壅蔽

### 北宋·苏轼

所贵乎朝廷清明而天下治平者，何也？天下不诉而无冤，不谒而得其所欲，此尧舜之盛也。其次不能无诉，诉而必见察。不能无谒，谒而必见省。使远方之贱吏不知朝廷之高，而一介之小民不识官府之难，而后天下治。

今夫一人之身，有一心两手而已，疾痛苛痒，动于百体之中，虽其甚微，不足以为患，而手随至。夫手之至，岂其一一而听之心哉？心之所以素爱其身者深，而手之所以素听于心者熟，是故不待使令而卒然以自至。圣人之治天下，亦如此而已。百官之众，四海之广，使其关节脉理相通为一，叩之而必闻，触之而必应，夫是以天下可使为一身。天子之贵，士民之贱，可使相爱，忧患可使同，缓急可使救。今也不然，天下有不幸而诉其冤，如诉之于天。有不得已而谒其所欲，如谒之于鬼神。公卿大臣不能究其详悉，而付之于胥吏，故凡贿赂先至者，朝请而夕得。徒手而来者，终年而不获。至于故常之事，人之所当得而无疑者，莫不务为留滞，以待清属。举天下一毫之事，非金钱无以行之。

昔者汉唐之蔽，患法不明，而用之不密，使吏得以空虚无据之法而绳天下，故小人以无法为奸。今也法令明具，而用之至密，举天下惟法之知。所欲排者，有小不如法，而可指以为瑕。所欲与者，虽有乖戾，而可借法以为解，故小人以法为奸。今天下所为多事者，岂事之诚多耶？吏欲有所鬻而未得，则新故相仍，纷然而不决，此王化之所以壅遏而不行也。

昔桓文之霸①，百官承职，不待教令而办，四方之宾至不求有司。王猛②之治秦，事至纤悉，莫不尽举，而人不以为烦。盖史之所记：麻思还冀州，请于猛，猛曰："速装，行矣。"至暮而符下，及出关，郡县皆以被符，其令行禁止而无留事者，至于纤悉，莫不皆然。苻坚③以戎狄之种，至为霸王，兵强国富，垂及升平者，猛之所为，固宜其然也。今天下治安，大吏奉法，不敢顾私，而府史之属，招权鬻法，长吏心知而不问，以为当然。

此其敝有二而已：事繁而官不勤，故权在胥吏。欲去其弊也，莫如省事④而厉精。省事莫如任人，厉精莫如自上率之。今之所谓至繁，天下之事，关于其中，诉其至多，而谒者之众，莫如中书与三司。天下之事，分于百官，而中书听其治要。郡县钱币，制于转运使，而三司受其会计。此宜若不至于繁多。然中书不待奏课，以定黜陟而关与其事，则是不任有司也。三司之吏，推析赢虚，至于毫毛，以绳郡县，则是不任转运使也。故曰：省事莫如任人。古之圣王，爱日以

---

① 桓文之霸，指齐桓公、汉文帝时代出现的盛世。
② 王猛（325～375），从苻坚，为谋主，去尸素，拔贤才，修兵革，整肃法制，有绩效。
③ 苻坚（338～385），晋及十六国时代的前秦主，称（大秦王），以王猛掌机密，禁老、庄、图谶之学，劝农桑，兴水利、举才能，官吏百石以上不通经者悉免为民，颇有政绩。积90万众伐东晋，败于淝水之战。

④ 省事，即视事，亲理政务，有勤政之意。

求治，辨色而视朝，苟少安焉，而至于日出，则终日为之不给。以少而言之，一日而废一事，一月则可知也。一岁则事之积者，不可胜数也。欲事之无繁，则必劳于始而逸于终。晨兴而晏罢，天子未退，则宰相不敢归安于私第。宰相日昃而不退，则百官莫不震悚，尽力于王事而不敢宴游。如此，则纤悉隐微，莫不举矣。天子求治之勤，过于先王，而议者不称王季之晏朝，而称舜之无为。不论文王之日昃，而论始皇之量书，此何以率天下之怠耶？臣故曰，厉精莫如自上奉之，则壅蔽决矣。

《唐宋八大家名篇鉴赏》。

## 公文笔者：

苏轼（1037～1101），幼时就教于母，嘉祐进士，欧阳修荐之祕阁，经考定，其制策入于三等。自宋以来，制策入三等者，仅二人。历任主簿、大理评事、凤翔府判官、开封府推官。北宋熙宁中，因上言新法不便，出为杭州通判，徙知密、徐、湖三州。元丰三年，因以诗讽新法，下御史狱，贬黄州团练副使。哲宗立，召为礼部郎中，寻迁中书舍人，拜翰林学士兼侍读。元祐四年出知杭州，有惠政于民。后召为翰林学士承旨，数月复出，知颖州，徙扬州，以兵部尚书召还。哲宗亲政，出知定州，再贬宁远军节度副使、琼州别驾。由徽宗赦还，卒于常州。苏轼师其父苏洵，文体浑涵光芒，雄视百代。有《东坡文集》、《东坡乐府》、《东坡易传》、《东坡书传》传世。

## 公文赏析：

苏轼《决壅蔽》，写作时间待查，是否属于公文亦待查。

这篇公文的案由，是向朝廷申明如何打开朝政"壅蔽"的状态。本文偏于议论，属于策论体公文。

"壅蔽"是什么？壅蔽就是下情不能上达，上情不能下达，中间梗阻是由于有个壅蔽体的存在。这就是：公卿大臣不究其详而尽付胥吏，胥吏则"非金钱无以行"；胥吏可"以无法为奸"，也可"以法为奸"，他们不想做的，皆可依法"指以为瑕"，加以阻拦，他们想做的，可"借法以为解"，畅行无阻；缺乏令行禁止之风，使"府史"一类的中层官员也常借以"招权鬻法"。这样，上下就自然难以沟通了。

那么，怎么冲决这个壅蔽体，以达到"朝廷清明而天下治平"呢？笔者对"事繁而官不勤"的官场痼疾，开出了只有四个字的处方："省事"、"厉精"。

"省事"，即倡导亲自动手做事之风。笔者以为"省事莫如任人"，就是要从挑选那些有办事能力又有办事精神的官员做起。他以为，"事繁"，本是由于官员怠惰造成的。日废一事，月则成山，期年则不可胜数。他批评当时北宋的舆论导向，不是倡导官员废寝忘食地工作，而是宣扬"无为而治"。关于"厉精"，就是振奋精神，他毫无顾忌地指出，"厉精莫如自上奉之"，从皇帝自己做起。

纵观历代衰政，无不与壅蔽相联。在笔者心目中，壅蔽＝惰政＋"心知而不问"＋"招权"以及官场的"非金钱无以行"。有这个板结的壅蔽体的存在，即使在上者见国家之危，振臂高呼，为其阻隔，上情难以下达，亦是枉然。下层百姓不满，诉之，谒之，求告无门，为其阻隔，下情不能上达，更为徒然。北宋在苏轼入官时，已入衰政，这篇《决壅蔽》，就是苏轼对当时官场昏暗的缩写，只是他爽直得更透彻一些而已。苏轼对这么严重的政治痼疾壅蔽的消除，仅用"省事"、"厉精"四字治世秘方，是否简单了一些？其实，并不简单。苏轼历经仁宗、英宗、神宗、哲宗四朝，一个也没有做到。

仁宗自小当儿皇帝，既不亲为，又不善用人，宰臣的班子党争迭起，像走马灯似地换来换去，而亲力亲为做事的人却越来越少，以至朝堂有"养病坊"之称。而仁宗42年皇帝生涯中，有一半精力是用于生子为嗣。英宗在位不满四年，后期的上朝，大臣们只能参拜御座，国家处于失为状态。神宗做了18年皇帝，有王安石的变法，又有司马光的反对新政，两派旗鼓相当，埋下了分立的种子。哲宗在位15年，在他亲政的不长时间里，几乎都在倾力清算"元祐"老臣，耗尽了才力、国用，苏轼就是在为"元祐"老臣辩护时，以"谤讪"之过贬到汝州的。

苏轼在从政的数十年间，眼睁睁地看着北宋政治壅蔽体的日日增大、年年板结，而痛苦地写下这篇《决壅蔽》奏文的。苏轼谢世后25年，北宋灭亡。

那么，苏轼提出的四字治世秘方是不是根本做不到呢？不是。苏轼一生，治杭州、颍州、扬州，皆颇见绩效，说明他的治世秘方是可行的。成事在人。

# 68　进流民图

北宋·郑侠

臣伏睹去年大蝗，秋冬亢旱，迄今不雨，麦苗焦枯，黍粟麻豆皆不及种。旬日以来米价暴贵，群情忧惶，十九惧死。方春斩伐，竭泽而渔，大营官钱，小求升米，草木鱼鳖亦莫生。遂蛮夷轻肆，敢侮君国。皆由中外之臣辅相陛下不以道，以至于此。

臣窃惟灾患有可致之道，无可试之形。其致之有渐，而其来也如疾风暴雨，不可复御。流血籍尸，方知丧败。此愚夫庸人之见，古今有之。所贵于圣神者，为其能图患于未然，而转祸为福也。当今之势，尤有可救。愿陛下开仓廪，赈贫乏。诸有司敛掠不道之政，一切罢去。庶几早召和气，上应天心，调阴阳，降雨露，以延万姓垂死之命，而固宗社亿万年无疆之祉。

夫君臣际遇，贵乎知心。以臣之愚深知陛下爱养黎庶甚于赤子。故自即位以来，一有利民便物之政，靡有不毅然主张而行。陛下之心，亦欲人人寿富，而跻之尧舜三代之盛耳。夫岂区区充满府库，盈溢仓廪。终以富衍强大，夸天下哉？而中外之臣略不推明陛下此心，而乃肆其叨懫，剥割生民，侵肌及骨，使大困苦而不聊生，坐视其死而不恤。夫陛下所存如彼，群臣所为如此，不知君臣际遇欲作何事。徒只日超百资，意指气使而已乎？

臣又惟何世而兴忠义，何代而无贤德？亦在乎人君所以驾驭之如何耳！古之人，在山林畎亩不忘其君，刍荛负贩、匹夫匹妇，咸欲自尽以赞其上。今陛下之朝，台谏默默具位而不敢言事，至有规避，百为不肯居是职者。而左右辅弼之臣，又皆贪狼近利，使夫抱道怀职之士皆不欲与之言，不知时然耶？陛下有以使之然耶？以为时然，则尧舜在上，便有夔稷①，汤文在上，便有伊吕②，以至汉唐之明君，我祖宗之圣朝，皆有忠义贤德之臣，布在中外。君臣之际，若腹心手足然。君倡于上，臣和于下，主发于内，臣应于外，而休嘉之德，下浸于昆虫草木，千百世之下莫不慕之。独陛下以仁智当御，抚养为心，而群臣所以和之者如此。夫时然，抑陛下所以驾驭之道未审尔。陛下以爵禄名器驾驭天下忠良，而使之如此，甚非宗庙社稷之福也。夫得一饭于道傍，则惶惶图报，而终身厌饱。于其父，则不知德，此庸人之常情也。今之食禄往往如此。若臣所闻，则不然。君臣之义，父子之道也，故食其禄，则忧其事，凡以移事父之孝而从事于此也。若乃思虑不出其位，尸祝③不代庖人，各以其职不相侵越，至于邦国善否，知而不言，岂有君忧国危，群臣乃饱食厌观，若视路人而不救，曰吾各有守，天下事非我忧哉。故知朝廷设官位有高下，臣子事君忠无两心，与其得罪于有司，孰与不忠于君父与？其苟容于当世，孰与得罪于皇天？臣所以不避万死，深冒灭门，以告诉于宜下者，凡以上畏天命，中忧君国，而下念生民耳。若臣之身，使其粉碎如一蝼蚁，无足顾爱。

---

① 夔稷，夔为尧时名臣，创立乐律，稷为舜时农官，后世尊为农神。
② 伊吕，伊尹为商时名臣，吕尚即姜太公，辅武王伐周，封于齐。
③ 尸祝，尸是代表鬼神享祭的人，祝是传告鬼神说辞的人。

臣切闻南征西伐者，皆以其胜捷之势，山川之形为图而来献。料无一人以天下之民质妻卖儿，流离逃散，斩桑伐枣，拆坏庐舍，而卖于城市，输官假菜，惶惶不给之状为图而献前者。臣不敢以所闻，谨以安上门逐日所见绘成一图，百不及一，但经圣明眼目，已可嗟咨涕泣，而况数千里之外有甚于此者。如陛下观图，行臣之言，十日不雨，即乞斩臣宣德门外，以正欺君漫天之罪。如稍有所济，亦乞正臣越分言事之荆。

《宋朝诸臣奏议》。

## 公文笔者：

郑侠（1041～1119），北宋治平进士，调广州司法参军。郑侠秩满入朝，王安石欲加重用，为其所拒，并当面陈述新法"不便"，后派监京师安上门。因上奏《流民图》，受王安石、吕惠卿排挤。不久又上《正直君子邪曲小人事业图迹》，奏劾吕惠卿等，吕惠卿奏劾他为谤讪，贬编管汀州。吕惠卿使人追劾，欲治死罪，神宗念其忠诚，徙英州。哲宗立，方得归，为泉州教授。元符中，再放逐英州。徽宗立，赦还复官。不久，又为蔡京所夺，遂不复出。

## 公文赏析：

在郑侠之前，只有出征将军的军事公文以附图报捷，而将附图用于政论性公文中者，郑侠《进流民图》为首创。

宋神宗熙宁六年（1073）至七年三月，久旱不雨，百姓四散流徙，正在推进变法的王安石，为维护新法和自己的地位，严饬百官不许上谏，不许"越分言事"。郑侠以守门官之所见，绘成《流民图》，以急件快递送达银台司，使神宗得览。神宗于次日下诏，开仓济民，罢除方田均税法、保甲法、青苗法等新法的推进，拯救了危难中的百姓。

《进流民图》，既讲流民状，更讲形成流民的根源及国家急救之法。全文紧凑，不施张饰，也不回避，其甘冒"灭门"之祸为民请命的气慨，令人震撼。

首段为总括：旱、蝗是自然灾害，但皆由大臣辅佐皇帝"不以道"所致。天灾是由人祸连结造成的，那就是大臣辅佐之过。次段、三段，从天人关系、君臣关系，破解灾患之成。最可贵的是，郑侠不仅描绘了国家面临灾患，而且郑重地指出，现在的灾患是"可救"的，一请开仓济贫，二请停止一切"敛掠不道"之政。

第四段，展开论述历代之臣，都靠忠义贤德，以移"事父之孝"为国分忧，方使国家见治。北宋时，群臣各以其职不相侵夺为由，遵守"不出其位"原则，至于邦国善否，国家安危，知而不言，若视路人，曰"吾各有其守，天下之事非我忧哉"，故而国事君忧而臣不忧。这种情况是十分危险的。作者话锋一转，指向皇帝：今臣不讲忠义贤德，不忧国忧民，是否今上"驾驭之道未审尔"？

末段，作者就献流民图作了说明。其实他是想说：我报告的灾患，不是以耳"听"来，而是我做监门官在安上门亲眼所"见"，将"逐日所见"绘出的百不及一，以绝人诬。即使这样，郑侠仍没有避开王安石、吕惠卿的迫害，欲置之死地而后快。

补读《宋史·郑侠传》。

## 69 条陈十事疏

### 北宋·李纲

臣愚陋无取，荷陛下知遇，然今日扶颠持危，图中兴之功，在陛下而不在臣。臣无左右先容，陛下首加识擢，付以宰柄，顾区区何足以仰副图任责成之意？然"靡不有初，鲜克有终"。臣孤立寡与，望察管仲①害霸之言，留神于君子小人之间，使得以尽志毕虑，虽死无憾。昔唐明皇欲相姚崇②，崇以十事要说，皆中一时之病。今臣亦以十事仰干天听，陛下度其可行者，赐之施行，臣乃敢受命。

一曰议国是。谓中国之御四裔，能守而后可战，能战而后可和，而靖康之末皆失之。今欲战则不足，欲和则不可，莫若先自治，专以守为策，俟吾政自修，士气振，然后可议大举。

二曰议巡幸。谓车驾不可不一到京师，见宗庙，以慰都人之心，度未可居，则为巡幸之计。以天下形势而观，长安为上，襄阳次之，建康又次之，皆当诏有司预为之备。

三曰议赦令。谓祖宗登极赦令，皆有常式。前日赦书，乃以张邦昌③伪赦为法，如赦恶逆及罪废官尽复官职，皆泛滥不可行，宜悉改正以法祖宗。

---

① 管仲（前725~前645），齐桓公相管仲而霸天下，但桓公在为公子小白时，管仲曾射中带钩。
② 姚崇（650~721），武则天、睿宗时宰相，玄宗开元年间欲任宰相，姚崇以不应十事则不受命。后颇有政绩。
③ 张邦昌（1081~1127），北宋末年，京师陷落，金人册立张邦昌为帝，国号"大楚"。李纲上书，极论其罪。后皇家赐死。

四曰议僭逆。谓张邦昌为国大臣，不能临难死节，而挟金人之势易姓改号，宜正典刑，垂戒万王。

五曰议伪命。谓国家更大变，鲜仗节死义之士，而受伪官以屈膝于庭者，不可胜数。昔肃宗平贼，污伪命者以六等定罪，宜仿之以励士风。

六曰议战。谓军政久废，士气怯惰，宜一新纪律，信赏必罚，以作其气。

七曰议守。谓敌情狡狯，势必复来，宜于沿河、江、淮措置控御，以扼其冲。

八曰议本政。谓政出多门，纪纲紊乱，宜一归之于中书，则朝廷尊。

九曰议久任。谓靖康间进退大臣太速，功效蔑著，宜慎择而久任之，以责成功。

十曰议修德。谓上始膺天命，宜益修孝悌恭俭，以副四海之望，而致中兴。

翌日，班纲议于朝，惟僭逆、伪命二事留中不出。李纲再言：

二事乃今日政刑之大者。邦昌当道君朝，在政府者十年，渊圣即位，首擢为相。方国家祸难，金人为易姓之谋，邦国如能以死守节，推明天下戴宋之义，以感动其心，敌人未必不悔祸而存赵氏。而邦昌方自以为得计，偃然正号位，处宫禁，擅降伪诏，以止四方勤王之师。及知天下之不与，不得已而后请元祐太后①垂帘听政，而议奉迎。邦昌僭逆始末如此，而议者不同，臣请备论以春秋之法②断之。

夫都城之人德邦昌，谓因其立而得生，且免重科金银之扰。元帅府恕邦昌，谓其不待征讨而遣使奉迎。若天下之愤嫉邦昌者，则谓其建号易姓，而奉迎特出于不得已。都城德之，元帅府恕之，私也。天下愤嫉之，公也。春秋之法，人臣无将，将而必诛。赵盾③不讨贼，则书以弑君。今邦昌已僭号位，敌退而止勤王之师，非特将与不讨贼而已。

刘盆子④以汉宗室为赤眉所立，其后以十万众降光武，但待之以不死。邦昌以臣易臣，罪大于盆子，不得已而自归，朝廷既不正其罪，又尊崇之，以何理也？陛下欲建中兴之业，而尊崇僭逆之臣，以示四方，其谁不解体？又伪命臣僚，一切置而不问，何以厉天下士大夫之节？

---

① 元祐太后（1032~1093），北宋英宗皇后，神宗尊皇太后，哲宗尊太皇太后。对王安石变法持反对态度。

② 春秋之法，以孔子作《春秋》中所立僭、弑、降、叛的界限治罪。

③ 赵盾，即赵宣子，赵衰之子，春秋时期赵国执政，因避难出走，晋灵公被杀，史书书以赵盾"弑君"。

④ 刘盆子（前10~公元27），西汉末年动乱，在赤眉军中放牛，后知其为西汉王刘章之后，被义军将领立为帝，后降刘秀，东汉赐以官地为生。

《宋史·李纲传》。

## 公文笔者：

李纲（1083～1140），政和进士，监察御史兼中侍御史，后为太常少卿。南宋名臣。宣和七年（1125），金兵大举攻宋，形势危急，他上血书谏徽宗禅位，以号召天下，重开抵抗局面。钦宗即位，授兵部侍郎。李纲力谏钦宗不可避战南逃，钦宗委以尚书右丞兼亲征行营使，镇守开封。及钦宗遣使与金人议和，许割地，输岁币，李纲上书反对，后为北宋朝内的主和派排挤去职。及太学生陈东在开封伏阙上疏，请复李纲职，李纲得复，寻即罢去。及靖康元年（1126），金兵南下，钦宗匆忙起用李纲，李纲率勤王之师未抵开封，京城已陷，徽、钦二帝被俘。建元二年（1127）赵构即位，称高宗，重新起用李纲，任右相，拜尚书右仆射兼中书侍郎。李纲上书言十事，主张以两河义军收复江北失地。在职75天，即被排挤出朝。陈东等上书力争，然遭杀害。于是，高宗就更加不顾民怨地南逃临安（今杭州）。后李纲虽有上疏，偶受职任，已无力回天。著有《梁溪集》、《靖康传信录》等，终老于乡间。

## 公文赏析：

《条陈十事疏》，表明了李纲的原则精神、战略智慧和极其清醒的头脑。他深知，北宋的衰落，有诸多原因，决非个人之力所能扭转。他清醒地看到，北宋欲得"中兴"，在于新皇帝能不能放弃先人的逃跑主义，而不在一个宰执的能耐。人，切不可命官即受，得职即履，而要考量自力，环顾境遇，思忖后果，然后定夺。本文所以是一篇上好公文，首先是作者正确地表达了自己的职事取向。君择臣而用，臣亦择君而事。这是李纲忠而睿智之所在。事实证明，擢升李纲宰相的高宗赵构，如他的先辈一样，也是个怕死鬼。他急于任用李纲为相，其实是缓解民愤，在金兵进逼之下求得喘息之机，并无"中兴"之意。

就整个北宋朝廷而言，其要官与百姓的抗金热情相反，求和以保全生命者占据压到多数。朝廷对伪帝张邦昌的容忍，对主战派极尽污蔑之能事，说明这种思潮极度泛滥。李纲75天而罢相，正如《条陈十事疏》所言，他为"管仲害霸之言"所谮。北宋自赵匡胤"杯酒释兵权"起，当年打天下的战将尽皆交出兵权，武装改由文官主掌。这样，国家免去藩镇之乱，可是极端削弱了的军力，却招来北疆少数民族政权的袭扰，民不聊生。长达一个半世纪的"积弱积贫"的北宋王朝，"中兴"决非易事。李纲的待"政自修，士气振"而战，是鼓足勇气说出的。"能守而后可战，能战而后可和"，则是对求和派发出的实实在在的忠告。这一条，在"十事"中作为第一，而且以"国是"列出，可见，这为宋代兴亡所系。后来的一个半世纪的南宋王朝，正是不能守而出战、不能战而求和，葬送了江南的半壁江山。

# 70 言有事于无事之时

## 南宋·杨万里

臣闻言有事于无事①之时，不害其为忠。言无事于有事之时，其为奸也大矣。南北和好逾二十年，一旦绝使，敌情不测。而或者曰彼有五单于②争立之祸，又曰彼有匈奴困于东胡③之祸，既而皆不验。道涂相传，缮汴京④城池，开海州⑤漕渠，又于河南、北签民兵，增驿骑，制马枥，籍井泉⑥，而吾之间谍不得以入，此何为者耶？臣所谓言有事于无事之时者一也。

或谓金主⑦北归，可谓中国之贺。臣以中国之忧，正在乎此。此人北归，盖惩创于逆亮⑧之空国而南侵也。将欲南之，必固北之。或者以身填抚其北，而以其子与婿经营其南也。臣所谓言有事于无事之时者二也。

臣窃闻论者或谓缓急，淮不可守，则弃淮而守江，是大不然。昔者吴与魏力争而得合肥⑨，然后吴始安。李煜⑩失滁扬二州，自此南唐始蹙。今日弃淮而保江，既无淮矣，江可得而保乎？臣所谓言有事于无事之时者三也。

今淮东西凡十五郡，所谓守帅，不知陛下使宰相择之乎？使枢廷择之乎？使宰相择之，宰相未必为枢廷虑也。使枢廷择之，则除授不自己出也。一则不为之虑，一则不自己出，缓急败事，则皆曰非我也。陛下将择之谁手？臣所谓言有事

---

① 无事，语出宋神宗以"宋百年无事"为题咨访臣下。
② 单于，匈奴最高首领的称号，匈奴为我国北方少数民族，时与北宋对峙。
③ 东胡，我国北方少数民族，因居匈奴之东而得名。
④ 汴京，今河南开封，北宋都城。
⑤ 海州，今辽宁省海州市。
⑥ 籍井泉，登记或绘制饮用水源地，为用兵所备。
⑦ 金主，时金主为世宗完颜雍，时北方女真族建立的金政权已70年，与北宋形成对峙。
⑧ 亮（1149～1161），金海陵王完颜亮。
⑨ 得合肥，三国时，孙吴与曹魏相争，吴得合肥而保有江南。
⑩ 李煜（937～978），五代十国时期的南唐主，因失江北滁、扬二州，遂日衰。

于无事之时者四也。

且南北各有长技，若骑若射，北之长技也，若舟若步，南之长技也。今为北之计者，日缮治其海舟，而南之海舟则不闻缮治焉。或曰吾舟素具也，或曰舟虽未具而惮于扰者也。绍兴辛巳①之战，山东、采石之功②，不以骑也，不以射也，不以步也，舟焉而已。当时之舟，今可复用乎？且乎斯民一日之扰，与社稷百世之安危，孰轻孰重？事固有大于扰者也。臣所谓言有事于无事之时者五也。

陛下以今日为何等时耶？金人日逼，疆场日扰，而未闻防金人者何策，保疆场者何道，但闻某日修某礼文也，某日进某书史也，是以乡饮③理军，以干羽④解围也。臣所谓言有事于无事之时者六也。

臣闻古者人君，人不能悟之，则天地能悟之。今也国家之事，敌情不测如此，而君臣上下处之如太平无事之时，是人不能悟之矣。故上天见灾异，异时荧惑⑤犯南斗，迩日镇星犯端门，荧惑守羽林。臣书生，不晓天文，未敢以为必然也。至于春正月日青无光，若有两日相摩者，兹不曰大异乎？然天犹恐陛下不信也，至于春日载阳，复有雨雪杀物，兹不曰大异乎？然天犹恐陛下又不信也，乃五月庚寅，又有地震，兹又不曰大异乎？且夫天变在远，臣子不敢奏也，不信可也。地震在外，州郡不敢闻也，不信可也。今也天变频仍，地震辇毂，而君臣不闻警惧，朝廷不闻咨访，人不能悟之，则天地能悟之。臣不知陛下于此悟乎，否乎？臣所谓言有事于无事之时者七也。

自频年以来，两浙最近则先旱，江淮则又旱，湖广则又旱，流徙者相续，道殣相枕。而常平之积名存而实亡，入粟之令，上行而下慢。静而无事，未知所以振救之。动而有事，将何以仰以为资耶？臣所谓言有事于无事之时者八也。

古者足国裕民，惟食为货。今之所谓钱者，富商、巨贾、阉宦、权贵皆盈室以藏之，至于百姓三军之用，惟破褚券⑥尔。万一如唐泾原之师，因怒粝食，蹴而覆之，出不逊语，遂起朱泚⑦之乱，可不为寒心哉！臣所谓言有事于无事之时者九也。

---

① 绍兴辛巳，绍兴为宋高宗年号（1131~1162），辛巳指高宗三十一年（1161）。
② 山东、采石之功，山东之功指1161年李宝在密州陈家岛大败金兵舟师，采石之功指同年虞允文在采石矶大败金兵。
③ 乡饮，古时乡有贤者荐升朝廷，乡官饮宴以贺。
④ 干羽，古时文舞所执羽扇。
⑤ 荧惑，火星夜呈红色，古人称之荧惑。另南斗、镇星、端门、羽林，皆为星名。
⑥ 褚券，纸币。
⑦ 朱泚，唐卢龙节度使，因其弟叛唐被免，次年发动泾原兵在京哗变，唐德宗出奔。史称朱泚之乱。

古者立国必有可畏，非畏其国也，畏其人也。故苻坚①欲图晋，而王猛以为不可，谓谢安、桓冲江左之望，是存晋者二人而已。异时名相如赵鼎、张浚，名将如岳飞、韩世忠②，此金人所惮也。近时刘琦可用则早死，张栻③可用则沮死，万一有缓急，不知可以督诸军者何人，可以当一面者何人，而金人之所素惮者又何人？而或者谓人之有才，用而后见。臣闻之《记》曰："苟有车必见其式，苟有言必闻其声。"今日有其人而未闻其可将可相，是有车而无式，有言而无声也。且夫用而后见，非临之以大安危，试之以大胜负，则莫见其用也。平居无以知其人，必待大安危、大胜负而后见焉。成事幸矣，万一败事，悔何及耶？昔者谢玄之北御苻坚，而郗超④知其必胜。桓温之西伐李势⑤，而刘惔知其必取。盖玄于履屐之间无不当其任，温于蒱博不必得则不为，二子于平居无事之日，盖必有以察其小而后信其大也，岂必大用而后见哉？臣所谓言有事于无事之时者十也。

愿陛下超然远览，昭然远寤。勿矜圣德之崇高，而增其所未能。勿恃中国之生聚，而严其所未备。勿以天地之变异为适然，而法宣王之惧灾。勿以臣下之苦言为逆耳，而体太宗之导谏。勿以女谒近习之害政为细故，而监汉唐季世致乱之由。勿以仇雠之包藏为无他，而惩宣、政晚年⑥受祸之酷，责大臣以通知边事军务如富弼之请。勿以东西二府异其心，委大臣以荐进谋臣良将如萧何所奇。勿以文武两途而殊其辙，勿使赂宦者而得旌节如唐大历⑦之弊，勿使货近幸而得招讨如梁段凝之败，以重蜀之心而重荆襄，使东西形势之相接，以保江之心而保两淮，使表里唇齿之相依。勿以海道为无虞，勿以大江为可恃，增屯聚粮，治舰扼险。君臣之所咨访，朝夕之所讲求，姑置不急之务，精专备敌之策。庶几上可消于天变，下不坠于敌奸。

《宋史·杨万里传》。

## 公文笔者：

杨万里（1127～1206），进士及第，在知县任内颇有治绩，召为国子监博士，迁太常博士，出知漳、常诸州，曾帅师剿灭义军。后迁秘书少监，因上书触怒孝

---

① 苻坚（338～385），十六国时期的前秦主，经淝水之战，以百万之师败于东晋20万军。
② 赵鼎、张浚、岳飞、韩世忠，赵鼎（1085～1141）南宋宰相，张浚（1097～1164）、岳飞（1119～1142）、韩世忠（1089～1151），南宋抗金名将。
③ 刘琦（1122～1178）、张栻（1133～1180），南宋大臣。
④ 郗超，东晋桓温参军。
⑤ 李势，十六国时成汉皇帝，为桓温所灭，出降封侯。
⑥ 宣、政晚年，指北宋徽宗政和、宣和年间（1111～1125）战乱以至亡国被俘之残酷。
⑦ 大历，唐代宗李豫年号（766～779）。

宗,出知筠州。后多有进出,官至宝谟阁学士。因不满韩侂胄擅权,怏怏而死。杨万里的文章称及一时,与尤袤、范成大、陆游并称"南宋四家",其词赋尤工。

## 公文赏析:

《言有事于无事之时》,是一篇军政体公文,文字简朴,寓意深邃,没有无病呻吟。其所言,多被随后发生的事件验证,足见精当。精当是公文的生命。

这篇奏疏,写于南宋淳熙十二年(1189)。这年五月,有地震发生,颤抖的大地,向偏居临安(今杭州)的南宋小朝廷发出了"天谴"的信号,孝宗下诏求言。于是,这个不怕罢官的杨万里,就保国大政再度上疏。

这篇奏文的题目,埋伏了北宋亡国的苦涩教训。120年前,南宋皇帝的先人北宋神宗,刚刚登上皇位,即以"本朝百年无事"为题咨访大臣,为本已"百病缠身"的宋王朝粉饰太平。北宋已亡,南宋大臣杨万里的这篇奏章,就是对有国者粉饰太平、大臣们好言"风话"的批评,或者说是警示。

《言有事于无事之时》,计言十事,皆逐一揭示其似是"无事"却"有事"的真谛,足见其用心良苦:一曰军情不测而"传"敌有祸,二曰见金主北归竟侥幸自"贺",三曰以"弃淮而保江"偷安,四曰淮之守帅至今未择,五曰以"海道无虞"不缮海舟,六曰不知保疆但闻修札,七曰"天变"而君臣不知警惧,八曰粮储已竭保国何资,九曰军食不足有哗变之虞,十曰今有其人未闻可将可相者。然后,作者就国家安危皇帝之责,连用12个"勿"字,一一提示,可见其忧国恳切之心。

本篇奏疏,提出的是挽救南宋王朝的一整套方针,表现出作者的才华和睿智。至今读来,作者的"良心和忠诚",日月可鉴。

# 71 论天下之大本与今日之急务

#### 南宋·朱熹

今天下大势,如人有重病,内自心腹,外达四支,无一毛一发不受病者。且以天下之大本与今日之急务,为陛下言之:大本者,陛下之心。急务则辅翼太子、选任大臣、振举纲纪、变化风俗、爱养民力、修明军政,六者是也。

古先圣王兢兢业业,持守此心,是以建师保之官,列谏诤之职,凡饮食、酒浆、衣服、次舍、器用、财贿与夫宦官、宫妾之政,无一不领于冢宰。使其左右前后，一动一静，无不制以有司之法，而无纤芥之隙、瞬息之顷，得以隐其毫发之私。陛下所以精一克复而持守其心，果有如此之功乎？所以修身齐家而正其左右，果有如此之效乎？宫省事禁，臣固不得而知，然爵赏之滥，货赂之流，闾巷窃言，久已不胜其籍籍，则陛下所以修之家者，恐其未有以及古之圣王也。

至于左右便嬖之私，恩遇过当，往者渊、觌、说、抃①之徒势焰熏灼，倾动一时，今已无可言矣。独有前日臣所面陈者，虽蒙圣慈委曲开譬，然臣之愚，窃以为此辈但当使之守门传命，供扫除之役，不当假借崇长，使得逞邪媚、作淫巧于内，以荡上心，立门庭、招权势于外，以累圣政。臣闻之道路，自王抃既逐之后，诸将差除，多出此人之手。陛下竭生灵膏血以奉军旅，顾乃未尝得一温饱，是皆将帅巧为名色，夺取其粮，肆行货赂于近习，以图进用，出入禁闼腹心之臣，外交将帅，共为欺蔽，以至于此。而陛下不悟，反宠昵之，以是为我之私人，至使宰相不得议其制置之得失，给谏②不得论其除授之是非，则陛下所以正其左右者，未能及古之圣王又明矣。

至于辅翼太子，则自王十朋、陈良翰③之后，宫僚之选号为得人，而能称其职者，盖已鲜矣。而又时使邪佞儇薄、阘冗庸妄之辈，或得参错于其间，所谓讲读，亦姑以应文备数，而未闻其有箴规之效。至于从容朝夕、陪侍游燕者，又不过使官宦者数辈而已。师傅④、宾客既不复置，而詹事⑤、庶子⑥有名无实，其左右春坊遂直以使臣掌之，既无以发其隆师亲友、尊德乐义之心，又无以防其戏慢媟狎、奇邪杂进之害。宜讨论前典，置师傅、宾客之官，罢去春坊使臣，而使詹事、庶子各复其职。

至于选任大臣，则以陛下之聪明，岂不知天下之事，必得刚明公正之人而后可任哉？其所以常不得如此之人，而反容鄙夫之窃位者，直以一念之间，未能彻其私邪之蔽，而燕私⑦之好，便嬖之流，不能尽由于法度，若用刚明公正之人以为辅相，则恐其有以防吾之事，害吾之人，而不得肆。是以选择之际，常先排摈此等，而后取凡疲懦软熟⑧、平日不敢直言正色之人而揣摩之，又于其中得其至庸极陋、决可保其不至于有所防者，然后举而加之于位。是以除书未出，而物色先定，姓名未显，而中外已逆知其决非天下第一流矣。

---

① 渊、觌、说、抃，为陈渊、王觌、袁说友、王抃，宋大臣。
② 给谏，给事中的别称。
③ 王十朋、陈良翰，南宋大臣。
④ 师傅，太师与太傅。
⑤ 詹事，宫内庶务官。
⑥ 庶子，官名。
⑦ 燕私，祭祀后举行的对皇族亲情的宴请。
⑧ 疲懦软熟，指疲塌不勤、怯懦怕事、软弱可欺、熟于人情世故者。

至于振肃纪纲，变化风俗，则今日宫省之间，禁密之地，而天下不公之道，不正之人，顾乃得以窟穴盘据于其间。而陛下目见耳闻，无非不公正之事；则其所以熏烝销铄，使陛下好善之心不著，疾恶之意不深，其害已有不可胜言者矣。及其作奸犯法，则陛下又未能深割私爱，而付诸外廷之议，论以有司之法，是以纪纲不正于上，风俗颓弊于下，其为患之日久矣，而浙中为尤甚。大率习为软美之态、依阿之言，以不分是非、不辨曲直为得计，甚者以金珠为脯醢，以契券为诗文，宰相可唤则唤宰相，近习可通则通近习，惟得之求，无复廉耻。一有刚毅正直、守道循理之士出乎其间，则群讥众排，指为"道学"，而加以矫激①之罪。十数年来，以此二字禁锢天下之贤人君子，复如昔时所谓元祐②学术者，排摈诋辱，必使无所容其身而后已，此岂治世之事哉？

至于爱养民力，修明军政，则自虞允文之为相也，尽取版曹③岁入窠名之必可指拟者，号为岁终羡余④之数，而输之内帑⑤。顾以其有名无实、积累挂欠、空载簿籍、不可摧理者，拨还版曹，以为内帑之积，将以备他日用兵进取不时之须。然自是以来二十余年，内帑岁入不知几何，而认为私贮，典以私人，宰相不得以式贡均节其出入，版曹不得以簿书勾考其在亡，日销月耗，以奉燕私之费者，盖不知其几何矣，而曷尝闻其能用此钱以易敌人之首，如太祖之言哉。徒使版曹经费阙乏日甚，督促日峻，以至废去祖宗以来破分⑥良法，而必以十分登足为限。以为未足，则又造为比较监司、郡守殿最之法，以诱胁之。于是中外承风，竞为苛急，此民力之所以重困也。

诸将之求进也，必先掊克士卒，以殖私利，然后以此自结于陛下之私人，而蕲以姓名达于陛下贵将。贵将得其姓名，即以付之军中，使自什伍以上节次保明，称其材武堪任将帅，然后具奏牍⑦而言之陛下之前。陛下但见等级推先，案牍⑧具备，则诚以为公荐而可以得人矣，而岂知其谐价输钱，已若晚唐之债帅哉？夫将者，三军之司命，而其选置之方乖剌如此，则彼智勇材略之人，孰肯抑心下首于宦官、宫妾之门，而陛下之所得以为将帅者，皆庸夫走卒，而犹望其修明军政，激劝士卒，以强国势，岂不误哉！

凡此六事，皆不可缓，而本在于陛下之一心。一心正则六事无不正，一有人

---

① 矫激，掩饰真相。
② 元祐，宋哲宗年号（1086~1093）。
③ 版曹，户部别称。
④ 羡余，正税外的无名杂税。
⑤ 内帑，国库。
⑥ 破分，宋制，州县催征财赋已达九成谓之破分，诸司不再催理。
⑦ 奏牍，指上行公文中专呈皇帝的奏书。
⑧ 案牍，公文泛称。

心私欲以介乎其间，则虽欲愈精劳力，以求正夫六事者，亦将徒为文具①，而天下之事愈至于不可为矣。

《宋史·朱熹传》。

## 公文笔者：

朱熹（1130～1200），少时家贫，读书尝穷理以致其知，中进士。数上言孝宗，主张抗金，反对媾和派的屈辱国策。曾任枢密院编修官，寻知南康军。知南康军时，兴利除害，颇见政绩。因与宰相汤思退、洪远不和，辞官还乡。宁宗时为焕章阁待制、侍讲。不久，受宰相韩侂胄弹劾降官，并打入"伪学逆党籍"，两年后在悲愤中谢世。朱熹进士及第凡50年，居朝为官仅40日，却有诸多名奏流传后世。

朱熹是后理学之集大成者，因徙居建阳（福建）考亭，世称"考亭学派"。朱熹是孔孟之后授徒讲学的著名学者之一，南宋理宗时诏以周敦颐、张载、程颢、程颐、朱熹从祀孔子庙。朱熹一生著述甚丰，有《四书章句集注》、《伊洛渊源录》、《名臣言行录》、《诗集传》等问世。后人辑有《朱文公集》、《朱子语录》。

## 公文赏析：

《论天下之大本与今日之急务》，作于1188年。

为病入膏肓者开一纸起死回生药方，是一件十分困难的事。孝宗时，离南宋谢幕尚有百年，有可治之机，有中兴之望。朱熹以"大本"、"急务"下药，抓大放小，应是正理。

朱熹于淳熙六年（1179）上《论去邪疏》。从文面看，"私邪"主要指持"功利卑说"以游说皇帝者，各入门墙而私之者，盗国家之财、窃皇权之柄。去私邪，是一场洗心革面的大变动，包括朝廷的议事制度，用人体制，军政关系诸多方面。大厦将倾，欲为中兴，没有一场洗心革面的大变动，是不可能的。而疏文中，朱熹就把满朝文武的洗心革面与人主的"心术公平正大"挂钩。这深深触及孝宗灵魂。所以，疏文阅毕，孝宗暴跳如雷，说"是以我为亡也"！孝宗虽非赵宋的"亡国之君"，但他执政的二十七年国家的颓势未减。当然，这篇公文的主题语定在"闭塞私邪之路"上，未免过高、过急，打击面过宽，诸如朝廷上下

---

① 文具，没有实用的空头公文。

"皆失其职","招集天下士大夫之无耻者",等等。如果满朝文武全无好人,那么,奏疏将置己为空文。

《论天下之大本与今日之急务》,与《论去邪疏》基本思路一致,只是此文更加展开,更加有危机感,更有说服力。而且,在递呈奏疏前两日,朱熹已向孝宗"面陈",奏疏不过是面陈的备忘录。因为交流在先,作者敢于直言,孝宗也急于得知。故夜间疏入,孝宗从寝床上爬起来,秉烛读之终篇。完全不同于前疏,孝宗阅后大怒那般,次日即诏封朱熹为崇政殿讲学。朱熹力辞,应以秘阁修撰之任。

奏文所论辅翼太子,选任大臣,振举纲纪,变化风俗,爱养民力,修明军政,既是就"急务"的呼吁,又是对颓政的揭露:

1. 皇帝身边有一个称为"左右便嬖之私"的人群,连宰相也管不了他们,要正朝纲,先从皇帝"正其左右"做起。

2. 太子身边,有"邪佞儇薄、阘冗庸妄"之辈游其间,当防以"戏慢媟狎、奇邪杂进"之害。

3. 大臣选任,未摆贤者,反容"鄙夫窃位",凡取多为"疲懦软熟"。

4. 对贤人君子,指为"道学",以为禁锢,为政哪有这般"治世"?

5. 国库空虚,民力重困,难以应付用兵急需。

6. 所举军帅,看似"公荐",其实是"谐价输钱"、贿赂买官的"庸夫走卒",今日军中有如晚唐"债帅"一般。

敢于说这番话,是一种良智和勇气。

# 72 论 审 势

### 南宋·辛弃疾

用兵之道,形与势二①。不知而一之,则沮于形、眩于势,而胜不可图,且坐受其毙矣。何谓形?小大是也。何谓势?虚实是也。土地之广,财赋之多,士马之众,此形也,非势也。形可举以示威,不可用以必胜。譬如转嵌岩②于千仞之山,轰然其声,巍然其形,非不大可畏也。然而蛰留木拒,未容于直,遂有能迂回而避御之,至力杀形禁,则人得跨而逾之矣。若夫势则不然。有器必可用,

---

① 形与势二,形为军事的外在表现。势为军事的内在虚实,两者不可混一。

② 嵌岩,攀岩。

有用必可济。譬如注矢石于高墉之上，操纵自我，不系于人，有轶而过者，抨击中射惟意所向，此实之可虑也。自今论之，虏人①虽有嵌岩可畏之形，而无矢石必可用之势，其举以示吾者，特以威而疑我也。谓欲用以求胜者，固知其未必能也。彼欲致疑，吾且信之以为可疑。彼未必能，吾且意其或能。是以未详夫形、势之辨耳。臣请得而条陈之：

虏人之地，东薄于海，西控于夏②，南抵于淮，北极于蒙，地非不广也。虏人之财，签兵③于民而无养兵之费，靳恩于郊而无泛恩之赏，又辅之以岁币④之相仍，横敛之不恤，则财非不多也。沙漠之地马所生焉，射御长技人皆习焉，则其兵又可谓之众矣。以此之形，时出而震我，亦在所可虑，而臣独以为不足恤者，盖虏人之地虽名为广，其实易攻，惟其无事，兵劫形制，若可纠合，一有惊扰，则忿怒纷争，割据蜂起。辛巳之变⑤，萧鹧巴反于辽⑥，开赵反于密⑦，魏胜反于海⑧，王友直反于魏⑨，耿京反于齐鲁⑩，亲而葛王又反于燕⑪，其余纷纷所在而是，此则已然之明验，是一不足虑也。

虏人之财虽名为多，其实难恃，得吾岁币惟金与帛，可以备赏而不可以养士。中原廪窖，可以养士，而不能保其无失。盖虏政庞而吏横，常赋供亿民粗可支，意外而有需，公实取一而吏七八之，民不堪而叛，叛则财不可得而反丧其资，是二不足虑也。

若其为兵，名之曰多，又实难调而易溃。且如中原所签谓之"大汉军"者，皆其父祖残于蹂践之余，田宅罄于捶剥之酷，怨忿所积，其心不一。而沙漠所签者越在万里之外，虽其数可以百万计，而道里辽绝，资粮器甲一切取办于民，赋输调发非一岁而不可至。始逆亮南寇之时，皆是诛胁酋长，破灭资产，人乃肯从，未几中道窜归者已不容制，则又三不足虑也。

---

① 虏人，对金人的蔑称。
② 夏，西夏国（1032～1227），是宋代党项族建立的政权，活动于今宁夏、陕北、甘肃西北、青海东北及内蒙古部分地区。
③ 签兵，征兵。
④ 岁币，南宋朝廷每年给金国进贡的钱财。
⑤ 辛巳之变，金海陵王完颜亮于正隆六年（1161）大举攻宋时，其东京留守自立为帝，不久海陵王在瓜州渡（今江苏扬州）被部将刺杀身亡。
⑥ 萧鹧巴反于辽，萧鹧巴为金大将军，叛金于辽。
⑦ 开赵反于密，开赵为抗金将领，于密州（今山东诸城、胶县、安丘一带）起事。
⑧ 魏胜反于海，魏胜为南宋抗金名将，起事于海州。
⑨ 王友直反于魏，王友直为南宋爱国将领，起事于魏州（今河北魏县、山东莘县一带）。
⑩ 耿京反于齐鲁，耿京集结抗金义士起事于山东济兖，兵至数万，自称太平军节度使，辛弃疾为掌书记官。
⑪ 葛王又反于燕，葛王即完颜雍，以东京留守称帝，是为金世宗。

又况虏廷今日用事之人，杂以契丹、中原、江南之士，上下猜防，议论龃龉，非如前日粘罕、兀术辈①之叶，且骨肉间僭弑成风。如闻伪许王②以庶长出守于汴，私收民心，而嫡少尝暴之于其父，此岂能终以无事者哉。

我有三不足虑，彼有三无能为，而重之以有腹心之疾，是殆自保之不暇，何以谋人？臣抑闻古之善觇人国者，如良医之切脉，知其受病之处而逆其必殒之期，初不为肥瘠而易其智。官渡之师，袁绍未遽弱也，曹操见之以为终且自毙者，以嫡庶不定③而知之。咸阳之都，会稽之游，秦尚自强也，高祖见之以为当如是矣，项羽见之以为可取而代之者，以民怨已深而知之。盖国之亡，未有如民怨、嫡庶不定之酷，虏今并有之，欲不亡何待？臣故曰"形与势异"，惟陛下深察之。

《辛稼轩诗文钞存》。

## 公文笔者：

辛弃疾（1140～1207），少时勤苦，力习文武。南宋绍兴三十一年（1161），于金兵占领区率众两千起事，探敌营，诛叛将，转战江淮，随后南归，时年23岁。先后上《九议》、《应问》（三篇）、《美芹十论》等主战文书，言逆顺之理，消长之势，技之长短，地之要害，分解精准。他的奏书《美芹十论》，在兵学上颇有学术价值，为后世兵家收入兵书类编。《论审势》为《美芹十论》第一篇。辛弃疾所上公文，完全摆脱官场无病呻吟之风，以自己在敌后的观察和亲历，给抗金者以振奋精神和战略思想的武装。辛弃疾终生以复国为志，以功业自许，是南宋著名主战臣僚。南归后创置"飞虎军"，但未能掌兵。先后出任江阴签判、福建提刑、大理少卿、福建安抚使，知绍兴、镇江、隆兴三府。后因谏言落职，寓居上饶十年。辛弃疾是著名词人，词风悲壮，与苏轼并称"苏辛"。辛弃疾与朱熹交往甚密。以"人生在勤，力田在先"为由，自号"稼轩居士"，著有《稼轩长短句》。

## 公文赏析：

《论审势》，是辛弃疾于干道元年（1165）给南宋孝宗的奏疏。

---

① 粘罕、兀术辈，金大将，攻宋主帅。
② 许王，金世宗长子完颜永忠，不满其父重用少子完颜允，图谋王位被杀。
③ 嫡庶不定，指袁绍欲由妾生幼子袁尚继承，不用长子袁谭，官渡之战曹操乘其自家纷争之隙取胜。

这篇公文,出于兵家之手,涉及兵法与战略,却写得通俗易懂,是军事公文写作的范例。

在南宋满朝文武,多陷于惧敌畏战之时,辛弃疾却提出"三不足虑"的战略思想,是因为他在敌后时曾奉祖父辛赞之遣,两次跟随上计吏由济南到燕山,一路细察地势,后来敌后起事,更是颇探得金兵虚实。他知道,金人在新占领的北方地区征粮时,官得其一,而吏得之七八,民不堪赋敛而反叛,金人所夺取的粮仓会逐渐吃空。他深知,金人之"签兵"并非常备兵员,而是从部落强征来的牧人,甚至马匹、武器也是自备。他也深知,金人扶持的"大汉军",虽有"数十万"之名,但多用于输送粮草、挖掘战壕,以虚张声势。这就是"三不足虑"的科学价值。可以说,辛弃疾是南宋抗金复国的战略家。他提出的南宋方"三不足虑"、金兵方"三无能为"的思想,在战略上藐视敌人,对鼓舞军民斗志颇具价值。可惜,他的这些战略思想,对那些早为金军吓破了胆的南宋小朝廷,是难以接受的。词人的吟唱,皆是辛弃疾忧国悲愤之作。

# 73 勿 伐 宋 疏

## 金·胥鼎

窃怀恳恳,不敢自默,谨条利害以闻。昔泰和间①,盖尝南伐,时太平日久,百姓富庶,马蕃军锐,所谓万全之举也,然犹亟和,以偃兵为务。大安②之后,北兵大举,天下骚然者累年,然军马气势视旧才十一耳。至于器械之属亦多损弊,民间差役重繁,寝以疲乏,而日勤师旅,远近动摇,是未获一敌而自害者众,其不可一也。今岁西北二兵③无入境之报,此非有所惮而不敢也,意者以去年北还,姑自息养,不然则别部相攻,未暇及我。如闻王师南征,乘隙并至,虽有潼关、大河之险,殆不足恃,则三面受敌者首尾莫救,得无贻后悔乎?其不可二也。凡兵雄于天下者,必其士马精强,器械犀利,且出其不备而后能取胜也。宋自泰和再修旧好,练兵峙粮,缮修营垒,十年于兹矣。又车驾至汴益④近宋境,彼必朝夕忧惧,委曲为防。况闻王师已出唐邓⑤,必徙民渡江,所在清野,止留

---

① 泰和间,泰和为金章宗年号(1201~1208)。
② 大安,金卫绍王年号(1209~1211)。
③ 西北二兵,指与南宋、金并存的西夏、蒙古两个政权。
④ 汴益,金自宋手中掠夺的州郡。
⑤ 唐邓,金时州名,唐治今河南唐河县,邓治在今河南邓县东。

空城，使我军无所得，徒自劳费，果何益哉？其不可三也。宋我世仇，比年非无恢复旧疆、洗雪前耻之志，特畏吾威力，不能窥其虚实，故未敢轻举。今我军皆山西、河北无依之人①，或招还逃军，胁从归国，大抵乌合之众，素非练习，而遽使从戎，岂能保其决胜哉。虽得其城，内无储蓄，亦何以守。以不练乌合之军，深入敌境，进不得食，退无所掠②，将复遁逃啸聚为腹心患，其不可四也。发兵进讨，欲因敌粮，此事不可必者。随军转输，则又非民力所及。沿边人户虽有恒产，而赋役繁重，不胜困悉。又凡失业③寓河南者，类皆衣食不给。贫穷之迫，盗所由生，如宋人阴为招募，诱以厚利，使为乡导，伺我不虞突而入寇，则内有叛民，外有勃敌，未易图之，其不可五也。今春事将兴，若进兵不还，必违农时，以误防秋之用，此社稷大计，岂特疆场利害而已哉，其不可六也。臣愚以为止当遴选材武将士，分布近边州郡，敌至则追击，去则力田，以广储蓄。至于士气益强，民心益固，国用丰饶，自可恢廓先业，成中兴之功，一区区之宋何足平乎？

《金史·胥鼎传》。

## 公文笔者：

胥鼎（？~1226），金录为进士，先后出任刺史、御史大夫、户部尚书。金宣宗南渡后，拜参知政事、尚书右丞、左丞，主管税赋，于抗蒙救亡军政诸事多所规划。后以年老致仕。哀宗正大二年（1225），又起为平章政事，行尚书省于卫州。一生多有奏疏。

## 公文赏析：

这是一篇著名的军事公文，其战略思想价值尤高。

金灭于蒙元的史实，证明这篇公文的价值不可小视。金末之冒险南征，金廷文武高官有战略远见者居于少数，而其出于掌兵者胥鼎，尤为可贵。

公元1190年，金宣宗即位，图治不成，与蒙军作战又屡遭败北，于是兵锋南向，企图从向南宋勒索战争赔偿中补充对蒙作战的损失。这是一种如意算盘。果然，金之权臣将帅鼓噪而起。金宣宗兴定元年（1217），朝廷诏胥鼎举兵伐南宋，且令胥鼎不得有言以沮朝廷成命。时胥鼎已分兵，由秦、巩、凤翔三路并进。即使这样，胥鼎还是以"不敢自默"为由冒死上书，以为此时南征有"六

---

① 无依之人，战争流民。
② 退无所掠，北疆少数民族政权，军入中原，征牧民带马充军，以掠夺充为军需、赏赐之资。
③ 失业，因战争流徙而失去产业者。

不可",足见他的胆识。

他提出的此时南征的"六不可":一曰昔日南征"马蕃军锐",今军力十之有一。二曰南征易使蒙军乘隙而入,造成金兵"三面受敌者首尾莫救"。三曰迁都汴京,止占空城,与我无益。四曰金军未经训练,南征或成溃军。五曰军粮难筹,转输无力。六曰贻误春耕,危及社稷。但宰臣以为,"诸军既进,无复可议",不肯采纳胥鼎的建议。战争的结果证明,此役犯了战略错误,使延续120年的北方女真族政权,18年后亡于蒙元。

这里寓涵着一种三角对峙哲学:在三角对峙关系中,凡两面作战者,其实力必见削于结盟的两个敌者,何况金在宋、金、元三方中并非最强者。

补《金史·胥鼎传》。

补《中国军事通史》关于蒙、宋、金之战。

# 74 论南伐事

## 金·杨云翼

国家之虑,不在于未得淮南之前,而在于既得淮南之后。盖淮南平则江之北尽为战地,进而争利于舟楫之间,恐劲弓良马有不得骋者矣。彼若扼江为屯,潜师于淮以断饷道,或决水以潴淮南之地,则我军何以善其后乎?

朝臣率皆谄辞。天下有治有乱,国势有弱有强,今但言治而不言乱,言强而不言弱,言胜而不言负,此议论所以偏也。臣请两言之。

夫将有事于宋者,非贪其土地也,第恐西北有警而南又缀之,则我三面受敌矣,故欲我师乘势先动,以阻其进。借使宋人失淮,且不敢来,此战胜之利也。就如所料,其利犹未可必然。彼江之南其地尚广,虽无淮南岂不能集数万之众,伺我有警而出师耶?战而胜且如此,如不胜害将如何?且我以骑当彼之步,理宜万全,臣犹恐其不敢恃者。盖今之事势与泰和①不同。泰和以冬征,今我以夏往,此天时之不同也。冬则水涸而陆多,夏则水潦而涂淖,此地利之不同也。泰和举天下全力,驱乣军②以为前锋,今能之乎?此人事之不同也。议者徒见泰和之易,而不知今日之难。请以夏人③观之,向日弓箭手之在西边者,一遇敌则搏而战、袒而射,彼已奔北之不暇。今乃陷吾城而虏守臣,败吾军而禽守将。曩则畏我如

---

① 泰和,金章宗年号(1201~1208)。
② 乣军,辽、金、元政权在民族杂居所征兵员,其地位与作战能力低于部族军。
③ 夏人,即西夏(1032~1227),与宋、金、蒙并存的西境少数民族政权。

彼，今则侮我如此！夫以夏人既非前日，奈何以宋人独如前日哉？愿陛下思其胜之之利，又思败之之害，无悦甘言，无贻后悔。

《金史·杨云翼传》。

## 公文笔者：

杨云翼（1170～1228），先是签上京、东京等路按察视事，章宗咨以当世之务。宣宗时任吏部尚书、御史中丞。哀宗即位，为太常卿，拜翰林学士兼侍讲。金南迁20年，与赵秉文同掌文坛，时称"杨赵"。少聪颖，善词赋，通晓天文、历法、医卜之学，金录为进士第一。三朝为官。编校《大金礼仪》、《续通鉴》。

## 公文赏析：

杨云翼上金宣宗《论南伐事》于贞佑年间（1213～1217）。

金章宗即位，在与蒙军作战中屡遭失败，遂将南迁汴京，欲取偿于南宋以补败绩。宰执明知不可，但无人敢言，恐与章宗及主战派意见相左。此时，身居御史中丞的杨云翼，上《论南伐事》，以国家安危为计，言人之未敢言。

《论南伐事》以为：从南宋手中夺取淮南并非好事，因为那时劲弓良马不得驰骋，改争于"舟楫之间"，金将失去骑兵优势。而且，淮南将变成蒙金战场，金则陷于"三面受敌"之势。

《论南伐事》以为：度量国势，不可以昔日之胜判知日必胜，因为"天时之不同"、"地利之不同"、"人事之不同"，是在随时变化的。

《论南伐事》以为：主掌国家，不可听信"谄辞"、"甘言"，因为这种偏颇之说，言治而不言乱，言强而不言弱，言胜而不言败，是违背天下常理的。

可惜，杨云翼《论南伐事》所表达的意见没有被采纳，当时力主南征的时全，果然全军覆没于江淮上，章宗痛责"我何面目见杨云翼"，遂诛时全。其实，时全军没，只是《论南伐事》的先期预见，其甚者，是20年后金亡于新起的蒙古。

《论南伐事》是金代具有传世价值的一篇公文。

## 75 论 公 议

### 南宋·真德秀

臣闻天下有不泯没之理，根本于人心万世犹一日者，公议是也。

自有天地以来，虽甚无道之世，破裂天常，斲坏人纪，敢为而弗顾者，能使公议不行于天下，不能使公议不存于人心。善乎先正刘安世①之论曰："公议即天道也，天道未尝一日亡，顾所存何如耳。"熙宁②之世，以新法为不可行者，公议也。虽以王安石之愎谏，遂非而不能遏士大夫之口。绍兴③之际，以和好为不足恃者，公议也。虽以秦桧之擅权专杀④，而不能弭君子之论。卒之新法行而民力屈，和好就而敌情骄。甚哉！此理之在人，信可畏也。与其拂之以取败，孰若顺之以为安。

　　近年侂胄⑤用事，以区区私意小智，捍天下公议之冲，能颠倒是非于一时，终不免为当世大僇。何者？公议天道也。侂胄违之则违天矣。天其可违乎？故善为国者，畏公议如畏天，则人悦之，天助之，何事功不立之忧哉？陛下以还至公之理，盖尝少伸于久郁之后矣。臣愚伏愿朝廷之上，兢兢保持，勿失初意。用人立政，一以天下公议为主，而不累于好恶党偏之私，尽公极诚，如对上帝，则天下胥悦，治效可期，海内之幸也。惟陛下留神，仅复愚臣之言。

《四库全书·历代名臣奏议》。

## 公文笔者：

　　真德秀（1178～1235），进士，南宋大臣，著名理学家，学人称为西山先生。他反对韩侂胄的伪学之论，主张开党禁。他也反对韩侂胄不从国情、军势出发的收复两京之北伐。在知潭州、福州任内，多有政声。理宗时召为中书舍人，因以直言忤丞相史弥远而落职。史弥远死，拜参知政事，于时政多有建树，其"鲠言奏疏"亦闻名于时。著有《西山文集》、《文章正宗》、《大学衍义》等。

## 公文赏析：

　　《论公议》，是位在秘书郎的真德秀，于嘉定三年（1210）给宁宗皇帝的上书。

　　韩侂胄主政，排除异己，飞扬跋扈，以"庆元党禁"将朱熹、彭龟年诸多谏

---

① 刘安世（1048～1125），进士，累迁左谏议大夫、枢密都承旨。奸相蔡京在位，连七谪至峡州羁管。著有《尽言集》。
② 熙宁，宋神宗年号（1068～1077）。
③ 绍兴，南宋高宗年号（1131～1162）。
④ 秦桧，南宋高宗赵构时宰相，以莫须有之罪杀卫国名将岳飞，与金人议和。
⑤ 侂胄（1151～1207），韩姓，宁宗时，以外戚执政，排除异己，立伪学之名，称"庆元党禁"，专权14年。发动北伐抗金，兵败求和，被杀。

臣名士贬逐远地，朝政昏暗。

全文以"公议"为题展开：宋神宗违背公议推行王安石变法，"新法行而民力屈"；宋高宗违背公议用秦桧谋屈辱求和，"和好就而敌情骄"；然后提及用韩侂胄为宰而"颠倒是非"，但韩侂胄已诛，出于讳忌，没有点名皇帝，也没有细及罪行。文章重点不做在三宰辅，即王安石、秦桧、韩侂胄，而是做在皇帝身上。所以，规谏宁宗皇帝"用人立政"要善待公议，成为这篇奏文的精华部分。

真德秀以"鲠言奏疏"著称于世。他的《论公议》虽然上于韩侂胄案发被诛之后，但他的这种不容大臣一手遮天的秉性，还是开罪了在位的丞相史弥远，不久落职。史弥远死后，才被皇家重新起用，入于宰辅之列，并多有建树。可见，真德秀其人，确是鲠言称"真"，为官有"德"，履职为"秀"者，而非只会论公议，而不会行公议的纸上谈兵之辈。这是公文鸿笔中更受人尊重的一层人。

# 76 论不可以马上治天下（节）

### 蒙·耶律楚材

太祖①克中都②，访辽宗室，闻其名，召诣行在。楚材身长八尺，美须髯，音如洪钟。帝伟之，谓曰："辽金世仇，朕为汝雪之。"对曰："臣祖父皆北事金，既为臣子，敢仇君父耶？"帝重其言，处之左右，呼为吾图撒合里，而不名，国语长髯人也。

西夏人常八斤善治弓，谓楚材曰："国家尚武，而明公欲以文进，不亦左乎？"楚材曰："治弓尚须弓匠，岂治天下不用天下匠乎？"帝闻之甚喜，日见亲用。

时州县长吏专生杀，燕京留后长官咸得卜尤贪暴，杀人盈市。楚材闻之泣下，即奏请"州县不奉玺书，不得擅征发。因当大辟者，必待报，违者罪死"。

楚材条便宜十八事，颁天下：请各路设长吏牧民，设万户总兵，使势均力敌，以遏骄横之渐。中原之地，财赋所出，宜存恤其民。州县非奉上命，敢擅行科差者，罪之。贸易借贷官物者，罪之。蒙古、回回等人，种地不纳税者，死。监主自盗官物者，死。应犯死罪者，具由申奏，命下然后行刑，贡献礼物者禁断。

自太祖有事西域，仓廪府库，无尺帛斗粟。中使别迭等言"汉人无益于国，

---

① 太祖，蒙古太祖铁木真，称成吉思汗。
② 中都，指燕京，今山西临汾。

宜空其地为牧场"。楚材曰："陛下将南伐，军需宜有所资，诚均定中原地税、商税、酒、醋、盐、铁、山泽之利，岁可得银五十万两，绢八万匹，粟四十万石，足以供给，何谓无益？"帝曰："试为朕行之。"乃奏立十路征收课税使，凡长贰悉用士人，如陈时可、赵昉等，皆当时之选。因从容进说周孔之教，谓"天下得之马上，不可以马上治之。"帝深然之。由是儒者渐获进用。三年，帝幸云中，十路咸进廪籍及银绢。帝笑谓楚材曰："汝不去朕左右，而能使国有充足如此！"乃亲酌大觞赐之，即日拜中书令，事无大小，一委楚材。

国制，凡攻城，城中一发矢石，即为拒命，既克，必屠之。汴京垂拔，大将速不台奏言："金人抗拒日久，多杀士卒，宜屠城。"楚材驰入奏曰："将士暴露数十年，所欲者土地人民耳，得地无民将安用之？"帝犹豫未决，楚材曰："凡工匠与厚藏之家，皆聚于城内，杀之，则一无所得。"帝始允之。诏除完颜氏一族外，余皆原免。时城中一百七十万户，楚材奏选工匠及素业儒、释、道、医、卜者，迁于河北，官为赡给。

帝欲裂州县赐亲王功臣，楚材曰："裂土分民，异日有尾大不掉之患，不如多以金帛赐之。"帝曰："朕已许之，奈何？"楚材曰："请朝廷置吏，收其赋税，与之，使毋擅科征可之。"帝然之。

九年，楚材奏曰："制器者，必用良工；守成者，必用儒臣。儒臣之效，非积数十年之久，殆未易见也。"帝曰："可择其人官之。"楚材奏命宣德州宣科使刘中，随路校试，以经义词赋论分三科。士俘为奴者，亦令应试，其主匿弗遣者死。凡得士四千三百人，免为奴者四之一。

《新元史·耶律楚材传》。

## 公文笔者：

耶律楚材（1190~1244），中原南宋时期，北境少数民族政权金、蒙之际契丹人。出身官宦人家，父为金世宗高官，楚材依金制荫补入官。楚材博览群书，通晓天文、地理、律历、医卜、术数，习释老之说，下笔为文，如有宿构。楚材是将汉文化向蒙古族传播的重要历史人物。24岁时，金章宗授开州同知。蒙军南下，他留守燕京。太祖成吉思汗十年（1215）降蒙，从军西征。太祖即位，定君臣礼仪，推定赋税，并受委主管汉人的文书，汉人尊为中书相公。先后陈时务十策，为信赏罚，正名分，给俸禄，官功臣，考殿录，均科差，选工匠，务农桑，定土贡，制漕运，皆切中时需，得以推行。游牧在草原的蒙人，非常羡慕中原的物质文明，每房中原工匠必善待之，而对士人则常置弃以至杀害。耶律楚材力劝蒙古主：治弓尚需工匠，为天下者可不用治天下之匠？而且，他自己就以

"治天下匠"自诩。经耶律楚材奏报，成吉思汗置编修所于燕京。太宗死后失宠，遂入僧流。著有《淡然居士集》、《西游录》、《庚午元历》、《皇极经世义》、《五星秘语》、《先知大数》等。

需要说明的是，本篇所引文字，所谓"公文笔者"，仅指文中所引策对出自耶律楚材。由于历史资料缺乏，这篇难得的策对，无原文可作援引，故不得不从《新元史·耶律楚材传》中摘取，并参照《宋史纪事本末》。

## 公文赏析：

《论不可以马上治天下》，耶律楚材作于公元 1208～1227 年间。

这是一篇从传记中节取的耶律楚材策对文字。一问一答地探讨，其策对的实用价值比公文更为直接，故而史籍将策对列于公文首位。不过，许多朝代的策对，先以口头答问，后补以文作。也有的策对，是皇帝朝堂发问，官员退朝后以策对文书奏告。中国历史上有许多著名策对文字，如三国的《隆中对》，汉初的《汉中对》，东汉初的《邺城对》，都具有公文名篇的价值。耶律楚材与蒙古太祖成吉思汗的《中都对》，其历史价值不在三对之下。

《论不可以马上治天下》，反映了南宋时期北境蒙古政权统治者在征服战争过程中政策的转变。这也是中华民族融合的一个演化过程。走出草原部的部落首领和他们率领的骑士们，远远落后于中原文明，对汉文化的礼仪、教育、官制、农业技艺、商贸交易和税赋，都格格不入。要统治这片以"浮云铁骑"征服的中原土地，对他们是一个全新的课题。作为接触汉文化较早的耶律楚材，充当了汉文化与北方游牧文化沟通的角色。这篇与蒙古太祖的策对，回答了几个重大问题：治以赋税，国用可足；天下得之马上，但不可以马上治之。

耶律楚材虽是另一支北方少数民族契丹人，是另一个北方少数民族金政权的降官，因为都是北境民族，生产方式与生活方式比较接近，且保持着通婚，容易沟通，他的许多策对都被成吉思汗采纳，并付诸实施，先后得中原儒士 4300 人。这是耶律楚材不可磨灭的功绩。

耶律楚材的策对，其可贵价值是道理讲得深透，可行，没有拐弯抹角，没有虚言造作，也没有谶纬玄说。他在二十年（1208～1227）的宰辅生涯中，改变了这个新兴的北方少数民族政权南下中原的军事、政治和经济走向。如果要罗列一张中国历代（含边境少数民族政权）名宰表，恐怕少有人把耶律楚材置入其中。这是不公平的。耶律楚材在中华民族的融会和进步中，具有不可替代的作用。他自诩为"治天下匠"，被成吉思汗尊为"长髯人"，恐怕不是没有道理的。

而且，耶律楚材还是一位十分廉洁的宰辅。成吉思汗死后，皇后听政，耶律楚材眼见自己策对无人呼应,即辞官修佛。一日,僧人万松造访,见其仅用菜根蘸以油盐进食,甚表惊讶。不过,在他五十五岁病逝后,诬者却说:"楚材为宰二十年,天下贡赋半入其家。"经查验,家中仅有几把弹拨乐器及一些书画金石文字,别无他物。

## 77 论徇私忘公之害
### 南宋·杜范

陛下亲览大政,两年于兹。今不惟未睹更新之效,而或者乃有浸不如旧之忧。夫致弊必有原,救弊必有本,积三四十年①之蠹习,浸渍薰染,日深日腐,有不可胜救者,其原不过私之一字耳。陛下固宜惩其弊原,使私意净尽。顾以天位之重而或藏其私憾,天命有德而或滥于私予,天讨有罪而或制于私情,左右近习之言或溺于私听,土木无益之工或侈于私费,隆礼貌以尊贤而用之未尽,温辞色以纳谏而行之惟艰,此陛下之私有未去也。和衷之美不著,同列之意不孚,纸尾押敕②,事不预知,同堂决事,莫相可否,集议盈庭而施行决于私见,诸贤在列而密计定于私门,此大臣之私有未去也。君臣之私容有未去,则教条③之颁徒为虚文。近者召用名儒,发明格物致知,诚意正心之学,有好议论者,乃从而诋誉讪笑之,陛下一惑其言,即有厌弃儒学之意。此正贤不肖进退之机,天下安危所系,愿以其讲明见之施行。

又言:今日之病,莫大如贿赂交结之风。名誉已隆者贾左右之誉以固宠,宦游未达者惟梯级之求以进身。边方帅臣,黄金不用于反间④,而以探刺朝廷,厚赐不优于士卒,而以交通势要。以致赏罚颠倒,咸令慢亵,罪贬者拒命而不行,弃城者巧计以求免,提援兵者召乱而肆掠,当众任者怙势而夺攘。下至禁旅⑤,骄悍难制,监军群聚相剽劫。欲望陛下毋以小恩废大宜,毋以私情挠公法,严制宫掖⑥,不使片言得以入于阃⑦,禁约阉臣,不使谄谀得以售其奸。

---

① 三四十年,主要指南宋宁宗(赵扩)以来的腐败政治,特别是史弥远专政的26年时期,纲纪废弛,风气大坏。
② 纸尾押敕,是指公文尾处的皇签。
③ 教条,泛指公文。
④ 反间,离间。
⑤ 禁旅,皇家禁军。
⑥ 宫掖,宫中边舍,这里专指宫妃居地。
⑦ 阃,旧时女性居处,这里专指内宫。

《四库全书·历代名臣奏议》。

## 公文笔者：

杜范（1182～1245），南宋大臣，进士，授军器监丞、秘书郎、监察御史、吏部侍郎兼侍讲。多次上书抨击朝政腐败。杜范奏稿"开诚心，布公道"，也为时人称道。南宋理宗淳祐四年拜右相，有针砭时弊，条陈朝廷利弊十二事上书。著有《清献集》。

## 公文赏析：

《论徇私忘公之害》一文，是杜范在给南宋理宗即位初期（1226）的奏书，专议"徇私忘公"之弊。

杜范议为，"致弊必有原"，而原，在一个"私"字；"救弊必有本"，其本，先去"君相之私"。这作为推理，当然正确。不过，这看不出作者多么高明。但他列举的南宋晚期的"徇私"种种，如有名望者不顾国衰而专心"固宠"，普通官员人自"梯级之求"，边帅竟然动用黄金刺探朝政，败将巧用计谋求免，掌兵驰援不惜纵兵劫掠，连皇家禁军也群聚剽劫，等等，已远远超过一般意义上的"私心"、"私见"，而是国政异常衰败的亡国征兆。涉及"陛下之私"，作者只用"私憾"、"私予"、"私情"、"私听"、"私费"概括，可知其难言之隐。不难想见，这五大"私"，也是一堆龌龊的政治垃圾。也就是说，南宋朝廷，从皇帝、将相到普通官员，即使大厦将倾，仍然各打自己的小算盘。这样的朝代，不灭亡，天理难容。

后来，在杜范擢右相时，理宗亲书"开诚心，布公道，集众思，广忠益"赐之。这是对他为官的总论，也是对他为文的评价。

# 78 东师议（节）

### 元·郝经

经闻图天下之事于未然则易，救天下之事于已然则难。已然之中复有未然者，使往者不失而来者得遂，是尤难也。国家以一旅之众，奋起朔漠，斡斗极以图天下，马首所向无不摧破。灭金源①，并西夏②，蹂荆襄，克成都，平大理，蹯輮诸夷，奋征四海，有天下十八，尽元魏、金源故地而加多，廓然莫与侔大也。惟宋不下，未能混一，连兵构祸逾二十年。何曩时掇取之易，而今日图惟之难也？

夫取天下，有可以力并，有可以术图。并之以力则不可久，久则顿弊而不振；图之以术则不可急，急则侥幸而难成。故自汉唐以来，树立攻取，或五六年，未有逾十年者，是以其力不弊，而卒能保大定功。晋之取吴，隋之取陈，皆经营比伙十有余年，是以其术得成，而卒能混一。或久或近，要之成功各当其可，不妄为而已。

国家建极，开统垂五十年③，而一之以兵，遗黎残姓，游气惊魂，虔刘剽荡，殆欲歼尽。自古用兵未有如是之久且多也，其力安得不弊乎！且括民率赋，朝下令而夕出师，躬擐甲胄，跋履山川，阖国大举，以之伐宋而图混一。以志则锐，以力则强，以土则大，而其术则未尽也。苟于诸国既平之后，息师抚民，致治成化，创法立制，敷布条纲，上下井井，不挠不紊，任老成为辅相，起英特为将帅，选贤能为任使，鸠智计为机衡④，平赋以足用，屯农以足食，内治既举，外御亦备。如其不服，姑以文诰，拒而不从，而后伺隙观衅以正天伐。自东海至于襄邓，重兵数道，联帜接武，以为正兵。自汉中至于大理，轻兵捷出，批亢抵胁，以为奇兵。帅臣得人，师出以律，高拱九重之内，而海外有截矣。是而不为，乃为间岁遽为大举，上下震动，兵连祸结，底安于危，是已然而莫可止者也。东师未出，大王仁明，则其有未然者，可不议乎！

元兵渡江后，围鄂州，忽必烈召诸将议，郝经再上奏议：

……以王本心，不欲渡江，既渡江，不欲攻城，既攻城，不欲并命，不焚庐舍，不伤人民，不易其衣冠，不毁其坟墓，三百里外不使侵掠。或劝径取临安，曰其民人稠夥，若往，虽不杀戮，亦被践踩，吾所不忍。若天与我，不必杀人；若天弗与，杀人何益，而竟不往。

诸将归罪士人，谓不可用，以不杀人故不得城。曰彼守城者只一士人贾制置，汝十万众不能胜，杀人数月不能拔，汝辈之罪也，岂士人之罪乎！益禁杀人。岿然一仁，上通于天，久有归志，不能遂行耳。然今事急，不可不断也。

---

① 金源，金政权萌兴之地。
② 西夏，党项族拓跋氏所建，都兴庆府（今宁夏银川），盛时辖20州，历十帝，190年（1032~1227），为蒙古所灭。
③ 垂五十年，指蒙古从北宋嘉泰四年（1205）立国，至南宋景定元年（1260），历55年尚未统一中国。
④ 机衡，指政权的枢要机关，原意为北斗七星的第三、五星。

《元史·郝经传》。

## 公文笔者：

郝经（1223~1275），元初名儒。幼贫，昼为樵，夜读书，后为蒙军守帅宾客，受忽必烈召见，成为元统一中原的重要谋臣，并随军征讨鄂州。郝经主张，"混一"天下应"力并"与"术图"相结合，反对蒙元"空国而出"，反对"连兵构祸"，反对屠杀百姓，主张"修德布惠"。为此，前后进七进奏议。及宪宗崩，郝经劝忽必烈北归争汗位。同年（1260），以翰林侍读学士使宋议和。受平章王文统陷害，于其议和途中有意挑起双方战端，故被南宋权臣贾似道私押，拘宋16年。至元十二年（1275）放归，不久病故。郝经为学务在有用，著有《续后汉书》、《易春秋外传》、《太极演》、《原古录》、《玉衡贞观》、《行人录》等。

## 公文赏析：

郝经《东师议》的奏文，是应元世祖忽必烈召见的献策，并随军攻打南宋鄂州。《东师议》讲统一天下之策，应是"并之以力"与"图之以术"相结合。他向忽必烈提出：与其用武力征服，不如施行德政，给人民一定好处，安抚边远各地，控制反对势力，结好盟友等，上可以应天意，下可以顺民心。

郝经在《东师议》中，还特别强烈呼吁不可以杀人攻城，此议为忽必烈所纳。元代灭南宋的前期战争十分惨烈，可是进展甚缓，而后期则比较顺利，这与几位非蒙古族的士人耶律楚材、郝经强谏"毋杀人"是分不开的。当然，这些异族士人的见解，是通过忽必烈的诏书才为元代将士所接受的。

# 79　乙未上皇帝书（节）

### 南宋·文天祥

朝廷清一，言路光明，奸人何自而赫张？民瘼何自而雍隔？人离而陛下何以不觉？寇至而陛下何以不知？彼其依凭陛下恩宠，以为奸人奥主①，故颠倒宇宙，浊乱世道，而得以无忌惮。使陛下今日讼过于天地，负愧于祖宗，结怨于人民，

---

① 奥主，深居不出的主人。

受侮于夷狄，则岂独一奸人为之哉？原情定罪，莫重于奥主，而奸人次之。庄周曰："兵莫潜于志，镆铘为下。"① 言刺人而杀之，不在于手，而在于心，不在于锋，而在所以用其锋者。奸人，则镆铘也。奥主，则志也。方今国势危疑，人心杌陧，陛下为中国王，则当守中国，为百姓父母，则当卫百姓。且夫三江五湖之险，尚无恙也。六军百将之雄，非小弱也。陛下卧薪以厉其勤，斫案以奋其勇，天意悔祸，人心敌忾，寇逆死且在旦夕。或谓其人者，铺张惊忧，以沮陛下攘寇之志。处分脆弱，将误陛下为去邠之行。居前日，则曰我能为君充府库，以盗其权。居今日，则献其小心，出其小有材，使陛下意其缓急可恃，以固其宠。向非陛下参酌国论，坚凝庙谟，为效死不去之计，则一日尝试其说，六师一功，变生无方。臣恐京畿为血为肉者，今已不可胜计矣。小人误国之心，可胜诛哉？臣愚以为今日之事急矣，不斩董宋臣②以谢宗庙神灵，以解中外怨怒，以明陛下悔悟之实，则中书之政必有所挠而不得行，贤者之车必有所忌而不敢至。都人之异议，何以而消？敌人之心胆，何从而破？将士忠义之气，何自激昂？军民感泣之泪，何自奋发？祸难之来，未有卒平之日也。

《文天祥全集》。

## 公文笔者：

文天祥（1236～1283），南宋大臣，政治家，文学家。宝祐四年（1256年）进士第一。历任刑部郎官、知州。因讥讽丞相贾似道，被罢斥。后复职。恭帝德祐元年（1275），元兵东下，他变卖家产，组成勤王之师，入卫临安。后任右丞相兼枢密使，使元营议和，因痛斥元人丞相伯颜被扣。后在镇江脱险，流亡通州，由海路南下，至福建与宋将张世杰、陆秀夫坚持抗元，并进兵江西，收复州县多处。后兵败进入广东，为叛将出卖，被俘于五坡岭。三年囚禁，宁死不降，狱中作《正气歌》，就义于大都（今北京）柴市。有《文山先生全集》传世。

## 公文赏析：

这是文天祥劝说南宋理宗皇帝严惩奸人的一封奏书。

开庆元年（1259），蒙军在忽必烈率领下攻打鄂州（今湖北武昌）。宦官董宋臣，主张由临安（今浙江杭州）再迁都避难。文天祥以《乙未上皇帝书》，请

---

① "兵莫潜于志，镆铘为下"，战国庄周语，意为战争重在心志，兵器优劣居下。
② 董宋臣，南宋理宗时宦官，善奉迎，开庆元年蒙古军攻鄂州，与宰相丁大全勾结煽动皇室南迁。

斩动摇军心的宦官董宋臣,并提出抗击蒙军四策。

　　文天祥十分痛恨奸人,特别是在皇帝身边的佞臣宦官,他们夸大惊扰,散布战争恐怖。他们对皇帝表忠心,施小勤,不过固宠,实则一无用场。文天祥把这种现象称为"小人误国"。这篇奏书之所以可贵,是文天祥把"奸人奥主"并提。用通俗语言说,是奸人迷惑了世事不知的主人。为什么把"圣明"的理宗皇帝视为"奥主",在《乙未上皇帝书》本段开首作了交代,那就是贤离而不觉,寇至而不知。文天祥以为,以原罪而论,奥主之罪大于奸者。故而奥主"讼过于天地,负愧于祖宗,结怨于人民,受侮于夷狄",因为皇帝的责任"当守中国"。

　　文上,理宗并没有依奏问斩奸人,反以为宦官董宋臣体贴朝廷,死后追赠节度使。这样,如文天祥所言,都人异议何以而消?敌人心胆何从而破?将士忠义何自激昂?军民感泣何自奋发?南宋二十年后亡国,事出必然。

# 明清公文

# 80 大庖西室封事（节）

明·解缙

　　陛下挺生南服，一统华夷，功高万古，此放勋①也。得国之正，皆非汉唐宋所及。真所谓取天下于群盗，救生民于涂炭。命将出师，皆受成算，不假良平，不倚信布。徐定燕都，市不易肆。女宠外戚，寺人藩镇之患，消融底定，皆处之有法，朕兆不萌矣！不迩声色，不为游畋，即皆远过于汉宋，又何逊于唐虞。惟愿陛下，笃敦信之本，加慎独之功，虽处深宫之内，亦如郊祀之时。即前日郊祀之敬，继今日存养之功。推所以爱臣之心以爱天下，推所以待臣之心以待万物。令出推行也，不宜于数改。刑期于无刑也，宁失不经。故令数改则民疑，疑则不信。刑太繁则民玩，玩则不清。国初至今，将二十载②，无几时无变之法，无一日无过之人。陛下尝教臣云："世不绝贤，岂亿兆之众，果无一贤？如古之人，而尽皆不才者哉？"陛下尝教臣云："民不畏死，奈何以死惧之？"良由陛下诚信之有间，而用刑之太繁也。宜其好善，而善不显。恶恶，而恶日滋者。善未必蒙福，而恶未必蒙祸也。尝闻陛下震怒，锄根剪蔓，诛其奸逆矣。未闻诏书褒一大善，赏延于世，复及其乡，尊荣奉恩，始终如一者也。或朝赏而暮戮，或忽罪而忽赦，施不测之辱则有之矣。诚以陛下每多自悔之时，则有无及之叹，是非私意使然也。存养之功，须臾少加密耳，是以有过不及也。陛下天性素严，或差于急克伐怨欲，臣知陛下圣性所无也。

　　……近年以来，台纲不肃，果若人言，以刑名轻重为能事，以问囚多寡为勋劳，甚非励清要、长风采也。夫人自救过之不给，何暇劾人之过？人自以言为讳，何能有谏诤之言？御史纠弹，曾承密旨，未闻举善，惟曰除奸。但闻上有赦宥，则必故为执持，意谓如此，则上恩愈重。而不知被赦之人，疑上好谀，此罪皆市井小人，趋媚劾劳之细术，陛下何不肝胆而镜照之哉？何尝真有一夫持法固争，谓某不当刑，某当刑，如舜曰杀之三，而皋陶曰宥之三哉。臣笃知陛下轻天下之士者，皆此辈无以称塞渊衷也。然谁不愿其父母妻子安荣哉？所以谏诤实难，祸怨不测，入人之罪，或谓无私，而出人之罪，必疑受贿。逢迎甚易，而或蒙褒，营救甚难，而多得祸。祸不止于一身，刑必延乎亲友，谁肯舍父母妻子而

---

① 放勋，唐尧名放勋。
② 将二十载，本《封事》作于洪武十九年（1386）。

批龙鳞犯天怒者哉。

夫罪人不孥，罚弗及嗣。连坐起于秦法，挐戮本于伪书。今之为善者，妻子未必蒙荣。有过者，里胥必陷其罪。唐虞之世，四凶之罪，止于流窜。故殛鲧而相禹，禹不以为仇，舜不以为嫌。况律以人伦之重，而有给配妇女之条，听之于不义，而又何取夫节义哉，此化原之所由也。

《解学士文集》。

## 公文笔者：

解缙（1368～1415），明内阁首辅。少聪颖，20岁中进士，受中书庶吉士、御史。三年后，明太祖命归家十年，读书长进。惠帝立，召为翰林侍诏。永乐元年（1403）升侍读，值文渊阁，参预机务。奉命总裁《太祖实录》、《烈女传》。永乐二年进翰林学士兼右春坊大学士，有"词林之最"的赞许。因赞立皇长子朱高炽为太子，加以谏无曲言，任事率直，"动辄得谤"，为阴求太子位的皇次子汉王朱高煦诬陷，谪往边地。八年后入京奏事，再受汉王陷害，下狱处死，时年47岁。20年后，仁宗（朱高炽）得解缙昔日疏文，以"解缙不狂"给予昭雪。后朱高煦叛，解缙昔日获罪的诸多谏言也被证实，皇帝下诏尽还所籍家产，赠朝议大夫。

## 公文赏析：

解缙《大庖西室封事》约在洪武二十年（1387）。

这篇著名的公文，是解缙向明开国皇帝朱元璋面谏言的备忘录。特别是采用"封事"这一公文格式，即今日"亲拆件"的递送形式，得罪于许多朝廷高官。所以，这篇出自二十几岁年轻官员之手的疏文，是他的成名之作，也是他获罪的祸根。

解缙20岁中进士，即以中书庶吉士常侍于太祖左右，他的才思敏捷颇为太祖赏识。一天，在一处叫"大庖西"的议事房中，太祖戒其"当知无不言"，年轻的解缙即赶写了这篇《大庖西室封事》上呈。文中就省刑罚、读经书、祀先贤、慎用人、旌忠义、淳风俗、轻谣赋诸项，一一直言陈述。疏上，太祖深为所动，对他更加赏识。不过，他锋芒毕露的性格和文风，也招来了皇族和权臣的嫉忌，遂把中书庶吉士的职任改为御史官，后连遭遣返故里、谪往边地、狱中加害之祸。可见，言官并非是个"太平官"。

本篇《大庖西室封事》，仅节录其刑赏部分。解缙宽刑、信刑、褒善的刑赏观，具有鲜明的政治导引性：

1. 刑令不宜数改，数改则民疑，疑则不信。他批评建明二十年，仍有"朝赏暮戮"、"忽罪忽赦"，甚至有"施不测之辱"的事件发生。

2. 用刑不可太繁，"刑太繁则民玩，玩则不清"。

3. 不可以惩掩赏。单靠严惩诛戮，有堵无导，非治国良策，建明二十年，未闻皇帝"褒一大善"，延以世，覆其乡，终于一者。

4. 国之刑罚，不可出自个人喜怒。他不加隐讳地批评"陛下震怒，锄根剪蔓，诛其奸逆"的刑罚之举。他以为，人主不可以染有"急克伐怨"之欲。

5. "连坐"出自伪书、暴法。"罚弗及嗣"，才能从根本上改变人的观念。

6. 社会流弊，如"入人之罪，或谓无私，而出人之罪，必疑受贿"，对刑罚影响很深，故尔造成奉旨办案容易，而昭雪营救很难。

值得深思的是，解缙的个人遭遇，正是他揭露封建刑赏观反人民性的铁证。不过，这是由朱洪武、朱棣、朱高煦祖孙三代，用27年时间扼杀一个贤才的历史事件，来证明解缙刑赏观的正确性的。

解缙刑赏观，是中国刑赏思想的一笔宝贵财富。

## 81 辩方政被诬疏

### 明·杨士奇

蒙钦发下镇守大同太监郭敬①题本二本，奏总兵官都督方政②专权等事。臣看得所奏事件，未知虚实。

盖方政自永乐、宣德年间，奉命率兵在外，皆有功绩，实是廉勤公正，上能敬事朝廷，下能抚恤军民，众所共知，众所共推。岂有才到大同，未及三月，便有许多过失。且闻郭敬在彼，与曹俭③通同为非，专务贪利，不理边备，以致累次失机。宣宗皇帝屡遣敕切责之，仍不悛改。且郭敬初闻朝廷命方政任大同总兵，心已不喜，曾亲来文渊阁，对臣等极毁方政之短，极夸曹俭之能。臣等已料其到彼，必然不合，或致设计倾陷方政，今已果然。

臣伏恩于今边务紧急之时，将臣可任用者，朝廷当保全之。欲请敕谕郭敬，命其改过自新，自今与方政协和办事。又虑方政知郭敬奏其违法等件，

---

① 郭敬，宦官，太监王振心腹，大同镇监军。
② 方政，大同镇总兵，后在南疆守卫战中战死沙场。
③ 曹俭，大同镇副总兵。

虚实未明，必然心中趑趄，若不写敕去释方政之疑，令其如旧安心办事，则官军窥觇，必不听其号令，有误边备。为此，今拟写敕稿二道封进，谨题请旨。

《杨文贞公文集》。

## 公文笔者：

杨士奇（1364～1444），明代大臣。早孤，家贫力学，后设书馆授徒自给。建文时，以荐征，召入翰林院编纂官。成祖即位，入阁掌管机务，深得信任。仁宗时擢礼部侍郎。宣宗时，"请并蠲逋赋、薪刍钱，减官田额，理宽滞，汰工役"，得帝亲信。英宗时进少师，卒赠太师，谥文贞。杨士奇是明初五朝老臣，史赞其"奉职甚谨，私居不言公事，虽至亲厚不得闻。在帝前，举止恭慎，善应时，言事辄中"，这是古代高层公文官、高级幕府官的准则。所以，杨士奇虽然没有"进士出身"的经历，仍与杨荣、杨溥一起并称明初文翰"三杨"。

## 公文赏析：

这篇明初奏疏，与现代公文语体、格式已非常接近。

皇帝把太监郭敬的告发大同总兵方政的题本"发下"，已显示上峰态度，只少表明对奏本怀疑，有求证之意。不过，奏文不能凭猜测上意，而应以实据为准。所以，作者以"未知虚实"开篇。疏文在接下来要回答方政确系"专权"之辈，还是被人诬陷的问题时，先设了一个疑问：方政多次率兵在外，皆有功绩，且其廉勤公正，敬事朝廷，抚恤军民，众所共推，为什么到了大同总兵就变得"专权"起来？而且未及三月，竟然积累起这么多过失？这个设问，对于秉明"未知虚实"的朝官来说是成立的。然后，作者列举两件实据，一是宣宗皇帝曾有过对诬告者的遣敕切责，二是诬告者先已到文渊阁极毁方政之短。前一实据，见诸史册，后一实据，则是作者亲历。写到此处，作者已经完成了方政"被诬"的结论，也完成了为之辩诬的文意。考虑到"边务紧急"，防止边军出现混乱，作者还代拟对诬告者的自新敕、被诬者的释疑敕各一道，封进请旨。可见作者的务实与果断。

整篇疏文，找不到"辩"说的漏洞。因为这种抗辩文字，常常为人视为祖护，扣上"结党"的帽子。整篇疏文也找不到一处赘文，一个废字，实属良篇。

# 82 预备仓奏

明·杨溥

为预备事,伏闻尧汤之世,不免水旱之患,而不闻尧汤之民至于甚艰难者,盖预有备也。

凡古圣贤之君,皆有预备之政。我太祖高皇帝,惓惓以生民为心,凡于预备,皆有定制。洪武年间,每县于四境设立四仓,用官钞籴谷储贮其中。又在近仓之处,金点大户看守,以备荒年赈贷,官借其数,敛散皆有定规。又于县之各乡,相地所宜,开浚陂塘,及修筑滨江近河损坏堤岸,以备水旱,耕农甚便,皆万世之利。

自洪武以后,有司杂务日繁,前项便民之事,率无暇及,该部虽有行移,亦皆视为文具①。是以一遇水旱饥荒,民无所赖,官无所措,公私交窘。只如去冬今春,畿内郡县,艰难可见。况闻今南方官仓储谷,十处九空,甚者谷即全无,仓已不存。皆乡之土豪大户,侵盗私用,却妄捏作死绝及逃亡人户借用,虚立簿借,欺谩官府。其原开陂塘养鱼者,有堙塞为私田耕种者,盖今此弊南方为甚。虽闻间有完处,亦是十中之一,其实废弛者多。其滨江近河,污田堤岸,岁久坍塌,一遇水涨,淹没田禾及闸坝蓄泄水利去处,或有损坏,皆为农害。

大抵亲民之官②得人,则百废举,不得其人,则百弊兴,此固守令之责。若养民之务,风宪之臣③,皆所当问。年来因循,亦不及之。此事虽然若缓,其实关系甚切。伏望圣仁特命该部行移各布政司、按察司及直隶府州,除近有灾伤去处,暂且停止,俟后来丰熟举行,其见今丰熟去处,悉令有司遵依洪武间旧制,凡仓谷、陂塘、堤岸,并要如旧。整理仓有损坏者,即于农闲时日,用人修理。谷有亏欠者,除赦前外,赦后有侵盗者,根究明白,悉全赔赏。赔赏完足,亦免其罪,不许妄指无干之人搪塞。若其侵盗证佐明白,而不服赔赏者,准土豪及盗用官粮者论罪,有司仍将旧有及赔赏实数开奏。其陂塘堤岸,亦令郡县,凡有损坏,悉于农闲用人修理。有强占陂塘私用者,犯在赦前,亦免其罪,即令退还,不还者,亦准土豪及盗官物论罪。其退还陂塘及圩岸闸坝应修去处,亦令有司开

---

① 文具,空头公文。
② 亲民之官,指与百姓交际的官员,含布政使及州县官员。
③ 风宪之臣,指监察执法官员。

奏应修筑者，以次用功，完日具实奏闻。仍乞令户部行各布政使司、府州县官，于见有官钞官物，照依市价两平，支籴谷粟，储以备荒，免致临急仓惶失措，年终将所籴实数奏闻。郡县官考满给由，令开报境内四仓储谷，及任内修筑陂塘堤岸实数。吏部仍行该部查理，计其治绩以定殿最。各按察司分巡官，及直隶巡按御史所历州县，并要取勘四仓实储谷数，及陂塘堤岸有无损坏，修理实绩，岁终奏闻，以凭考查。如有仍前欺弊怠事者，亦具奏罪之。若所巡历之处，仍前不闻不理，或所奏扶同不实，从本衙门堂上正官纠劾奏闻。庶几官有实积，荒岁人民不至狼狈，耕农无旱潦之虞，祖宗恤民良法，不为小人所坏。臣等愚见如此。

《杨文定公奏疏》。

## 公文笔者：

杨溥（1371～1446），明代贤相。与杨荣同举进士。永乐初为太子洗马。永乐十二年（1414），成祖皇帝出征归来，以东宫遣使迟迎罪下杨溥狱十年，在狱中读经史诸子数遍。仁宗即位，释出擢翰林学士。尝密疏言事。杨溥后于杨士奇、杨荣二十年入阁，至于"三杨"并称。时人以里籍称杨士奇为"西杨"，杨荣为"东杨"，杨溥为"南杨"。杨溥处事平心静气，时谓杨士奇有学行，杨荣有才识，杨溥有雅操。逝赠太帅，谥文定。著有《文定集》。

"明称贤相，必首三杨"。所以，明初"三杨"，是对贤相力辅的赞扬，是对学士廉能的称颂，也是对文翰高手的推戴。

杨荣（1371～1440），处事警敏，谋而能断，历事四朝。成祖出征，常侍左右。及成祖出征崩于路途，杨荣以其智慧很好地完成先帝殡葬及新帝即位的大事。重修《太祖实录》，以及编修太宗、仁宗、宣宗实录，都由杨荣出任总裁官。杨荣待人处事，老成持重，常对朋友言，"事君有体，进谏有方，以悻直取祸，吾不为也。"著有《北后征记》、《杨文敏集》。

## 公文赏析：

杨溥上"预备之政"疏，可见他是一个有远见的为政者、敢言的公文工作者。

从广义讲，国家"预备之政"包括民生、人才、边备、军力诸多方面。不过，杨溥所上《预备仓奏》所言"预备之政"，主要是从农业生产来说的，其中有消费性的储粮备荒，也有生产性的兴修水利。

明初实行的一系列保护农业生产的措施，如薄赋、储粮、兴修水利等，对元末明初长期战争造成的人口骤减大有缓解，明政权也从而得到稳固。但仅仅过了五帝60年，这些"预备之政"，就被新起的"和平官"们忘得一干二净，于是出现了"十仓九空"、水利设施十存其一的凋零惨状。皇帝和大臣们，各有心思，肯于关心这等乡间沟洫、仓储之事的恐无几人。杨溥肯就此重笔上书，说明他具有为民负责、为国分忧的心胸。

储粮和水利设施是需要经常不断维持的，几十年无人关心，就会毁于盗者，或毁于官家怠者。他坚主对"盗官物罪者"（农村土豪）、"欺弊怠事者"（官场庸官），追究法律责任。

杨溥还主张，把经过核对的仓储谷数、水利设施完好之功，列入官员考核标准，确使百姓"无旱潦之虞"。

# 83　省馈送以全使节疏

明·徐恪

省馈送以全使节。伏惟祖宗以来，凡册封亲王、郡王，必遣廷臣为使，持节将命。及其有丧，复遣廷臣掌行典礼。皆所以笃亲亲之仁也。使臣至其国，王必盛设晏享，厚其馈送。盖尊君命，重王臣，亦礼之宜然者。但帑廪①盈缩，各府不同，其丰盈而有余者，馈送银缎等物，不劳自集。其歉缩而不足者，则必数月经营。或减直卖禄，或倍息称贷，苦心焦思，始克具办，以成享礼。遂致帑廪日虚，岁用常乏，逋负增积，益难为继。英宗皇帝轸念及斯，严立禁例，虽有馈送，不许接受。然奉使之臣，人品悬绝，固有刚方清介，却而不受者。亦有不拘绳捡，以为分所当然。受而不辞者。甚则执贽②私赎，务求满意。如或未厌，又复执贽干谒郡王。其富而好礼者，则延以酒席，赠以采缎。否则辞之以疾，拒而弗容，实由艰窘使然，非吝啬也。

昔晋韩起聘③于郑，求一环焉，子产弗与，其言曰："君子非无贿之难，而无令名之患。"及其买诸商人，子产又以为不可，曰："吾子得玉而失诸侯，必不为也。"起辞之。夫韩起列国之大夫也，私买玉环，子产犹以为不可，而况天朝之使？岂可违例公受馈送乎？馈送且不可送，而执贽以干谒之，又可乎哉？

---

① 帑廪，国家的金库仓储。
② 贽，古代初谒尊长的礼物。
③ 聘，古代诸侯间或诸侯与天子间派使者问候称聘。

臣愚窃以辞受取与，士之大节，于此一亏，他美莫赎。欲预保全，须申戒饬。且国体所关不可不慎。乞敕该部计议。合无查照前项事例再行禁约。庶使奉使之臣，得以永终令名，而王国之费，亦可少省矣。

《徐司空巡视河南奏议》。

## 公文笔者：

徐恪（1431～1502），明代官员。进士，为人刚正无私，历迁湖广、河南、陕西左、陕西右布政使，南京工部右侍郎。徐恪一生不受馈赠，不受他途之官。所到之处，抑豪绅，袪奸邪，故常被反诬，然皆查无验。他移职湖广巡抚时，当地吏民罢市，泣送数十里不绝。他奉使巡视河南所写七篇公文，反映扶持农业生产、整顿社会风习的诸多事项，多议行。

## 公文赏析：

徐恪《省馈送以全使节疏》，作于明孝宗弘治初年（约1489）。

明至英宗时，官冗役繁，用度侈汰，官出左门，近习得权，国计坐绌，前期强盛的明政权已向衰政滑行。徐恪奉命巡视河南，其间连上奏疏，如《兴水利以备旱荒疏》、《处抛荒以苏民困疏》、《均爵俸以节粮储疏》、《清校余以靖地方疏》、《省馈送以全使节疏》、《定谳谟以袪河患疏》、《修政弭荒疏》等，虽是对一省的剖析，但也不难从中窥见明代衰败的缩影。当然，从中也让人触及一个救时扶世的政治家的敏锐眼光。

本篇所录《省馈送以全使节疏》，是他巡视河南所上诸疏之一，分量似轻，却关"士之大节"。

这篇疏文，是专讲要刹住馈送之风的。他以为，馈送，只达到"礼之宜"即可，一旦过分了，事必请托，馈赂风行，就会丧失社会公正，损毁国家法纪，损耗国家储备，而且这是社会腐败的催化剂。

馈送成风，不仅馈送者"数月经营"，"苦心焦思"，以至减发薪俸、卖官积贵，甚至高利借贷，以讨好上司，而且受赠者"不劳自集"，必然增加社会的不和谐因素。送礼的人，是用好话把礼品送上门的，但人们心里的积愤是压在心头的。所以，徐恪提出"省馈送"理由，首先是对受馈者的"以全使节"。他认为，"辞受取与，士之大节，于此一亏，他美莫赎"，而且，事为"国体所关，不可不慎。"其次，他才提到减少国家资费的挥霍。

徐恪提出"省馈送"理念，而非禁绝馈赠。因为人类社会，无论是物资匮乏的原始社会,还是生活富庶的现代社会,人际交往中作为一种礼仪,总有以馈赠表达情谊之举。作者划出了一个界限:"礼之宜"者,是可行的;"违例公受馈送"是要反对的。

贿赂公行是国家兴盛还是没落的镜鉴,也是官员"士之大节"的镜鉴。这篇公文和它的笔者想告诉人们的,正在这里。

## 84 治安疏

### 明·海瑞

户部云南清吏司主事臣海瑞谨奏,为直言天下第一事,以正君道、明臣职、求万世治安①事。

君者,天下臣民万物之主也。惟其为天下臣民万物之主,责任至重,凡民生利瘼,一有所不闻,将一有所不得知而行,其任为不称。是故养君之道,宜无不备,而以其责寄臣工,使尽言焉。臣工尽言,而君道斯称矣。昔之务为容悦,谀训曲从,致使实祸蔽塞,主不上闻焉,无足言矣。过为计者,则又曰:"君子危明主,忧治世。"夫世则治矣,以不治忧之,主则明矣,以不明危之。毋乃使之反复眩瞀,失趋舍矣乎?非通论也。

臣受国恩厚矣,请执有犯无隐之义。美曰美,不一毫虚美;过曰过,不一毫讳过。不容悦②,不过计③,谨披沥肝胆为陛下言之。汉贾谊陈政事于文帝曰:"进言者皆曰天下已安已治矣,臣独以为未也。曰安且治者,非愚则谀。"夫文帝,汉贤君也,贾谊非苛责备也。文帝性仁柔,慈恕恭俭,虽有近民之美,优游退逊,尚多怠废之政。不究其弊所不免,概以安且治当之,愚也。不究其才所不能,概以致安治颂之,谀也。

陛下自视于汉文帝何如?陛下天资英断,睿识绝人,可为尧、舜,可为禹、汤、文、武,下之如汉宣帝之励精,光武之大度,唐太宗之英武无敌,宪宗之志平僭乱,宋仁宗之仁恕,举一节可取者,陛下优为之。即位初年,铲除积弊,焕然与天下更始。举其略如箴敬一以养心,定冠履以辨分,除圣贤土木之像,夺宦官内外之权,元世祖毁不与祀,祀孔子推及所生,天下忻忻然以大有作为仰之。

---

① 治安,国家治理,物阜民康。指"天下之治与不治,民物之安与不安"。
② 容悦,以巧言欢笑取悦于上。
③ 过计,过誉,甚者称为吹捧。

识者谓辅相得人,太平指日可期,非虚语也。高汉文帝远甚。然文帝能克其仁顺之性,节用爱人,吕祖谦称其不尽人之才力,情是也。一时天下虽未可尽以治安予之,而贯朽粟陈,民尽康阜,三代下称贤君焉。陛下则锐情未久,妄念牵之而去矣,反刚明而错用之,谓遥与可得而一意玄修。富有四海,不曰民之脂膏在是也,而侈与土木。二十余年不视朝,纲纪弛矣。数行推广事例,名爵滥矣。二王不相见,人以为薄于父子。以猜疑诽谤戮辱臣下,人以为薄于君臣。乐西苑而不返宫,人以为薄于夫妻。天下吏贪将弱,民不聊生,水旱靡时,盗贼滋炽,自陛下登极初年,亦有之而未甚也。今赋役增常,万方则效,陛下破产礼佛日甚,室如悬磬,十余年来极矣。天下因即陛下改元之号,而意之曰:"嘉靖者,言家皆净而无财用也。"迩者,严嵩罢黜,世藩①极刑,差快人意,一时称清时焉。然严嵩罢相之后,犹之严嵩未相之先而已,非大清明世界也,不及汉文帝远甚。天下之人不直陛下久矣!内外臣工之所未知也。知之,不可谓愚,诗云:"衮职有阙,惟仲山甫辅之。"今日所赖以弥缝匡救,格非而归之正,诸臣责也。岂以圣人而绝无过举哉?古昔设官,亮采惠畴足矣,不必责之以谏。保氏掌谏王恶,不必设也。木绳金砺,圣贤不必言之也。乃修斋建醮,相率进香,天桃天药,相率表贺。兴宫室,工部极力经营,取香觅宝,户部差求四出。

  陛下误举,诸臣误顺,无一人为陛下正言焉。都俞吁咈之风,陈善闭邪之义,遏无闻矣,谀之甚也。然愧心馁气,退而后言,以从陛下;昧没本心,以歌颂陛下,欺君之罪何如?夫天下者,陛下之家也。人未有不顾其家者。内外臣工,其官守,其言责,皆所以奠陛下之家而磐石之也。一意玄修,是陛下心之惑也。过于苛断,是陛下情之偏也。而谓陛下不顾其家,人情乎?诸臣顾身念重,得一官多以欺败、脏败、不事事败,有不足以当陛下之心者。其不然者,君心臣心偶不相值也,遂谓陛下为薄臣工。诸臣正心之学微,所言或不免己私,或失详审,诚如胡寅扰乱政事之说,有不足以当陛下之心者。其不然者,君意臣言偶不相值也。遂谓陛下为是己拒谏。执陛下一二事不当之形迹,亿陛下千百事之尽然,陷陛下误终不复,诸臣欺君之罪大矣。记曰:"上人疑,则百姓惑,下难知则君劳。"今日之谓也。为身家心与惧心合,臣职不明,臣一二事形迹说即与诸臣解之矣。求长生心与惑心合,有辞与臣,君道不正,臣请再为陛下开之。陛下之误多矣,大端在修醮。修醮所以求长生也。自古圣贤止说修身立命,止说顺受其正。盖天地赋予于人而为性命者,此尽矣。夫尧舜禹汤文武之君,圣之盛也,未能久而不终。下之亦未见方外士汉、唐、宋存至今日,使陛下得以访其术者。

---

① 世藩,严嵩之子,官至工部左侍郎,代父票拟公文,卖官鬻爵,受弹劾处死。

陶仲文①陛下以师呼之，仲文则既死矣。仲文不能长生，而陛下独何求之？至谓天赐仙桃药丸，怪妄尤甚。

　　昔伏羲氏在天下，龙马出河，因则其文以画八卦；禹治水时，神龟负文而列于背，因而第之以成九畴。《河图》、《洛书》，实有此瑞物，泄此万古不传之秘。天不爱道而显之圣人，借圣人以开示天下，犹之日月星辰之布列而历数成焉，非虚妄事也。宋真宗获天书于干佑山，孙奭进曰："天何言哉！岂有书也？"桃必采而得，药人工捣合以成者也。无因而至，桃药有足行耶？天赐之者，有手执而付之耶？陛下玄修多年矣，一无所得。至今日，左右奸人，逆陛下悬思妄念，区区桃药导之长生，理之所无，而玄修之无益可知矣。陛下又将谓悬刑赏以督率臣下，分理有人，天下无不可治，而玄修无害矣乎？夫人幼而学，既无致君泽民异事之学；壮而行，亦无致君泽民殊用之心。太甲曰："有言逆于汝志，必求诸道；有言逊于汝志，必求诸非道。"言顺者之未必为道也。即近事观，严嵩有一不顺陛下者乎？昔为贪窃，今为逆本。梁材②守官守道，陛下以为逆者也。历任有声官九部者，至今首称之。虽近日严嵩抄没，百官有惕心焉。无用于积贿求迁，稍自洗涤。然严嵩罢相之后，犹严嵩未相之先而已。诸臣为严嵩之顺，不为梁材之执。今甚者贪求，未甚者挨日，见称于人者，亦庙宇山林，交战热中，鹘突依违，苟举故事。洁已格物，任天下重，使社稷灵长终必赖之者，未见其人焉。得非有所牵掣其心，未能纯然精白使然乎？陛下欲诸臣惟予行而莫逆也，而责之效忠，付之以翼，为明听也，又欲顺乎玄修土木之误，是股肱耳目，不为腹心卫也，而自为视听持行之用。有臣如仪衍焉，可以成"得志与民由之"之业，无是理也。陛下诚知玄修无益，臣之改行，民之效尤，天下之不安不治由之，幡然悔悟，日视正朝，与宰辅、九卿、侍从、言官，讲求天下利害，洗数十年道君之误，置其身于尧、舜、禹、汤、文、武之上。使其臣亦得洗数十年阿君之耻，置身于皋、夔、伊、傅之列，相当后先，明良喜起，都俞吁咈。内之宦官宫妾，外之光禄寺厨役、锦衣卫恩荫，诸衙门带俸，举凡无事而官亦多矣。上之内仓内库，下之户工部光禄寺厂藏段绢、粮料、珠宝、器用、木材诸物，多而积于无用，用之非所宜用亦多矣。诸臣必有为陛下言者。诸臣言之，陛下行之，此则在陛下一节省间而已。京师之一金，田野之百金也。一节省而国有余用，民有盖藏，不知其几也。而陛下何不为之？官有职掌，先年职守之正、职守之全而未之行。今日职守之废、职守之苟且因循，不认真，不尽法而身以为是。敦本行以端

---

① 陶仲文，曾受"符水诀"于万玉山，嘉靖中，由县吏擢辽东库大使，后以长生术荐于世宗，屡加官进爵，为少师、少傅、少保，特进光禄大夫柱国，领伯爵俸，封"神霄保国弘烈宣教振法通真忠孝秉一"真人。由此，满朝争献符瑞、焚修、斋醮。死后，于隆庆初年尽夺秩谥。

② 梁材，进士，由知县召至御史，后知嘉兴、杭州，多有治绩，官至户部尚书。

士习，止上纳以清仕途，久任吏将以责成功，练选军士以免召募，驱缁黄游食使归四民，责府州县兼举富教，使成礼俗，复屯监本色以裕边储，均田赋丁差以苏困敝，举天下官之侵渔、将之怯懦、吏之为奸，刑之无少姑息焉。必世之仁，博厚高明悠远之业，诸臣必有为陛下言者。诸臣言之，陛下行之，此则在陛下一振作间而已。一振作而百废具举，百弊铲绝。唐、虞三代之治，粲然复兴矣。而陛下何不为之？

节省之，振作之，又非有所劳于陛下也。九卿总其纲，百职分其绪，抚按科道纠率肃清于其间，陛下持大纲，稽治要而责成焉。劳于求贤，逸于任用，如天下运于上、而四时六气各得其序，恭己无为之道也。天地万物为一体，固有之性也。民物熙洽，薰为太和，而陛下性分中有真乐矣。可以赞天地之化育，则可与天地参。道与天通，命由我立，而陛下性分中有真寿矣。此理之所有，可旋至而立有效者也。若夫服食不终之药，遥兴轻举，理之所无者也。理之所无而切切然散爵禄，竦精神玄修求之，悬思凿想，系风捕影，终其身如斯而已矣，求之其可得乎？君道不正，臣职不明，此天下第一事也。于此不言，更复何言？大臣持禄而外为谀，小臣畏罪而内为顺，陛下诚有不得知而改之行之者，臣每恨焉。是以昧死竭惓惓为陛下一言之。一反情易向之间而天下之治与不治，民物之安与不安，系焉，决焉。

伏惟陛下留神，宗社幸甚，天下幸甚。

《海忠介集》。

## 公文笔者：

海瑞（1514～1587），出身小吏家庭，举人。为官刚直，人称刚峰先生。知淳安县，抑权豪，均赋谣，有政声。入朝上《平黎策》。于嘉靖末年上《治安疏》，谏世宗戒"斋醮"，陈时政之弊。自知疏文必触怒皇帝，故预购一棺，遣散童仆，诀别妻子，待罪于朝。皇帝果然大怒，捕海瑞下狱论死。待穆宗立，释复故官。在巡抚应天十府任内，属吏惧其威严，恐伤同侪，多自免去。海瑞锐意兴革，疏浚江河，裁节冗费，由此，遭劾"沽名乱政"。百姓闻海瑞罢官，号泣于道，家中绘像以祀。海瑞谢病以归，及张居正秉政，惧海端峭直，不召。张居正殁，方得召用，此时海瑞年已72岁，仿古人"尸谏"之义，上神宗皇帝，"陛下励精图治，而治化不臻者，贪吏之刑轻也。"万历十五年卒于官。卒时，贫寒难殓，商民罢市，人穿丧服以送者夹江两岸。赠太子太保，谥忠介。

## 公文赏析：

户部主事海瑞的《治安疏》，写于嘉靖四十五年（1566）阴二月。

劝人改弦更张很难，劝皇帝改弦更张更难，劝在位45年的昏庸老皇帝改弦更张，则是要冒杀身之祸的。海瑞《治安疏》，是把"正君道、明臣职、求万世治安事"作为"天下第一事"上奏，是想把明世宗从昏庸中唤醒。此奏入列中国封建时代十大名疏，在于疏文所陈之理，也在于海瑞其人写疏之壮烈。

史载，世宗朱厚熜，也就是人称的嘉靖皇帝，阅疏后，怒掷于地，命左右急去将海瑞捉来，不使逃逸。宦官告知：海瑞素有呆病，上疏前已自备棺木，遣散童仆，诀别妻子，待罪于朝。世宗沉默许久，取疏再读，竟为之感动，以为海瑞之忠不亚于比干。不久世宗病死，海瑞被新帝穆宗自死牢释出，官复原职。

《治安疏》的"治安"，与西汉前期的《治安策》取同义，治安之情势，也以明世宗与汉文帝匹比、海瑞以西汉直臣贾谊自诩。

《治安疏》的第一要点，是讲"君道"。海瑞问世宗，"陛下自视于汉文帝何如？"海瑞自问自答：世宗即位时，"天下忻忻然以大有作为仰之"，誉其"高汉文帝远甚"。然而，于今四十年过去，呈现在人们面前的，却是天下"吏贪将弱，民不聊生，水旱靡时，盗贼滋炽"。仅16字，就把一派荒政景象勾画得清晰可见。为把事情说透，海瑞还告以百姓已把皇帝的"嘉靖"年号以"家净"戏之。结论是，今下"非大清明世界"，今上"不及汉文帝远甚"。

《治安疏》的第二要点，是指出世宗怎样从"大有为"走上荒政的。那就是，由"求长生心"而祸及天下。他说，凡古代贤君，讲"修身立命"，概无"修醮"长生之求。天下本无长生术。君不见，天下贤王，今上可与哪位先世贤王访求？连教你"修醮"的老师都死了，哪里还有长生术？海瑞直言，帝王追求的应是"民物熙洽，薰为太和"。天下达到这种境界，才是帝王"真乐"，帝王"真寿"。这一点，恰是"君道"正与不正的分野。故尔现今，"君道不正，臣职不明，此天下第一事也"。

《治安疏》的第三要点，是讲"臣职"的。本来，国情堪危，大臣尽人皆知，他们不可谓"愚"，而是"谀之甚也"。他抨击大臣中那些"陈善闭邪"者的蔽主害民之举。他们把真相掩盖起来，"务为容悦，谀训曲从"，以为自保。他们恬"阿君之耻"，更具"欺君之罪"。正是在"臣职"方面，《治安疏》作了有力回护。海瑞深知，昏君气短，疏文是他一吐心声的最好表达，也是他为自己辩护的最后机会。他说，自己吃国家俸禄，"愚"不可为，"谀"则所耻，臣职就要"无隐"、"尽言"，就要"美曰美，不一毫虚美。过曰过，不一毫讳过，不容悦，不过计"，就要"披肝胆"直谏。而且，"于此不言，更复何言！"多么壮烈！

足见，直、谀是泾渭分明的两个臣职人群！

## 85 经略广东条陈戡定机宜疏（节）

明·戚继光

复舟师。

臣惟芟草必除其根，治水当从其源。汉臣诸葛亮先定南中而后北向，用是道也，故欲求内治之安，必先除海上之盗，犹蜀之南中，水草之根源矣。

广东旧设水寨，沿海卫所官军坐驾鹰船①，备非不周，法非不善，迩因拓林水兵之变，遂议罢之，是因噎而废食也。或谓选编海上商渔船只，分为二班，一班杀贼，一班生理②，不为无见。但此船自驾，必挟己资遇贼，则利害切身，人各为战，故战无不利。一属于官，于己无复利害，兼之粤中调用水陆兵，则功既不赏，败亦无罚，皆由官司无有主兵，势不可行，相沿已久，效仿日甚，惟张虚声以费官帑，谁肯捐躯，不测以图实效哉？欲用此辈，必须设有巨舰③，握有重兵，必得质直有幹，廉静无求者驾驭之，然后彼为我用。

假令孤立无威，而尽置反测于左右，驱之蹈重渊，临锋镝，虽驭不失其道，食不违其时，抑且不能矣，况未必然耶。又照乌尾船④虽大，外少墙壁，内多栅盖，橹人难立，火攻易燃，必须用福建白槽⑤相兼互进，此南澳已试之明效也。

为今之计，相应亟为南澳善后之谋：福建设水兵把总一员充为南澳东路，广东设把总一员充为南澳西路，仍以参将一员统领驻扎大城，其参将把总必须会于闽浙，习服舟师，条约实心已试之人。每寨各造大小船只六十号，各用水兵二千五百人，造船制器，募兵支粮在闽属之巡海道，在广属之海防道。西路即坐潮州桥税，先尽水兵工食船只、器具，每年额费之数支给，其支粮规则，以照闽例。如遇贼众船少，在闽则调刷月港等处船以益之，在广则调刷乌汀等处船以益之，事毕即散。如此，则我之节制舟师居什之七，借用船只居什之三，我重彼轻，然

---

① 鹰船，明初所用巡海小船。
② 生理，食宿和训练。
③ 巨舰，大型且载有重兵的海战舰船。
④ 照乌尾船，广东南澳的一种民用船只。
⑤ 福建白槽，福建的一种民用船只。

后可责其用命。仍定信地在闽则舟驻玄钟，北至浯与为界，在广则舟驻柘林，上至惠州盘圆港为界。广东南头船只，仍旧专备省城，东接盘圆港，西量移上西海地方。如此，则海防豫修而疆事克举矣。

《明经世文编》。

## 公文笔者：

戚继光（1528～1587），初任登州卫指挥佥事，备倭寇于山东。嘉靖三十四年调浙江，任参将，亲往金华、义乌召募农民、矿工，编练成军，号"戚家军"，在抗倭战争中屡立战功，升任总兵官，先后扫除福建、广东沿海倭寇，东南沿海倭患遂平。隆庆元年（1567），北调蓟门，任都督同知，总理蓟镇、昌平、辽东三镇兵事。后任蓟门总兵官，镇守北疆16年，以致此后数十年边防无事。后受奸人弹劾，辞官回里。卒于家。好读书，通经史大义，一生从军，但文牍自掌，著有《纪效新书》、《练兵纪实》、《止止堂集》。

数十年后，由于神宗怠政，兵不胜战，"陨将覆师"屡出。礼部尚书叶向高，上《请戚继光荫谥疏》，以为对有大功于国家的戚继光"投之南荒，夺其将印"，使他落没地死去，功大赏薄，"未有如是之甚者"，呼吁对他的后人给以延世之赏，以慰英魂于九原，激劝豪杰兴起于海内。

## 公文赏析：

《经略广东条陈戡定机宜疏》，是戚继光对如何经营广东海防，于嘉靖四十五年（1566）初上奏世宗的疏文。

抗倭名将俞大猷、戚继光、刘显等基本平息东南沿海倭寇之患后，如何强化广东以至东南沿海海防就提上国家议程，戚继光的《经略广东条陈戡定机宜疏》，正是要回答这个问题。他以军事家的远见，分条陈述自己的主张，其中包括定庙算、专责成、设监军、置将领、用部兵、复舟师、议军储、议赏格、正体统、假便宜等十策。其精湛见解是把海防的加强与地方的治理视为一体。此时，戚继光正以平倭战功受朝廷奖擢，而他在数千字的疏文中，看不到一丝揽功诿过的痕迹，这正是公文笔者当持之心态和高尚的品格的体现。

16世纪中叶，由于舰船和火炮的使用，现代水战初见端倪。明代中期戚继光在东部沿海开展的抗倭斗争，是中国人民反对外敌海上入侵的先驱。戚继光《复舟师》一节，反映了他在海军建设上的远见卓识：

1. 在海军建设上，要有"鹰船"、"照鸟尾船"、"福建白槽"等小型船只，但必须设有"巨舰",握有"重兵",方可制胜。考虑到中国海岸线极长,南北情形各异,所以需有巡海小舟,必要时以至动员"商渔船只",解决运输和战争补给。但"节制舟师"应占七成,"借用船只"限于三成,方可形成战斗力。

2. 海军统兵将帅,是要"蹈重渊,临锋镝"的,所以需有特质要求:巨舰要以"质直有榦,廉静无求"者驾驭之,参将应由"习服舟师,条约实心已试之人"任之。

3. 海防建设,既要有舟师,又要有与之相匹配的水寨、沿海卫所、月港、信地、大城母港建设。国家要有足够的"造船制器,募兵支粮"的额费保障。

《复舟师》透视出戚继光在海军建设上的务实态度和创新精神,也看出他在疏文表述上用辞准确、语言恳切、条理清晰的风格。可贵的是,他所陈十策,多得施行,使广东一地,以至东南沿海的海防稳固,人民安居。正如他在《纪效新书》中所遵循的思路,凡事都要从绩效着眼,海军建设更是如此。

# 86 请因变修省疏

## 清·魏裔介

臣闻之,天道与人事,非有二理也。感应之际甚微,而休咎之征①不爽。故天心仁爱人主,必屡出灾异以警之。人君敬谨天戒,则亟修仁政以回之。

兹者自春至夏,雨泽未降,重烦宸虑,俾群臣齐心祈祷。又闻邸根,见陕西巡抚题报异常火灾,三月之内,连焚二堡。臣思火灾皆系旱征。复察礼部移文,内称钦天监具题,推算本年五月初一日癸卯朔日食,五月十四日夜、十五日丁巳望月食。臣备位台端,览之不胜悚惧。谨按经传,月食者,日光遇望,遥夺月光,是为阳胜阴。日食者,日月同会,月掩日精,是阳不胜阴也。今五月朔日食,在易卦为姤,阴微而即抗阳,其变非细。于五月望复月食,为日月交食,况月食至既,尤属灾变。此在汉唐宋令主,尚能遇灾恐惧,因事禳救,况我朝尚德缓刑,无事无念不敬天勤民,修省②之实,可弗讲乎?

昔汉文帝癸亥日食,刺举贤良方正直言极谏之士。今皇上虚怀求言,言路未曾壅闭。但累年以来,岂无敢言之士,缘事降斥,沈滞下僚,屡逢恩诏,未见湔洗?所宜敕下该衙门,速为察奏,取自上裁,以开言路者也。

---

① 休咎之征,即吉兆与凶兆。
② 修省,反思以修身。

昔汉明帝十月日食，诏以轻用民力，缮修宫宇自戒。今皇上孝思不匮，创建内殿，以修祀事，其工难缓。至此外土木之工，不论大小，请敕谕所司，一切报罢，于以省财足用，专意养兵恤民。

昔汉光武七年三月晦日食，大中大夫郑兴上疏曰："国无善政，谪见日月。"要在因人之心，择人处位，留思柔克之政，垂意洪范之法。今官司贪墨，立法不赦，功令森俨，人知惩惧。然自古相传，律有枉法，似宜稍加分别。若钱粮考成，参罚太急，降调日多，循吏不免。似宜敕下吏户二部，采取众议，量从宽减。地方守令，果系贤能，如因钱粮镌谪，仍听抚按保留，务从民望。

昔汉明帝十三年十月日食，诏刺史、太守详刑理冤，存恤鳏寡。今恤刑已毕，又屡经援赦，岂尚有刑之未详、冤之未理？所虑有司奉行不实，蠹役上下其手。况皇华之使，逍遥驿路，随意稽迟。今宜请敕下该部，各将应敕事宜，马上飞传。各直省都抚按，速为清理，仍将开释过冤滞姓名件数，复报部院，以凭稽察。若夫鳏寡孤独，王政所先，裁减议及，所省甚微。五品以下，俸禄更薄，似宜一并照旧支给。

昔汉章帝永平十一月晦日食，于是避正殿寝兵①，诏有司各上封事②。今连年征戍，寇盗未靖，将欲进取，必须足饷。然天行亢旱，饥馑可虞。庙堂胜算，宜令南方专意招抚，固防险隘。旗下戍兵，减其二三，省数千里往来之劳，节数百万供应之费。俟岁稔财丰，方可决意大举。

以上各款，臣不敢为无稽之说。考诸往古，验之当今，俯竭愚忱，仰渎睿听。伏冀皇上深思远虑，图之于未变之前，修德恤刑，持之于既变之后。念海宇之初平，则以宽大为务，恐骄盈之易至，则以节俭为先。民力将竭，用一缓二，抚字宜图，疆场靡宁，招携怀远，文德是尚。仍严敕内外大小臣工，改过洗心，勉尽厥职，以国为家，视民若子。勿徒袭自劾之虚文，勿止修救护之故事。庶可以消弭灾沴，雨旸时若，而三光亦为之改色矣。

《皇朝经世文选》。

## 公文笔者：

魏裔介（1616～1686），进士，选庶吉士，任工科给事中、兵科都给事中、太常寺少卿、左副都御史、左都御史、太子太保、吏部尚书。好直谏，敢言"汉满之气中阏"，"不宜专用辽左旧人。"顺治十三年（1656），奏劾大学士陈之遴

---

① 寝兵，停战休兵。
② 封事，密封的奏章，为防泄密，以皂囊封缄进呈，也称封章。

营私案，得顺治赏识。次年四月，因钦天监推算将有日月交食，上疏请广言路，缓工程，颁大赦，减征兵，酌复吏俸，受朝廷嘉勉。康熙三年（1662），拜保和殿大学士，典会试，协调辅臣争执，多有匡正。居言官日久，素有"敢言第一"之誉，疏百余上，且多见施行。充任《世宗实录》（预修）总裁官。著述百余卷。康熙十年（1671）以老病乞休，居家16年，躬耕稼穑，人不知其为故相。卒于家，追谥文毅。

## 公文赏析：

魏裔介《请因变修省疏》上于顺治十四年（1657）。

《请因变修省疏》，是左都御史任内的魏裔介，写给顺治皇帝的一篇排解"天谴"的疏文。"因变"，就是将有天相变异。"修省"出自《易·震》，就是要皇帝惧于日月之食的天相变异，因此要很好地自我反省。

这篇疏文，是古代皇家无数"天谴"类公文中迷信色彩相比散淡的一篇。这里讲的"灾异"，只说日、月之蚀，因为那时人们还不能解释这种天象。作者把连焚二堡看成是"旱征"，也不失为一种科学推断。且这里的"天谴"公文中已不见瑞物、白蛇、谶纬之类的东西，可见公文是历史进步的风向标。

作者以"天人感应"为据，劝说清顺治皇帝"敬谨天戒"，从而亟修仁政、敬天勤民、宽大为务、存恤鳏寡、昭雪冤案、罢止一切土木工程。这是古人惯用的进谏之道。皇帝是天子，大臣小民的意见可以不听，而上天发怒，是不可不自省收敛的。何况，"天人感应"仍是当代哲学家的一个热门话题。

作者列举汉及五朝"敬谨天戒"的不同做法，这种选取，皆有所指：借汉文帝因日食"天戒"，诏举贤良方正直言极谏之士故事，劝顺治对大臣因进谏被罢者予以洗雪，以广言路。借汉明帝因日食"天戒"，轻用民力故事，劝顺治除修祀事工程外，土木之功"一切报罢"，省财足用，专意养兵恤民。借东汉光武帝因月晦日食"天戒"，推行宽政故事，劝顺治皇帝"量从宽减"，不可用催收钱粮多少作为官员考成标准，以致"参罚太急，降调日多，循吏不免"。借东汉明帝以日食"天戒"，审理冤案，存恤鳏寡故事，劝顺治皇帝复查冤案，救助"鳏寡孤独"，照旧支给下级官吏俸禄。借东汉章帝因日食"天戒"，停战休兵故事，劝顺治皇帝对南境边事实行招抚，全国减征兵员二至三成。

在疏文结尾处，作者再次申明，他的上述所列，是言之有据的，作为海宇"初平"的大清一朝，切望皇帝"以宽大为务"，"以节俭为先"。他的"民力将竭，用一缓二，抚字宜图，疆场靡宁，招携怀远，文德是尚"，正是此后"康干盛世"所循轨迹。末句，作者不忘对怠吏们的"虚文"，即虚假公文，给予针砭。

# 87　三习一弊疏

清·孙嘉淦

臣一介庸愚，学识浅陋，荷蒙风纪重任，日夜悚惶，恩竭愚夫之千虑，仰赞高深于万一。而数月以来，捧读上谕，仁心仁政，恺切周详，凡臣民之心所欲而不敢言者，皆已行之矣。事无可言，所欲言者，皇上之心而已。我皇上之心仁孝诚敬，加以明恕，岂复尚有可议？而臣犹欲有言者，正于心无不纯、政无不善之中而有所虑焉，故过计①而预防之也。

今夫治乱之循环，如阴阳之运行。坤阴极盛而阳生，干阳极盛而阴始。事当极盛之际，必有阴伏之机。其机藏于至微，人不能觉，而及其既著，遂积重而不可返。此其间有三习②焉，不可不慎戒也。

主德清则臣心服而颂，仁政多则民身受而感。出一言而盈廷称圣，发一令而四海讴歌。在臣民原非献谀③，然而人君之耳则熟于此矣。耳与誉化，匪誉则逆。故始而匡拂者拒，继而木讷④者厌，久而颂扬之不工者亦绌矣。是谓耳习于所闻，则喜谀而恶直。

上愈直则下愈愚，上愈能则下愈畏。趋跄诏胁，顾盼而皆然，免冠叩首，应声而即是。在臣工以为尽礼，然而人君之目则熟于此矣。目与媚化，匪媚则触。故始而倨野⑤者斥，继而严悍者疏，久而便辟⑥之不巧者亦忤矣。是谓目习于所见，则喜柔而恶刚。

敬求天下之士，见之多而以为无奇也，则高己而卑人，慎辨天下之务，阅之久而以为无难也，则雄才而易事。质之人而不闻其所短，返之己而不见其所过，于是乎意之所欲，信以为不逾，令之所发，概期于必行矣。是谓心习于所是，则喜从而恶违。

三习既成，乃生一弊。何谓一弊？喜小人而厌君子是也。今夫进君子而退小人，岂独三代以上知之哉。虽叔季之主，临政愿治，孰不思用君子？且自智之

---

① 过计，苛求。
② 习，惯性思维与惯性行为。
③ 献谀，阿谀而有求。
④ 木讷，质朴不擅辞令。
⑤ 倨野，傲慢不羁。
⑥ 便辟，举止逢迎，俗称蹀躞。

君，各贤其臣，孰不以为吾所用者必君子而决非小人？乃卒于小人进而君子退者，无他，用才而不用德故也。德者君子之所独，才则小人与君子共之，而且胜焉。语言奏对，君子讷而小人佞谀，则与耳习投矣。奔走周旋，君子拙而小人便辟，则与目习投矣。即课事考劳，君子孤行其意而耻于言功，小人巧于迎合而工于显勤，则与心习又投矣。小人挟其所长以善投，人君溺于所习而不觉，审听之而其言入耳，谛观之而其貌悦目，历试之而其才称乎心也，于是乎小人不约而自合，君子不逐而自离。夫至于小人合而君子离，其患岂可胜言哉！而揆厥所由，皆三习为之弊焉。治乱之机，千古一辙，可考而知也。

我皇上圣明首出，无微不照，登庸①者硕，贤才概升。岂惟并无此弊，亦并未有此习？然臣正及其未习而言之，设其习既成，则有知之而不敢言，抑或言之而不见听者矣。今欲预除三习，永杜一弊，不在乎外，惟在乎心。故臣愿言皇上之心也。

语曰："人非圣人，孰能无过？"此浅言也。夫圣人岂无过哉！惟圣人而能知过，惟圣人而能改过。孔子曰："五十而学《易》，可以无大过矣。"大过且有，小过可知也。圣人在下，过在一身，圣人在上，过在一世。《书》曰："百姓有过，在予一人"是也。文王之民无冻馁，而犹视以为如伤。惟文王知其伤也。文王之易贯天人，而忧望道而未见，惟文王知其未见也。贤人之过，贤人知之，庸人不知。圣人之过，圣人知之，贤人不知。欲望人之绳愆纠谬②而及于所不知，难已。故望皇上之心自懔也。

危微之辨精，而后知执中难允。怀保之愿宏，而后知民隐难周。谨几存诚，返之己而真知其不足。老安少怀，验之世而实见其未能。夫而后坎然③不敢以自是。不敢自是之意流贯于用人行政之间，夫而后知谏诤切磋者爱我良深，而谀悦为容者愚己而陷之阱也。耳目之习除，而便辟善柔便佞之态，一见而若浼④。取舍之极定，而嗜好宴安功利之说，无缘以相投。夫而后治臻于郅隆，化成于久道也。

不然，而自是之根不拔，则虽敛心为慎，慎之久而览其无过，则谓可以少宽。励志为勤，勤之久而觉其有功，则谓可以稍慰。夫贤良辅弼，海宇升平，人君之心稍慰，而欲少自宽，似亦无害于天下。而不知此念一转，则嗜好宴安功利之说渐入耳而不烦，而便辟善柔便佞者亦熟视而不见其可憎。久而习焉，忽不自知而为其所中，则黑白可以转色，而东西可以易位。所谓机伏于至微，而变成于

---

① 登庸，举用。
② 绳愆纠谬，制裁罪恶，纠正错误。
③ 坎然，愁态。
④ 浼，污染。

不可返者，此之谓也。是岂可不慎戒而预防之哉！

《书》曰："满招损，谦受益。"又曰："德日新，万邦惟怀。志自满，九族乃离。"《大学》言："见贤而不能举，见不贤而不能退。"至于好恶拂人之性，而灾由所失，皆由于骄泰。满与骄泰者，自是之谓也。由此观之，治乱之机转于君子、小人之进退。进退之机，握于人君一心之敬肆。能知非，则心不期敬而自敬，不见过，则心不期肆则自肆。敬者，君子之招而治之本。肆者，小人之媒而乱之阶也。然则沿流溯源，约言蔽义，惟望我皇上时时事事常存不敢自是之心，而天德王道，举不外于此矣。

《语》曰："狂夫之言，而圣人择焉。"臣幸生圣世，昌言不讳，故敢竭其狂瞽。伏惟皇上包容而垂察焉，则天下幸甚。

《皇清经世文编》。

## 公文笔者：

孙嘉淦（1683~1753），少贫寒，半耕半读，考取进士。雍正元年擢国子监司业，四年祭酒，因过削职，不久起为顺天府尹、刑部侍郎、吏部侍郎。干隆元年迁都察院左都御史，受直谏嘉奖，迁刑部尚书，总理国子监事，后授直隶总督、湖广总督。十二年以老求退。十五年复出，授兵部侍郎、工部尚书、翰林院学士。孙嘉淦为人正直，清廉，"狂憨过人"，素有直谏盛名。历经康熙、雍正、干隆三朝，《三习一弊疏》为干隆元年（1736）所上。著有《诗经补注》、《春秋义》、《近思录辑要》等。

## 公文赏析：

这篇公文，从作者自曝指向"皇上之心"开篇的，语出惊人。其实，这是一种很好的自护。所谓"三习"，其实就是对受习惯势力驱使的分解。这篇公文，是下臣给皇帝上的一堂心理辅导课，以纠正其循规蹈矩的心态瑕疵，深不得、浅不得，极难下笔。

然后抛出了一个"治乱循环"的学说，也非凡论。至于如何"循环"，作者没有绕多大圈子，而是直奔主题，说"极盛之际"，容易滋生"耳习于所闻"，"目习于所见"，"心习于所是"。这种"三习"，正是由治而乱的必然结局。

下文，则是对皇帝"三习"逐一剖析："耳习于所闻"，又称"誉化"，即人君的耳朵惯于听赞许的话，难免落入"喜谀而恶直"境地；"目习于所见"，又称"媚化"，即人君的眼睛惯于见"应声而即是"的景象，难免落入"喜柔而恶刚"的境地;"心习于所是",不防称之"欲化",即人君的心惯于"高己而卑人",一切按自己欲望办事,难免落入"喜从而恶违"的境地。然后,从"三习"归出"一弊",即"喜小人而厌君子"。

这篇公文的关键,是如何从泛论中,落实到刚刚即位的爱新觉罗弘历(干隆)身上。他要求新帝,"时时事事常存不敢自是之心"。这等于是要凌驾于万人之上的新帝,发誓永远谦虚谨慎。文达后,干隆非常高兴,并嘉奖孙嘉淦。干隆前期政治廉明,不能不说与自我克制"三习"有关。他在后期大修圆明园,穷奢极欲,则是放松克制,让"自是"之心膨胀的结果。这时,世人自然想起孙嘉淦疏文,于是,敲打干隆"五不解十大过"的伪奏屡有出现。"伪孙嘉淦奏稿"隐藏着对真孙嘉淦奏稿的褒扬,是社会舆论对《三习一弊疏》公文的历史呼唤。

孙嘉淦发凡的"三习一弊"说,之所以成为名论、名篇,第一,在于他有胆气向权力至上的皇帝发出警示,"疏匡主德,为时所慕"。第二,"三习一弊"对所有社会组织者、掌权者,从古代酋长、皇帝、官吏、将帅,到近代长官、大员,身染"三习"者,即愿听赞颂之声,愿见顺从之势,愿随自是之欲,并不鲜见。孙嘉淦也没有例外。他的《居官八约》,"事君笃而不显,与人共而不骄,势避其所争,功藏于无名,事止于能去,言删其无用,以守独避人,以清费廉取",就是力制自身"三习"的自勉。所以,"三习"并非不可医治的人性之患。从心底革除"三习"是一种智慧,一种经过挫折聚就的感悟。

# 88 请严池塘改田之禁疏

### 清·杨锡绂

窃闻民生资乎谷食,而粳稻则维赖水以生。计自播种以至成熟,无一日可以缺水。故《周礼》遂人治野之法,制其地而沟封之。广四尺曰沟,八尺曰洫。广二寻①,深二仞②曰浍。百里之间为浍者一,为洫者百,为沟者万。捐膏腴之地以为沟洫,诚以蓄泄有时,则旱不得为患,所弃者小,所利者大也。后世阡陌既开,沟洫虽废,然陂泽池塘,实与田亩相依倚。近水则腴,远水则瘠,所在皆然。

湖南滨临洞庭,各属多就湖滨筑堤垦田,与水争地,常有冲决堤溢之忧。经

---

① 寻,八尺为一寻。
② 仞,七尺为一仞。

前抚臣蒋溥题请湖滨荒地，禁民筑堤在案。此外各属，非近江近湖之田，皆借池塘以为灌溉。塘池水足，则夏秋久晴，亦挹注有资。乃自滋生日繁，荒土尽辟，愚民昧于远计，往往废水利而图田工。不独大江大湖之滨，及数里数顷之湖荡，日渐筑垦，渐失旧迹。即自己输粮管业数亩之塘亦培土改田，一弯之涧也截流种稻。彼徒狃于雨旸时若之岁，以塘为无用。不知偶值旱涝，已所得不偿所失。即本年湘阴、武陵等邑，各有偏灾，此皆滨临洞庭而去湖稍远，即水无接济。臣确加查访，皆由塘多改田之故。又溪涧之水，远近取资。若徒恃己业，截垦为田，则上溢下漫无不受累。现在各属讼案纠纷，大半由此。往往争阻斗殴，酿成人命。此弊不独湖南，大约东南各省无处不然。水利日废，腴产渐变为瘠，实为民生之患。

查乾隆九年，浙江布政司潘思榘请禁侵占官湖①，止指湖荡官地而言。若民业塘池，尚未议及。臣愚以为国家生齿日繁②，地土固日辟而广，而至于关系水利之蓄泄则仍当以地予水，而后水不为害，田亦受益。但小民无知，不能远虑，而地方官因田粮较塘粮加重，以改则升科为劝垦之功③，遂俱贪目前之小利而忘经久之大害。臣思从前已经改垦之田，逐一清厘，固恐滋扰。若自今以往，严行禁止，于东南各省甚为有益。应请皇上敕下各省督抚，转饬地方官，将池塘陂泽蓄泄之利，明白淳切晓谕。凡地关蓄水及出水者，俱不许自恃己业，改垦为田。其有现在因垦争讼者，令地方官亲自勘明，但有碍水利即不许报垦。此后如刁民有不报官私将塘池改垦为田者，查出重惩，仍予改正。地方官有听民混将塘池改垦田亩，希图升科微利，攘为劝垦政绩者，查出参处。如此，则沟洫之遗意不致尽废，而田功得资水利而倍益矣。

《皇朝经世文编》。

## 公文笔者：

杨锡绂（1701～1769）进士，授吏部主事，累迁郎中。乾隆元年授广西布政使，后任广西、湖南、山东巡抚，漕运总督。在漕运总督任内十二年，屡进漕运策，多被采纳，编《漕运全书》，为后任者遵行。

长查访，有廉名，禁州县以土产馈官。

---

① 官湖，国有湖泊，有别于私家塘陂。
② 生齿日繁，新生人口日益增长。
③ 劝垦之功，清初推行召民垦荒政策，垦田亩数量列地方官政绩考核。

## 公文赏析：

杨锡绂《请严池塘改田之禁疏》，上于干隆十年（1745）湖南巡抚任内。

这篇公文，写得与当代公文十分相近。虽距今已过去两个半世纪，其写作风格与责任意识，仍不愧为今日公文笔者的镜鉴。

这篇公文，也是一份珍贵的水利资料。事涉自然生态平衡、官场政绩考核两大主题，而笔者所持观点相当前卫。

杨锡绂是一位善于调查研究的湖南巡抚，他从对湘阴、武陵"查访"中所得实情，阐述了雨旸与久晴交替、水可利害相转，水之蓄泄应采取"以地予水"的方针。这就要求保护江湖、水荡、陂泽、溪涧、塘池的水源，严禁"与水争地"的短视行为。他的这种方针，顾及到田水相依、粮增与人增的可持续发展行为，是很有远见的。

官员政绩考核，要与国家长远利益一致，是本篇所涉主题之一。官员政绩考核是一种杠杆。从古至今，凡官员政绩，有与国家长远利益契合者，有与国家长远利益背离者，政绩考核标准定于上司，上司有责任从家与人民的长远利益制定考核标准。但任何公平标准，都摆脱不了官员的个人取向。官员因培塘为田，"田粮"高于"塘粮"，以多征粮去搏取政绩，"贪目前之小利而忘经久之大害"，绝非是一个好官。

这篇公文更可贵之处，是杨锡绂提出的解决办法之切实可行。而且，他向皇帝请敕，地域不限湖南，可及"东南各省"，范围不限"官湖"，禁垦扩至"民业塘池"。人们相信，当年在"废水利而图田工"的热潮中，看到不良后果的决非巡抚一人，只是有人充耳不闻，有人追求"劝垦政绩"，贪图"升科微利"。这就不能不涉及食禄官员的抱负、公文笔者的眼界问题。没有高远眼界，写不出好的公文，这是做一个有为公文笔者的不变定律。

# 89　请考核州县实政疏

*清·讷亲*

窃惟吏治贵有实效，奉行务去虚文①。外省督抚以及各州县②，皆有应尽之

---

① 虚文，不解决实际实治理问题的公文往来。
② 各州县，指有州官与县官职分的官吏。

职守。而州县为亲民之官，凡教养大端，能尽一分实力，则百姓受一分实惠。加以督抚综核①得宜，自然令行禁止，有月异岁不同之象。乃外省政务，非不遵循成宪②办理，然浮文③常多，实意殊少。如钦奉上谕暨内外臣工条奏应行事务，在督抚大吏固皆恪遵罔懈，督课维严，由司道行之州县，亦复郑重严明。然于行文出示之外，求其遵奉之实际，则十无一二。

前蒙世宗宪皇帝降旨，令各督抚每年于十二月，将奉到事件，各条各款，如何施行，及行之如何，已有成效，缮本具题。盖洞悉外省因循积弊，借以儆省振刷④之意。乃行之既久，又复视为故套。不过令书吏随例填叙，既鲜稽核之实，又违述职之义。臣之愚见，似应将具题成效本章停止。

窃思朝廷良法美意，凡以为民也，但其中有未能期效于旦夕者，亦有实力奉行，即可收效者。如兴学校、端士习⑤、振民风及农桑树畜、河渠水利诸善政，皆所应行。其造曲烧锅⑥、赌博、健讼⑦、刁悍诸事，定例綦严，皆所应禁。然当因地制宜，从容观效，未可以期之旦夕也。至于盗窃打降及崇尚邪教⑧等事，关系于民生风俗，不可以不为急除。果能力为整顿，固可旋至而立效也。其所以行之而无效者，盖以各省州县，惟以簿书钱谷为事，其于境内户口之贫富、土地之肥瘠、物产之丰啬、民情之趋向、习俗之美恶，以及山川原隰⑨、桥梁道路，一切漫不经心。官之与民条教之外，既无馀事，民之与官，纳课之外，漠不相关。上下之情不相联属，安望其令行而禁止乎？

臣请敕下各省督抚，酌量各州县地方之大小、事务之繁简，定以一年半之限，令该州县官，遍历境内乡村，逐一体访确实，各就地方情形，将某事所当兴举，某事所当整饬，行之有无效验之处，据实造册详报，该上司即据此以为考核。岁终，督抚将通省某某州县，某事兴举若何，某事整饬若何，有效无效，核实具折奏闻。如此则为州县者，知上司之考核以实不以文，则凡职分所当为，考成之所系，自必实力奉行，不敢虚应故事。况百姓之休戚果能相通，地方之情形又能熟悉，其平日一应户婚田土，词讼钱粮，自易于措办，可省案牍之烦。即猝遇水旱不齐，亦可以斟酌缓急，措置得宜。则事事皆为实政，于吏治民生，不无

---

① 综核，观察与督导。
② 成宪，形成的法律条文。
③ 浮文，不着边际、不解决实务的公文。
④ 儆省振刷，警戒官吏，力洗积弊。
⑤ 端士习，端正称为士大夫的知识阶层的风尚。
⑥ 造曲烧锅，指违法酿酒。
⑦ 健讼，以帮人打官司谋利的讼棍。
⑧ 邪教，指白莲教、天地会等反清宗教团体。
⑨ 原隰，平原湿地。

裨益矣。

《皇朝经世文编》。

## 公文笔者：

讷亲（？~1749），满族钮祜禄氏，以先世军功封二等公爵，再以皇后戚属，"供职勤慎"进一等公爵。先后出任御史大臣、军机大臣等要职。干隆初为辅政大臣，任兵部、吏部尚书，太子太保，授保和殿大学士。在海塘、河工方面多有奏疏，也甚有成效。他在公文书写上是坚定的反"虚文"派。《请考核州县实政疏》一奏，说明这位公文笔者，身居要位，仍能重视州县官吏选用，推行官吏"体访"详报告制度，以及上司考核郡县官吏改循"以实不以文"方面，颇为可贵。后讷亲受命，总戎禁军征讨大金川土司犯边，以四万之师不敌三千之众，干隆以重臣视师不胜，"为四夷姗笑"为由，命人杀讷亲于班师途中。

## 公文赏析：

《请考核州县实政疏》是讷亲在干隆九年（1744）于吏部尚书任内所奏。

实政，还是虚政，是国家治理的一大分野。这篇力倡实政的奏疏，全文分三个层次展开：

1. 郡县官吏，对雍正朝所立郡县长官每年例行"具题成效本章"公文行文制度，已"视为故套"，其中"求其实际"者则十无一二。这些公文，既没有"稽核之实"，又违背述职必须亲为的本义，建议停止执行。

2. 朝廷"凡以为民"，布"善政"，厉"所禁"，而过去治理无效，盖出于州县官吏"惟以簿书钱谷为事"，至于民之贫富、灾患、丰歉、交通、民情、民俗，皆"漫不经心"，故而官民"上下之情不相联属"，岂能令行禁止？

3. 建议建立州县长官年度逐乡"逐一体访"、"据实造册"的详报制度。什么叫"体访"？体访就是郡县主官亲身考查，而不是委人代行。各省都抚改采"以实不以文"的方法考核官员，杜绝"虚应故事"的弊端，把国家引向"实政"。

本篇奏疏，建议废除雍正朝所立郡县长官"具题成效本章"，建立州县长官年度逐乡体访据实造册详报制，对当时的公文生态多有涉及，如公文虚行，"浮文常多，实意殊少"，主官的述职报告令书吏"随例填叙"，行文出示之外求其实际则十无一二，等等，重现了官场公文游戏的景象。讷亲的《请考核州县实政疏》，经朝廷阅批，"下部议行"，对干隆盛世的治理是有贡献的。

# 90 拟请重亲民之官疏

## 清·纪昀

臣宗道言，臣闻圣人在上，其智可以周天下之务，其心可以通天下之情，而其势不能遍天下之人。家至户晓以为治，相去者远不相及也。古帝王知其然，故内有百揆四岳①，外有州牧侯伯，用以寅亮天工，宣布德意，虽封建郡县，其制屡殊，而臂指相维，事同一致。故生民之命，尝系于亲民之官。而居是官者，其人乃不可不择。臣伏见五季纷争，民生凋蔽，休养生息，莫之或遑。

我祖宗诞受天命，混一九州，厚泽深仁，今已三世。陛下即位以后，宵衣旰食，百废俱兴，升中告成，于昭万禩。虽唐虞三代，无以加兹也。而独于亲民之官，若未加意，岂以其卑而忽之耶？夫寸辖制轮，尺枢转关，权之所在，不限大小。封疆大吏，所任不为不重，然卫天下之命，赫然建节钺以临之，百姓视之，仅下天子一等耳。其势愈重，其体愈尊，而于民间休戚之故，愈阔绝而难通。故古之循吏下僚多而大臣少，势使然也。知州通判，其位卑，易控诉也。其势近，易察核也。其所治狭，易周览也。其见民数，易相习也。其食望轻，虽履闾阎②问琐屑而以不为亵也。上达下情，下宣上德，是以天下之辖与枢矣。陛下轻之，毋乃未深计耶。且夫吏治易弛而难张，官方易淆而难澄，一不经心，其弊百出。方今清公守法约己爱人者，守令之中，岂曰无人？然南山之竹，不揉自直，器车之材，不规自圆，此千百之一二耳。其横者毛鸷搏噬，其贪者溪壑不盈，其诘者巧诈售欺，其懦者昏愦败事。而贵族权门，依势作威者又错出于其中。一二良吏恐不能补千百人之不及，况此一二人者，无所激劝，亦将随而波靡哉。良由视之太轻，核之不力，势遂至此也。

陛下兢兢业业，日有万几，诚不能于铨除③之时，一一亲见。然臣窃观《周礼》之法，论辨官材，掌之大司马。八柄诏王，掌之大冢宰。源流得失，贵在大臣。请慎简宰执，责以以人事君之道，委以进贤退不肖之任，于遣任之时，以言语观其才能，以容仪观其德器，虽未必周知心术，而拔十得五，亦足风厉天下。磨砺渐久，庶乎澄清。至于县令以下，虽不当以细事烦大臣，亦宜以台谏等官裁

---

① 百揆四岳，唐尧时代官名。
② 闾阎，古代平民聚居区。
③ 铨除，铨为选官，除为授职。

其去取，慎之于始与，治其败露之时，所得所失，相去万里。

陛下倘留意焉，天下幸甚。

《皇朝经世文编》。

## 公文笔者：

纪昀（1724~1805），字晓岚，干隆进士，授编修，先后充任乡试、会试考官，提督福建学政、侍讲。因姻亲案牵连，革职发戍乌鲁木齐。释还，任《四库全书》总编纂官。成书后擢为左都御史、礼部尚书、经筵讲官。嘉庆元年任兵部尚书、协办大学士，加太子少保。纪昀为人坦荡，幽默诙谐，其文称"始终条理，蔚为巨观"，读之耐人回味。纪昀学识渊博，精《易经》，擅于诗作及骈体文，也为公文鸿笔。《四库全书》成，著者表上，干隆称："表必出于昀手。"著有《四库全书提要》、《阅微草堂笔记》、《纪文达公遗集》。

## 公文赏析：

纪昀《拟请重亲民之官疏》，上于干隆十九年（1574）。

这是一篇讲重视用人的公文，但纪昀选取的角度不流于泛泛，而是针砭时弊，故对"康干盛世"颇具贡献。

"亲民"，系于古代"民本"思想，在封建社会虽可言而难及，但提出并倡导"亲民"，毕竟能使官员更贴近民众，百姓的生活也为官家顾及，是社会进步的表现。纪昀提出的"亲民之官"，是指知州通判、县令及县令以下官员。因为他们身在基层政权，负有"上达下情，下宣上德"的责任。

接下来，他大胆提出，当下能做到真正亲民的"亲民之官"，不过"千百之一二"。其中虽在亲民职位，有"横"者欺诈百姓，"贪"者鱼肉百姓，"诘"者愚弄百姓，"懦"者昏愦无能，何谈亲民？而造成"亲民之官"并不亲民的原因，实在是由于有司对于这个官员群落"视之太轻，核之不力"。在这件事情上，大臣宰执当然有责任，皇帝也有干系。在这里，纪昀为皇帝留下一顶帽子，即"忽之耶"，"未深计耶"。说明白一点，是批评皇帝眼光短浅，不知道"生民之命，尝系于亲民之官"，不知道下层官员与国家的命运连结于一体。

对于如何培植"亲民之官"，纪昀提出的建议是：请职司大臣，在选任官员时，"以言语观其才能，以容仪观其德器"，可收"风厉天下"之效。这样即使"拔十得五"，也是值得的。他认为，对县令以下官员，也应由朝廷派员"裁其去取"，在委任的"始与"环节上把关，而——当他们中的横、贪、诘、懦"败露之时",又及时处置,天下则可大治。即所谓郡县治,天下平。

全篇文字流畅,笔者的身份得体,既批评皇帝,又透视出对国家兴衰、帝王辛劳的记挂。

# 91 议复钱票有利无弊疏

## 清·贺长龄

窃接阅抵钞,奉上谕,宝兴①奏:近年银价日昂,由于奸商所卖钱票注写外兑字样,辗转磨兑,并无现钱。请严禁各钱铺不准支吾磨兑,总以现金交易,以防流弊等语。著步军统领衙门、顺天府五城妥议具奏,并直隶各督抚妥议章程,奏明办理,钦此。

惟政在便民,道崇简易。钱之有票,犹银之有票,盖以运实于虚,方能流转无滞,而虚不废实,乃有现钱可资,非如楮币之即以纸为钱,不能课实也。原奏谓辗转磨兑并无现钱,臣以为非无钱也。盖缘交易之时,不必即有用钱之事,遂以票兑换而去耳。如果需用甚切,即安能以空纸当实钱?小民虽愚,谋利则智,不待法令之程督也。且今日之银票,其每岁所会兑盖倍于钱矣,而银乃日贵,更何得以钱贱之故归咎钱票乎?

就愚见,钱票不独无弊也,兼有数利焉。钱质繁重难以致远,有票而远载之费可省,并得交易远方,其便一也。钱有良恶之异,为数又易淆,但当以票为凭,并可不必拣钱,不必过数,省去许多烦扰,其便二也。且此小票随身,更无宵小盗窃之虞,又免船水沉溺之失,其利殆不可胜计。臣尝考之前史钱票,盖亦便国,不仅便民也。唐宪宗时,令商贾至京师,委钱诸路、进奏院②及诸军诸使,富家,而以轻装趋四方,合券乃取之,号曰飞钱③。宋太祖时,亦令商旅投牒④三司,乃输钱于左藏库⑤,而以诸州钱给之,后因制为便钱务,所谓合券者,盖即今日之会票。商既便于取携,官以借省赍运,国民两利,莫善于此。明臣邱濬《大学衍义补》按语谓,今世亦可行之,但恐奉行者给受有停滞之弊,出入有减

---

① 宝兴,清大臣名,为力主取消钱票者。
② 进奏院,唐宋时官署名。唐时藩镇在京置邸,为官员入京寓所,并掌章奏、诏令及各种公文的传递承转。
③ 飞钱,亦称便钱,唐宪宗时使用的一种汇兑方式。
④ 牒,公文、凭证。
⑤ 左藏库,藏有珠宝货币的国家府库。

换之弊耳。臣以为唐宋上下通行，实裨于国计。今若禁民兑会，何以顺乎人情？仍请一仍其旧，于计为便缘。

奉饬议谨就管见所及，据实直陈。

《皇清道咸同光奏议》。

## 公文笔者：

贺长龄（1785~1848），进士，授编修，道光元年出任南昌知府，后任山东兖沂曹济按察使、江苏布政使、山东巡抚。调江宁布政使，乞归养亲。十六年擢贵州巡抚，二十五年擢云贵总督。时诸县多种罂粟，贺长龄劝民种木棉，多有惠民。重经世致用之学。在任奏疏，如议复钱票、养蚕教织、整顿兵政等，多为朝廷采用。贺长龄每到一地为官，必建书院、义学，兴办教育。辑《皇朝经世文编》，著《耐庵诗文集》。

## 公文赏析：

贺长龄是一位本分务实的官员，至于因不善作战冠以"儒而不武"，则不可苛求于人。他一生多在按察使、布政使、巡抚、总督任内，都为当地百姓做了一些实实在在的好事，而非贪图禄位之徒。正如他做事一样，他的公文也以保持着朴实无华的独特风格。

《议复钱票有利无弊疏》，上于贵州巡抚任内，时间在1836~1845年间。这是一篇应道光皇帝的征询而发表的议论。一篇不足千字的短奏，就把话说得如此透彻，并不拐弯抹角，实是可贵。对于惯用纸币的当代人来说，一个半世纪前人们不见硬通货的恐惧是很难想象的。名为宝兴的大臣，对发行钱票有几大顾虑："辗转磨兑"以"空纸当实钱"是危险的，且以纸为钱难以课税，还使银价日贵，只利民而不利国。

贺长龄的回答是：钱票看似为虚，而交易过程的终端是"虚不废实"，钱票后面有现钱。钱票通行可省远运之劳、沉溺之失。发行钱票，对军事拨款、民间交易，"国民两利，莫善于此"。且唐宋时已经采用，现时采用"有利无弊"。更可贵的是，贺长龄全篇旨意著于"政在便民"。

# 近现代公文

## 92 英吉利等国烟贩趸船尽数呈缴折

清·林则徐

奏为英吉利等国夷人震慑天威，将趸船鸦片尽数呈缴，现于虎门海口会同验收，恭折奏闻，仰祈圣鉴事：

窃照鸦片来自外洋，流毒中国，蔓延既久，几于莫可挽回，幸蒙我皇上涣号大宣，干纲独断，力除锢弊，法在必行。且荷特颁钦差大臣关防①，派臣林则徐来粤查办，顾兹重大之任，虑非暗陋所胜。仰赖谕旨严明，德威振叠，不独禁令行于内地，且使风声播及重洋。复蒙谕令臣邓廷桢②等，益矢奋勤，尽泯畛域③，下怀钦感，倍思并力驱除。在臣林则徐未到之先，已将窑口烟馆兴贩吸食各犯，拿获数百起，分别惩办。又派各师船轮流守堵，水陆交严，并将东路夷船及住省奸夷，先后驱逐。节经奏蒙圣鉴。臣林则徐于正月二十五日到省，亦将会同筹办大概情形先行具奏在案。

维时在洋趸船二十二只，已陆续起碇开行，作为欲归之势，若但以逐回夷界即为了事，原属不难。惟臣等密计熟商，窃以此次特遣查办，务在永杜来源，不敢仅顾目前，因循塞责。查夷情本皆诡谲，而贩卖鸦片者更为奸猾之尤，此次闻有钦差到省，料知必将该夷趸船发令驱逐，故特先行开动，离却向来所泊之伶汀等洋，以明其不敢违抗。其实每船内贮存鸦片，闻俱不下千箱，因上年以来各海口处处严防，难于发卖，而其奸谋诡计，仍思乘间觅售，非特不肯抛弃大洋，亦必不肯带回本国，即使逐出老万山以外，不过暂避一时，而不久复来，终非了局。且内海匪船，亦难保不潜赴外洋，勾结售卖。必须将其趸船鸦片销除净尽，乃为杜绝病源。但洪涛巨浪之中，未能确有把握。因思趸船之存贮虽在外洋，而贩卖之奸夷多在省馆，虽不必遽绳以法，要不可不喻以理而怵以威。

臣林则徐当撰谕帖，责令众夷人将趸船所有烟土尽行缴官，许以奏恳大皇帝天恩，免治既往之罪，并酌请赏犒，以奖其悔惧之心，嗣后不许再将鸦片带来内

---

① 关防，长方形印信，型制始于明初。清制，常规官职印信正方形，临时遣官印信长方形，称"关防"。

② 邓廷桢（1776~1846），两广总督，协办钦差大臣林则徐查禁鸦片，并同林则徐一起抗击英军，同案革职，同戍伊犁，后在甘陕任职，卒于官。

③ 尽泯畛域，消除门户之见。

地，犯者照天朝新例治罪，货物没关等语。与臣邓廷桢、怡良①酌商定稿，即于二月初四日公同坐堂，传讯洋商，将谕帖发给，令其赍赴夷馆，带同通事，以夷语解译晓谕，立限禀复。一面密派兵役，暗设防维。

查各国买卖，以英吉利为较大，该国自公司散局以后，于道光十六年派有四等职夷人义律②，到澳门经管商梢，谓之领事。臣等发谕之后，各国则皆观望于英夷，而英夷又皆推诿于义律。其中有通晓汉语之夷人丹等四名，经司道及广州府等传至公所，面加晓谕，因该夷丹等回禀之言尚为恭顺，当即赏红紬二匹，黄酒二坛，著令开导众夷，速缴鸦片。未据即行禀复。

至二月初十日，义律由澳门进省，其时奸夷颠地等希图乘夜逃脱，经臣等查知截回，谕责义律以不能约束之非，并照历届英夷违抗即行封舱之案，移咨粤海关监督臣豫堃，将各夷住泊黄浦之货船暂行封舱，停其贸易。又夷馆之买办工人，每为夷人潜通信息，亦令暂行撤退。并将前派暗防之兵役酌量加添，凡远近要隘之区，俱令明为防守，不许夷人出入往来，仍密谕弁兵不得轻举肇衅。在臣等以静制动，意在不恶而严，而诸夷怀德畏威，均已不寒而栗。

自严密防守之后，省城夷馆与黄埔、澳门及洋面趸船，信息绝不相通，该夷等疑虑惊惶，自言愧悔。臣林则徐又复叠加示谕，劝戒兼施，即于二月十三日据该领事义律禀复，情愿呈缴鸦片，维时距撤退买办之期业已五日，夷馆食物渐形窘乏，臣等当即赏给牲畜等物二百数十件，复向查取鸦片确数。经义律向各夷人名下反复追究，旋据呈明共有二万二百八十三箱。查向来拿获鸦片，如系外夷原来之箱，每一箱计装整土四十个，每个约重三斤，每箱应重一百二十斤。即至日久收干，每箱亦约在百斤以外。以现在报缴箱数核之，总不下二百数十万斤。若经奸贩转售，则流毒何所不至？今设法令其全缴，不动兵刑，无非仰仗天威，自然畏服。臣等领感之余，仍当倍加慎重。诚恐所报尚有不实不尽，访之于洋水师及商贾人等，佥称外夷商大趸船，每只所贮亦不越千箱之数。是趸船二十二只，核与所报箱数不甚相悬。当即谕令驶赴虎门，以凭收缴。

除商明留臣怡良在省弹压防范外，臣林则徐、臣邓廷桢均于二月二十七日自省乘舟，二十八日同抵虎门。水师提督臣关天培本在虎门驻扎，凡防范夷船，查拿私售之事，皆先与臣等随时商榷，务合机宜。自缴之谕既颁，尤资严密防堵。兹趸船二十二只陆续驶至虎门口外，关天培当即督率将领，分带提标各营兵船，

---

① 怡良（1791~1867），广东巡抚，协助林则徐广州禁烟。及林则徐、邓廷桢革职，广州禁烟钦差为琦善接替。后怡良向清廷劾奏琦善擅与英人订立割让香港，使其被革职逮问。

② 义律（1801~1875），英国贵族，入海军，任职于印度、牙买加、圭亚那殖民地，后任驻华商务监督。在林则徐广州禁烟时，包庇烟贩，力主英政府对华出兵。道光二十年（1840）五月，以英驻华全权副代表，随同全权代表率舰队封锁珠江，挑起鸦片战争，迫使清政府签订《广州和约》。后授海军大将衔。

排列弹压。并先期调到碣石镇总兵黄贵,署阳江镇总兵杨登俊,各带该标兵船分排口门内外,声威极壮。粤海关监督臣豫堃,亦驻虎门税口,照料稽查。臣等亲率候补知府、南雄直隶州知州余保纯,署广州府同知、佛冈同知刘开域,候补通判李敦业,乐昌县知县吴思树,暨副将李贤、守备卢大越,分派文武大小各委员①,随收随验,随运随贮。惟为数甚多,一夷船所载之箱,即须数十只剥船始敷盘运,而自口外运至口内堆贮之数,又隔数十里。若日期过促,草率收缴,恐又别滋弊端。臣邓廷桢拟收至两三日后,先回省署办公,臣林则徐自当常驻海口,会同提臣关天培详细验收,经理一切。容俟收缴完竣,查明实在箱数与该夷领事所禀有无参差,再行恭折奏报,并取具各夷人永不夹带切结存案,以断根株。

伏恩夷人贩卖鸦片多年,本干天朝法纪,若照名例所载"化外有犯并依律科断"之语,即予以正法,亦属罪有应得。惟念从前该夷远隔重洋,未及遽知严禁,今既遵谕全缴趸船鸦片,即与自首无异,合无仰求皇上覆载宽宏,恩施法外,免追既往,严儆将来。并求俯念各夷人鸦片起空,无资置货,酌量加恩赏给茶叶,凡夷人名下缴出鸦片一箱者,酌赏茶叶五斤,以奖其恭顺畏法之心,而坚其改悔自新之念。如蒙恩准,所需茶叶十余万斤,应由臣等捐办,不敢开销。

至夷人呈缴鸦片如此之多,事属创先,自应委派文武大员将原箱解京验明,再行烧毁,以征实在。

是否有当,臣等谨会同水师提督臣关天培、粤海关监督臣豫堃,合词恭折具奏。并录谕夷原稿并夷禀二件恭呈御览,伏祈皇上圣鉴。

再,此次距臣林则徐到省拜折之后,已阅一月,先因筹办未即就绪,不敢遽行奏闻。惟事经多日,恐廑圣怀,兹谨由四百里驰奏。合并声明。谨奏。

《林则徐集·奏稿卷》。

## 公文笔者:

林则徐(1785~1850),少有异才,年20辟巡抚佐幕。嘉庆十六年进士,授编修。在河道总督、江苏巡抚、广州钦差、湖广总督任内多有政绩。林则徐痛鸦片之流毒,力主禁烟。道光十八年(1838)七月至九月,先后筹议《严禁鸦片章程》六条,上陈《宜重禁吃烟以杜弊源片》,主张严禁鸦片。他以为,"此祸不除,十年之后,不惟无可筹之饷,且无可用之兵",因此受皇帝召对19次。十八年十二月,委为钦差大臣,节制广东水师,前往广州查禁鸦片。十九年

---

① 委员,委派的人员。

(1839)正月至广州,严拿烟贩,四月将收缴的 237 万斤鸦片销于虎门,历 40 日始尽。道光二十年(1840)初任两广总督。鸦片战争爆发后,多次领导当地军民击退侵略军的进攻。英军在广东的阴谋无法得逞,改窥厦门,进而北上天津大沽口,直逼京师,迫使清廷以禁烟"办理不善"罪革职林则徐。加以清廷内部投降派借机诬陷,林则徐被充军伊犁。1846 年起为陕甘总督、陕西巡抚,后任云贵总督,并署广西巡抚,卒于途中。林则徐倡导经世致用思想,才识广博,虚怀待人,所治有绩。死后,云南、江苏民间设祠供奉。著有《云左山房文钞》、《云左山房诗钞》、《畿辅水利议》、《信及录》等,编成外洋新见《四洲志》。有《林文公政书》传世。

## 公文赏析:

《英吉利等国烟贩趸船尽数呈缴折》,上于林则徐 1939 年正月奉使广州一月后。

一个主权国家,绝不允许戕害国人生命的贩毒贸易存在。以英帝国主义为首的列强借虎门销烟发动鸦片战争,是对主权国家明目张胆的侵略。正是鸦片战争开启了近代中国觉醒的历史大门。林则徐是近代中国的启门人,《英吉利等国烟贩趸船尽数呈缴折》是近代中国的第一奏章。

《英吉利等国烟贩趸船尽数呈缴折》,是林则徐将进行虎门销烟时对皇帝的奏折。虎门销烟是近代中国与列强正面交锋取得的首次胜利。这篇公文的选取,是因为它与虎门销烟这一重大历史事件相连,其政治意义大于文学意义。

本文的文体,同说理性、礼仪性公文不同,是一篇急报气氛很浓的公文,连传递加急方式都在文中标明,堪称本体公文的模本。

这篇公文,重要处逐日铺述,其中二月十日至二十七日收缴鸦片的进程尤详,看似呆板,实则必要。这则公文成为名篇,正是因为它凸显了林则徐的爱国忠贞,不惧列强的胆略,以及与外敌内奸巧于周旋的智慧:第一,林则徐奉使查办鸦片,不是把烟贩逐走了事,而是将停泊于中国港内的鸦片"销除净尽",且须烟贩做出"永不夹带"许诺,以"永杜来源"。第二,林则徐是一位很有军事头脑的人,缴烟、销烟争取做到"不动兵刃",但军备不懈,缴烟之前,派各师船轮流守堵口门,远近要隘派有暗防之兵,缴烟时除水师提督率师虎门外,再调两镇总兵前来弹压。林则徐率领军民击退首衅的英国舰队,就是一个证明。第三,为形成政府间的交涉,林则徐把企图逃走的大鸦片贩子颠地派人"截回",以及英吉利领事义律、各涉贩烟国官员传至广州府公所,"面加晓谕",宣示主权国的政策,是近代外交斗争的典范。第四,凡重大活动各官到场,"公同坐堂",

给皇帝奏报，包括外船所载烟土数量的评估及实缴数目，与贩烟国交涉过程，以及钦差谕书的起草，外事公文底稿，贩烟国所复信函，一一写明，或附列其后。这个以林则徐为首的禁烟集团，前后共事不过四月，他们被革职后，虽经投降派耆善多方分化，终于保持一致，足见林则徐的办事周密。所谓禁烟"办理不善"，不过是腐败清廷屈于强权的搪塞。

## 93 条议钞法折（节）

### 清·王茂荫

臣观自汉以来，不得已而为经国之计者有二：一曰铸大钱，一曰行钞币。二者之利同，而其难已经久，亦略相似。

然臣尝考铸大钱如汉元鼎迄明①，兴者数矣，曾不三五年即废。钞币之法，昉于唐之飞钱。宋初因之，置便钱务，可考者，至道②末，商人便钱百七十余万贯，天禧③末，增二十三万慣，计其流行已三四十年。交子④之法，自天圣至大观，行之七八十年。会子⑤之法，始自绍兴⑥，行之终宋之世。有元一代，皆以钞行。明沿用之，至弘正⑦间始废，盖亦行百有余年。是钞又不能久中之尚可久者也。臣见往年议平银价，内外臣工多为铸大钱之说，因私拟为钞法，以为两利取重、两害取轻计。钞之利不啻十倍于大钱，而其弊则亦不过造伪不行而止。国初造钞，岁十万余，行之亦经十年之久。其行也，所以辅相夫不足。其止也，即以裁成夫有余。圣神妙用，百世可师，济用权宜，似莫逾于此。顾臣虽拟之，久而不敢上者，诚恐奉行不善，转为法累，苟可无需，自不必行。若为不得已之计，则刍荛之愚，似宜陈之，以备采择。用是不揣冒昧，敬将所拟钞法十条恭缮进呈，伏乞皇上圣鉴。

钞之利自不待言，行钞之不能无弊，亦人所尽晓。然知有弊而不能实知弊之所在，知弊之所在而不能立法以破除之，则钞不行。间尝深思切究，即古来行钞

---

① 汉元鼎迄明，自汉武帝元鼎（前116～前111）年间达于明代，计1700年。
② 至道，宋太宗年号（995～997）。
③ 天禧，宋真宗年号（1017～1020）。
④ 交子，为中国最早的纸币，初由商人发行，宋天圣元年（1023）由政府发行，后因发行过量，改为钱引。
⑤ 会子，为南宋纸币，初由商人发行，后由户部接办，也因发行过量贬值而停发。
⑥ 绍兴，南宋高宗的年号（1131～1162）。
⑦ 弘正，明弘治至正德年间（1488～1521）。

之弊而详推之，盖有十端：一则禁用银而多设科条，未便民而先扰民。二则谋擅利而屡更法令，未信民而先疑民。三则有司喜出而恶入，适以示轻。四则百姓以旧而换新，不免多费。五则纸质太轻而易坏。六则真伪易淆而难识。七造钞太多则壅滞，而物力必贵。八造钞太细则琐屑，而杂伪滋繁。九则官吏出纳，民人疑畏而难亲。十则制作草率，工料偷减而不一。诚能举此十弊去之，先求无累于民，而后求有益于国，方可以议立法。

元以前未尝用银，故钞皆以钱贯计。今所贵在银而不在钱，则钞宜以银两计。过重则不便于分，过轻则不便于整，请定为两种：以十两者为一种，五十两者为一种。十两以下，则可以钱便之者也。

钞无定数，则出之不穷，似为大利，不知出愈多，值愈贱。明际，钞一贯至不值一钱，于是不得不思责民纳银以易钞，不得不思禁民用银以行钞，种种扰民，皆由此出。宋绍定①五年，两界会子多至三亿两千九百余万，此所以不行也。宋孝宗曰："会子少则重，多则轻。"此钞法之扼要也。请仿国初之法，每岁先造钞十万两，计十两者五千张，五十两者一千张。试行一二年，计可流通，则每岁倍之。又得流通，则岁又倍之。极钞之数，以一千万两为限。盖国家岁出岁入，不过数千万两，以数实辅一虚，行之一渐，限之以制，用钞以辅银，而非舍银以从钞，庶无壅滞之弊。

法钞行之自上，原不强民。然利轻贵与行远，无成色与重轻，较之金银，于民为便。内而顺天府、五城②，外而督抚州县，令出示晓谕，使民咸知此意，听民人等向银号兑换行用，并听有随处上纳钱粮、兑换银钱之用。再请饬，发钞专在省会州县。而收钞，则凡天下州县，必令于城内立一收钞银号，无论本地异乡民人，有持钞至者，或作交钱粮，或兑换银钱，均即如数兑交。各州县收钞后，均可为办解钱粮之用。如行钞数年，而州县有并无钞解充地丁者，是该州县办理不善，使钞不得通于该处。该督抚查明，即行参处。京外各行钞银号，均饬于招牌上加"钞"字。有持钞至者，均即兑换，毋须抑勒。各州县解藩库者，均令于钞正面之旁注明某年月日、某州县恭解。至民间辗转流通，均许背面记明年月日、收自何人，或加图记花字。遇有伪钞，不罪用钞之人，唯究钞所由来，逐层追溯，得造伪之人而止。如此，而民无用钞之苦矣。

部库令一人专司钞之出入。每收钞时，必详审钞之正反面，不必待其昏烂。但钞之背面图记花字注写略已将满者，即付送制钞局。各省收钞遇有似此者，即作解项解部，部库亦付送制钞局，使民间无换钞需索之虑。各省解部者，亦令于

---

① 绍定，南宋理宗年号（1228～1233）。
② 五城，即京都北京的中城、东城、南城、西城、北城。

钞正面之旁注某年月日、某省解。制钞局于原制钞簿上对明年月字号，注明某年月日销，将钞裁角，另贮一库。遇有伪钞，便可对明。如系已销之号，尚有未销之钞，则取当年制钞标识簿核对，前后两钞，何者真伪，立可辨认。按伪钞背面各图记追究由来，则伪造无不破矣。

制钞行钞各法，非不力思防弊，然恐法久而弊仍生。再请法行之后，不得另有更张，致民观听惶惑以坏法。造钞之制，不得渐减工料，致失本来制度以坏法。民人有伪造者，即照钞文治罪，不得轻纵以坏法。如是而坏法之弊庶几可杜。宋臣韩祥①有言："坏楮币者，止缘变更。救楮币者，莫如收减。增添料质，宽假工程，务极精致，使人不能为伪者，上也。禁捕之法，厚为之劝，厉为之防，使人不能为伪者，次也。"是言得钞法之精意也。

自来法立弊生，非生于法，实生于人。顾生弊之人，商民为轻，官吏为重。商民之弊，官吏可以治之。官吏之弊，商民不得而违之也。今于商民交易，虽力为设法不经官吏之手，然官吏果欲牟利，从而需索、扣减，亦复何难？商民兑换，一有扣减即不敢用，将使虚名徒悬，而利不通于上下。论者因以为钞不可行，似非钞之不可行也。保甲、社仓，良法具在，苟非良吏，亦终不行，是岂法之过与？州县得人，则商民奉法。督抚得人，则官吏奉法。是在圣朝洞鉴之中，又不独钞为然矣。唯是明臣邱濬②谓："钞不可行，以用之者无权也。"故行钞尤贵称提有法。称提③之法，则在经国大臣相时之轻重而收发操纵之，庶几可以经久。

《王侍郎奏议》。

## 公文笔者：

王茂荫（1789~1865），进士，咸丰元年出任陕西道监察御史，后任户部右侍郎，为清政府主管财政货币的大臣之一，成为当时著名的金融货币理论家。他对清政府发钞票、铸大钱造成通货膨胀，多次上书提出异议。时经鸦片战争，大量白银外流，国内捻军兴起，军需调拨滞缓，他在此前许多奏议中所阐述的观点被事实证明。他在《条议钞法折》中，力主发行纸钞，以通商情，又利转运。他的这方面奏章，"均中利害，清直为一时之最"。但咸丰皇帝为庸臣左右，斥其受商人指使，不关心国是，"传旨严行申饬"，并调出户部。及同

---

① 韩祥，宋吏部侍郎。
② 邱濬（1418~1495），明礼部尚书，文渊阁大学士，掌内阁四年。
③ 称提，指用金属货币或商品收兑纸币，或减少纸币发行，以恢复纸币市场信誉和购买力。

治皇帝即位，王茂荫继续受到重用，并写下了许多并非经济领域的著名公文，在大臣中颇有"直声清节"之誉。他每写一篇公文，必"一灯属草，宵分不寐"。这种不肯因循、必求洞悉、办事实心的精神，正是他成就为一代公文鸿笔之所在。马克思在写《资本论》时，从俄国驻北京使馆信报中得知王茂荫的货币思想，并写入了书中的附注。于是，王茂荫成了马克思《资本论》中唯一提及的中国人。

## 公文赏析：

《条议钞法折》，是王茂荫出任陕西道监察御史（1851）时所上的第一个有关货币政策的建议。

建议方案计列十事。出于篇幅原因，略去其中有关工艺、发行、勘验、兑换等节。

这篇公文，对中国古代货币思想有一个大致梳理。公文是最讲求用简明准确语言传达信息的实用文种，毕竟不能像论文那样引经据典，只能采取最简明的语言表述。王茂荫在《条议钞法折》中，用简短的语言讲明了世界上最早使用纸币的唐、宋、元、明的千年变更，使自己的建言有据。

王茂荫在《条议钞法折》之后，一再对朝廷的货币政策提出异议，并于1854年上《再议钞法书》。咸丰皇帝申斥他"置国事于不问，殊属不识大体"，并"传旨严行申饬"，将他调出户部，切断了他对货币思想的研究和实践。马克思《资本论》著作曾发现王茂荫的货币见地和他的遭遇，在附注中加了这样几句话："清户部侍郎王茂荫因向天子上了一个奏折，主张暗将官票宝钞改为可兑换的钞票。在1854年4月的大臣审议报告中，他受到严厉申饬。他是否因此受到笞刑，不得而知"（《资本论》第一卷，第146页）。

鸦片战争结束以后，中国白银几近枯竭，清政府中的改革派们禁止鸦片贸易、遏止白银外流主张已难实现，鸦片入关已成为司空见惯的合法贸易。白银继续大量外流，国家的收入日益短缺。于是，清政府内部滋生出以通货膨胀及铸造低值铸币来搜刮民财的议论。在这种历史背景下，王茂荫从缓和国家财政危机又不剥夺百姓的目的出发，建议发行纸币。王茂荫认为：纸币可发，不可滥发，只要经理得当，则利可取，弊可去，必会有效防止国家白银外流。但是，他的货币见解没有被采纳，虽然他并未遭受笞刑，但却在"严行申饬"后调离户部，永久封杀了他对货币政策的发言权。

## 94 资政新篇（节）

### 太平天国·洪仁玕

要自大至小，由上而下，权归于一，内外适均而敷于众也。又由众下而达于上位，则上下情通。中无壅塞弄弊者，莫善于准卖新闻篇或暗柜①也。

兴车马之利。以利便轻捷为妙。倘有能造如外邦火轮车，一日夜能行七八千里者，准自专其利，限满准他人仿造。若彼愿公布于世，亦禀准遵行，免生别弊。先于二十一省通二十一条大路，以为全国之脉络，通则国家无病焉。通省者阔三丈，通郡者阔二丈五尺，通县及市镇者阔二丈，通大乡村者阔丈余。差役时领犯人修葺崩破之处。二十里立一书信馆，愿为者请饷而设，以为四方耳目之便，不致上下梗塞，君民不通也。信资计文书轻重，每二十里该钱若干而收。其书要在某处交递者，车上车下各先束成一捆，至即互相交讫，不能停车俄顷。因用火用气用风之力太猛也，虽三四千里之遥，亦可朝发夕至，纵有小寇窃发，岂能漏网乎！

兴舟楫之利。以坚固轻便捷巧为妙。或用火用气用力用风，任乎智者自创。首创至巧者，赏以自专其利②，限满准他人仿做。若愿公于世，亦禀明发行。兹有火船气船，一日夜能行二千余里者，大商则搭客运货，国家则战守缉捕，皆不数日而成功，甚有裨于国焉。若天国兴此技，黄河可疏通其沙而流入于海，江淮可通有无而缓急相济，要隘可以防患，凶旱水溢可以救荒，国内可保无虞，外国可通和好，利莫大焉。

兴银行。倘有百万家财者，先将家资契式禀报入库，然后准颁一百五十万银纸③，刻以精细花草，盖以国印图章，或银货相易，或纸银相易，皆准每两取息三厘。或三四富民共请立，或一人请立，均无不可也。此举大利于商贾士民，出入便于携带，身有万金而人不觉，沉于江河则损于一己而益于银行，财宝仍在也。即遇贼劫，亦难骤然拿去也。

兴器皿技艺。有能造精器利便者，准其自售，他人仿造，罪而罚之。即有法人而生巧者，准前造者收为己有，或招为徒焉。器小者赏五年，大者赏十年，益

---

① 准卖新闻篇或暗柜，指造谣惑众与暗箱操作。
② 自专其利，给予专利权。
③ 银纸，即由商号签发的取银凭证，素称银票。

民多者年数加多，无益之物有责无赏。限满他人仿造。

兴宝藏。凡金、银、铜、铁、锡、煤、盐、琥珀、蚝壳、琉璃、美石等货，有民探出者准其禀报，爵为总领，准其招民采取。总领获十之二，国库获十之二，采者获十之六焉。倘宝有丰歉，则采有多少，又当视所出如何，随时增减，不得匿有为无也。此为天财地宝，虽公共之物，究亦枕近者之福，小则准乡，大则准县，尤大者准省及省外之人来采也。有争斗抢夺他人之所先者，准总领及地方官严办，务须设法妥善焉。

兴邮亭以通朝廷文书，书信馆以通各色家信，新闻馆以报时事常变、物价低昂。只须实写，勿着一字浮文。倘有沉没书札、银信及伪造新闻者，轻则罚，重则罪。邮亭由国而立，余准富民纳饷，禀明而设。或本处刊卖，则每日一篇，远者一礼拜一篇，越省则一月一卷，注明某处某人某月日刊刻，该钱若干，以便远近采买。

兴各省新闻官。其官有职无权，性品诚实不阿者。官职不受众官节制，亦不节制众官，即赏罚亦不准众官褒贬。专收十八省及万方新闻篇有招牌图记①者，以资圣鉴，则奸者股栗存诚，忠者清心可表，于是一念之善，一念之恶，难逃人心公议矣。人岂有不善，世岂有不平哉！

兴省郡县钱谷库，以司文武官员俸值公费。立官司理，每月报销。除俸值外，有妄取民贿一文者议法。

兴市镇公司。立官严正，以司工商水陆关税。每礼拜呈缴省郡县库存贮，或市镇公务支用，有为己私抽者议法。

兴市民公会②。富贵善义，仰体天父、天兄好生圣心者，听其甘心乐助，以拯困扶危，并教育等件。至施舍一则，不得白白妄施，以沽名誉，恐无贞节者一味望恩，不自食其力，是滋弊也。宜令作工，以受所值，惟废疾无所归者准白白受施。

兴医院以济疾苦。系富贵好善，仰体天父、天兄圣心者，题缘而成其举。立医师，必考取数场然后聘用，不受谢金，公义者司其事。

兴乡官。公义者司其任，以理一乡民情曲直吉凶等事，乡兵听其铺调。

兴乡兵。大村多设，小村少设，日间管理各户，洒扫街渠，以免秽毒伤人，并拿打架攘窃，及在旁证见之人，到乡官处处决③，妄证者同罪。夜于该管之地有失，惟守者是问。若力不足而呼救不及，不干守者之事。被伤者生则医，死则

---

① 招牌图记，指报纸上的画面。
② 市民公会，扶危救困的民间团体。
③ 处决，指全权办理。

瘗，有妻子者议恤。

罪人不孥①。若讯实同情者及之，无则善视抚慰之，以开其自新之路。若连累及之，是迫之使反也。

禁溺子女。不得已难养者，准无子之人抱为己子，不得作奴视之。或交育婴堂。溺者罪之。

外国有兴保人物之例，凡屋宇、人命、货物、船等，有防于水火者，先与保人议定，每年纳银若干，有失则保人赔其所值，无失则赢其所奉。若失命，则父母妻子有赖，失物则己不致尽亏。

外国有禁卖子为奴之例，家贫卖子，只顾眼前之便，不思子孙永为人奴，大辱祖考。后世或生贤智者不得为国之用，反为国之害矣。故准富者请人雇工，不得买奴，贻笑外邦。生女难养，准为女伺，长则出嫁从良也。

禁酒及一切生熟黄烟、鸦片。先要禁为官者，渐次严禁在下。绝其栽培之源，遏其航来之路，或于外洋入口之烟，不准过关，走私者杀无赦。

禁庙宇寺观。既成者还其俗，焚其书，改其室为礼拜堂，借其资为医院等院。此为拯民出于迷昧之途，入于光明之国也。

禁演戏、修斋、建醮。先化其心之惑，使伊所签助者，转助医院、四民院、学馆等，乃有益于民生实事。

革阴阳八煞之谬。名山利薮，多有金、银、铜、铁、锡、煤等宝，大有利于民生国用。今乃动言风煞，致珍宝埋没不能现用。请各自思之，风水益人乎，抑珍宝益人乎？数千年之疑团，牢而莫破，可不惜哉！

除九流。惰民不务正业，专以异端诬民，伤风败俗，莫逾于此。准其归于正业，焚去一切惑民之说。若每日无三个时辰工夫②者，即富贵亦是惰民，准父兄乡老擒送迸诸绝域，以警颓风之渐也。诚以游手偷闲，所以长其心之淫欲，劳心劳力，所以增其量之所不能。此天父之罚始祖，使汗颜而食者，一则使自养身，一则免生罪念，亦为此故也。

屋宇之制，坚固、高广任其财力自为，不得雕镂刻巧，并类王宫朝殿。宜就方正，勿得执信风水，不依众向，致街衢不直。既成者勿改，新造者可遵，再建重新者，亦可改直。

立丈量官。凡水患河路有害于民者，准其申请，大者发库助支，小者民自捐助，而屋宇规模，田亩制度，俱出此官。受赃者准民控诉，革职罚罪。

兴跛盲聋哑院。有财者自携资斧，无财者善人乐助，请长教以鼓乐书数杂

---

① 罪人不孥，指对犯罪者不株连亲属。
② 三个时辰工夫，指每人每日不少于六小时劳动。

技，不致废人也。

兴鳏寡孤独院。准仁人济施，生则教以诗书各法，死则怜而葬之。因此等穷民，操心危，虑患深，往多有用之辈，不可不以恩感之也。

禁私门请谒，以杜卖官鬻爵之弊。凡子臣弟友，各有分所当为，各有俸值，各有才德，各宜奋力上进，致令闻外著，岂有攀援以玷仕途？即推举者亦是为国荐贤，亦属分内之事，既得俸值，何可贪赃？审实革职，二罪俱罚。

《洪仁玕集》。

## 公文笔者：

洪仁玕（1822~1864），洪秀全族弟，出身于农民家庭，少学经史，屡试不第。1843年皈依洪秀全创立的拜上帝教。次年被派往清远县从事传教活动。1851年金田起义爆发后，为避清军追捕，流亡香港，在西洋牧师处教书，并受瑞典基督教徒韩山文的洗礼。1859年抵达天京，即封"开朝精忠军师顶天扶朝纲"干王，总理朝政。同年冬，作《资政新篇》，把拜上帝教的原始信仰与西方早期资本主义民主自由观结合，作为太平天国的执政纲领，得到洪秀全认同并予刊刻。除此，洪仁玕还草拟了《诛妖檄文》、《士阶条例》等文，力图振兴太平天国。五年后，天京陷落，战败被俘，英勇就义于江西南昌。洪仁玕诗文有《己未年会试题》、《英杰归真》、《玕王洪宝制》、《军次实录》传世。

## 公文赏析：

太平天国，是中国近代全国规模的农民起义运动，从洪秀全1843年创立拜上帝会，到1864年7月天京失守，坚持斗争14年。太平天国，这一用大刀、长矛打下来的政权，盛时扩及18省。这个政权所行使的公文，如《天朝田亩制度》等累卷成山。这里所收录《资政新篇》一节，作为一个农民起义军政权公文样本，列入中国公文演化链条上的环节。

《资政新篇》分用"人察失类"、"风风类"、"法法类"、"刑刑类"四个组成部分。本文仅摘取其"法法类"一节，是有关太平天国民主、民生方面的诏告，有如65年后孙中山《建国大纲》那样的政纲文书。《资政新篇》是中国近代第一个比较完整的资本主义建设方案，是19世纪50年代，作为鸦片战争战败国的中国，寻找自强道路的可贵尝试。

《资政新篇》作为一个新政权的政纲，在摆脱封建桎梏，向往公平、争取实现天赋人权方面，有其珍贵的历史价值。有些观念的先行，至今令人叹息。它不仅包括了土地法、屋宇法等国计民生的重要立法，还提出诸如对外开放、知识产权保护、高速交通发展、新闻传媒掌控，以及设立银行、公司、保险、市民公会、慈善机构、兴办医院、老人院、育婴堂、残人院，以至刑罚的无罪判定、反对株连、反对迷信、不求私门、不养惰民之类的社会进步立法，即所谓"尊五美、屏四恶"之法。但就科学性来说，他所提出的社会和经济改革29条，只是罗列，看不出其内在的兴举关联，说明无论笔者个人，还是天国诸王，并未经过斟酌删削，只是一篇思想倾向的粗略组合。

从文字结构上，也看出笔者并未经过公文训练，不谙公文要领，不避行文所忌，只是作为一个有良智文人的秉笔直书。文中时用记事体，时用议论体，时用公文体，交相混结，不论巨细。这种宪政文书的颁行，足见太平天国政权此时仍处于幼年时期。

# 95 拟选子弟出洋学艺折

清·曾国藩等

奏为拟选聪颖子弟，前赴泰西各国肄习技艺，以培人才，恭折仰祈圣鉴事：

窃臣国藩上年在天津办理洋务①，经前江苏巡抚丁日昌②奉旨来津会办，屡与臣商榷，拟选聪颖幼童，送赴泰西各国③书院学习军政、船政、步算、制造诸书，约计十余年业成而归，使西人擅长之技中国皆能谙悉，然后可以渐图自强，且谓携带幼童前赴外国者，如四品衔刑部主事陈兰彬、江苏候补同知容闳④皆可胜任等语。臣国藩深韪其言，曾与上年九月、本年正月，两次附奏在案。臣鸿章复往返函商。窃谓自斌椿⑤及志刚、孙家鼐⑥两次奉命游历各国，于海外情形亦已窥其要领，如舆图、算法、步天、测海、造船、制器等事，无一不与用兵相表里。凡游学他国得有长技者，归即延入书院，分科传授，精益求精，其于军政、

---

① 在天津办理洋务，指曾国藩于同治九年（1870）奉使办理天津教案。
② 丁日昌（1823~1882），曾国藩幕僚，参与筹设江南制造局并任总办，力促近代中国官派留学的成行。
③ 泰西各国，指今之欧美各国。
④ 容闳（1828~1912），中国最早留美学者，爱国华侨，1872年奉命率幼童120人赴美留学。
⑤ 斌椿（1803~?），1866年率同文馆学生一行五人，赴欧洲游历，为清政府派出的首批赴欧考察人员。
⑥ 孙家鼐（1827~1909），历任工部、礼部、吏部尚书，一生追求创办一流学堂，培养一流人才。

船政,直视为身心性命之学①。今中国欲仿效其意而精通其法,当此风气既开,似宜亟选聪颖子弟,携往外国肄业,实力讲求,以仰副我皇上徐图自强之至意。

查美国新立和约第七条内载,"嗣后中国人欲入美国大小官学,学习各等文艺,须照相待最优国人民一体优待"。又"美国可以在中国指准外国人居住地方设立学堂,中国人亦可在美国一体照办"等语。本年春间,美国公使过天津时,臣鸿章面与商及,允俟知照到日,即转致本国,妥为照料。三月间,英国公使来津接见,亦以此事有无相询,臣鸿章当以实告,意颇欣许,亦谓先赴美国学习,英国大书院极多,将来亦可随便派往。此固外国人所深愿,似于和好大局有益无损。臣等伏思外国所长既肯听人共习,志刚、孙家鼐又已导之先路,计由太平洋乘轮船径达美国,月余可至,当非甚难之事。

或谓天津、上海、福州等处已设局仿造轮船、枪炮、军火,京师设同文馆,选满汉子弟延西人教授,又上海开广方言馆选文童肄业,似中国已有基绪,无须远涉重洋。不知设局制造,开馆教习,所以图振奋之基也。远适肄业,集思广益,所以收远大之效也。西人学求实际,无论为士、为工、为兵,无不入塾读书,共明其理,习见其器,躬亲其事,各致其心思巧力,递相师授,期于月异而岁不同。中国欲取其长,一旦遽图尽购其器,不惟力有不逮,且此中奥窔,苟非遍览久习,则本原无由洞澈,而曲折无以自明。古人谓学齐语者②,须"引而置之庄岳之间",又曰"百闻不如一见",此物此志也。况诚得其法,归而触类引伸,视今日所为孜孜以求者,不更扩充于无穷耶?

惟是试办之难有二:一曰选材,一曰筹费。盖聪颖子弟不可多得,必其志趣远大,品质朴实,不牵于家累,不役于纷华者,方能远游异国,安心学习,则选材难。国家帑项岁有常额,增此派人出洋肄习之款,更须措办,则筹费又难。凡此二者,臣等亦深知其难,第以成山始于一篑,蓄艾期于三年,及今以图,庶他日继长增高,稍易为力。爰饬陈兰彬、容闳等悉心酌议,加以覆核,拟派员在沪设局,访选沿海各省聪颖幼童,每年以三十名为率,四年计一百二十名,分年搭船赴洋,在外国肄习,十五年后,按年分起,挨次回华。计回华之日,各幼童不过三十岁上下,年力方强,正可及时报效。闻前闽、粤、宁波子弟,亦时有赴洋学习者,但止图识粗浅洋文洋话,以便与洋人交易,为衣食计。此则入选之初,慎之又慎。至带赴外国,悉归委员管束,分门别类,务求学术精到。又有翻译教习,随时课以中国文义,俾识立身大节,可冀成有用之材。虽未必皆为伟器,而人材既众,当有瑰异者出乎其中,此拔十得五之说也。

---

① 性命之学,指封建文人对世界观的探索。
② 学齐语者,典出《孟子·滕文公下》,意指想学齐语的人。

至于通计费用，首尾二十年，需银百二十万两，诚属巨款。然此款不必一时凑拨，分析计之，每年接济六万，尚不觉其过难。除初年盘川发给委员携带外，其余指有定款，按年预拨，交与银号陆续汇寄，事亦易办。总之，图事之始，固不能予之甚吝，而遽望之甚赊。况远适异国，储才备用，更不可以经费偶乏，浅尝中辍。

近年来设局制造，开馆教习，凡西人擅长之技，中国颇知究心，所需经费，均蒙谕旨准拨。亦以志在必成，虽难不惮，虽费不惜，日积月累，成效渐有可观。兹拟选带聪颖子弟赴外国肄业，事虽稍异，意实相同。

谨将章程十二条，恭呈御览。合无仰恳天恩，饬下江海关①，于洋税项下按年指拨，勿使缺乏，恭候命下，臣等即饬设局挑选聪颖子弟，妥慎办理。如有章程中未尽事宜，并请饬下总理衙门酌核更改，臣等亦可随时奏请更正。所有拟选聪颖子弟前赴泰西各国肄习技艺缘由，谨合词恭折具奏，伏乞皇太后、皇上圣鉴训示。谨奏。

《曾文正公全集》。

## 公文笔者：

曾国藩（1811~1872），道光进士，就学于程朱理学，历任翰林院侍讲学士、内阁学士，礼、兵、刑、工、吏诸部侍郎。因镇压太平天国农民起义军，授一等侯爵。后在镇压捻军战争中无功，重回两江总督任。1868年调任直隶总督，负责处理天津教案，屠杀无辜。在复任两江总督后，设立安庆军械所，在上海与李鸿章合办江南制造总局，并联合洋务新政诸官，上《拟选子弟出洋学艺折》，奏请选派幼童赴美留学，成为中国近代官派留学生的倡导者。曾国藩好文，终身不辍。他的奏书，广涉食货、盐课、海运、钱法、河堤、军事各项，且多有名篇。论者以为，其做事有成，得益于"本于学问"、"务求蹈实"两长。著有《曾文正公文集》。

## 公文赏析：

《拟选子弟出洋学艺折》，是两广总督曾国藩、直隶总督李鸿章于同治十年七月初三（1871年8月18日）给清廷所上奏折。

19世纪60年代开始的洋务运动，使中国初涉资本主义近代化历程。作为当

---

① 江海关，上海海关的旧称。

时洋务运动的先行者,在国内设局制造的尝试,使他们较早地觉察到延请外国教习、外籍技师的"西化",大有"不得其要"之苦。在比较之下,他们提出了派员出洋留学的主张。但洋务运动的主张遭到顽固派的激烈反对。这篇奏折,以申明官派留学"缘由",对顽固派进行了针锋相对的批评。从这个角度看,《拟选子弟出洋学艺折》也可称为公文中的驳议。但从其务实的措施来看,这仍属于一篇理事公文。所述"缘由",是从两种"西化"办法的比较中展开的,有理有据,劝说清廷出资并颁令准许官派留学生出洋。

这篇官派留学生的早期国家公文,是联名合署的折子,从文中的"窃谓"、"臣某谓"、"臣等谓",可以细微看出他们间各自主张的偏重与差异。这篇奏书,在主体阐述"缘由"之后,附有细则性章程十二条,足见其事已周详,这又为"缘由"的严密起到助力作用。事实也实证了,选拔聪颖子弟出洋留学是中国近代史上的成功之举,虽然出洋学子学业未竟。

这篇奏折,眼界高远,叙事有据,说理周详,几至无懈可击。也许出于表述上的严密,叙事多有重复,尚欠精炼。

## 96 为复议杨乃武与小白菜案

清·翁同龢等

奏为复议重案,现讯情节①与原题②尚多歧异,谨详细奏明,请旨饬令再行研讯明确,以成信谳事。窃准军机处交出浙江学政胡奏③复讯民妇葛毕氏④因奸毒毙本夫葛品连分别定拟一折。

光绪元年十月十五日奉上谕:"前因给事中王书瑞奏浙江余杭县民妇葛毕氏毒毙本夫葛品连,诬攀已革举人杨乃武⑤,因奸同谋,问官回护原审,请派大员查办。当派胡瑞兰提讯。兹据该侍郎奏称,反复讯究,此案实系杨乃武因奸起意,令葛毕氏将伊夫葛品连毒毙,供词佥同,案无遁饰,按律定拟,并声明此案

---

① 现讯情节,即朝廷派员胡瑞兰的现审供词。
② 原题,即以杭州巡抚杨昌浚所报毕秀姑勾结奸夫杀死亲夫葛品连的奏文及所附原供。杨昌浚庇护府县原判,是冤案的主要制造者之一,后被革职。
③ 胡奏,即清廷派出的礼部侍郎、浙江学政胡瑞兰亲往杭州审理后,报出的奏文及现审供词。胡瑞兰是一个草菅人命的恶吏,是杨毕冤案的主要维护者。
④ 葛毕氏,名毕秀姑,案称"小白菜"。
⑤ 杨乃武,余杭县新科举人,与余杭县令有隙,被诬杀人,是清末"杨乃武与小白菜"案的主要受害者。

原拟罪名，查核并无出入等语。著刑部速议具奏。"

另片，"奏请饬部通行各省，嗣后办理案件有原呈报与现讯不符者，仍照叙原呈，再将到案究出实情，明晰声叙，以归核实。著刑部一并议奏。钦此。"

臣等正在核议间。

十八日内阁奉上谕："给事中边宝泉①奏，重案讯办未协，请提交刑部办理一折。浙江民妇葛毕氏谋毙本夫一案，朝廷为慎重人命起见，特派胡瑞兰秉公研究，并严饬该侍郎不得回护同官，含混结案。现在既经反复讯究，案无遁饰，已将全案供招奏交刑部，如有弥缝之处，该部不难悉心推究。若外省案件纷纷提交刑部，向亦无此政体。所请毋庸议。此案仍著刑部详细研求，速行核议具奏，俾成信谳。钦此。"

臣等查此案已革举人杨乃武，因奸商同奸妇葛毕氏，谋毒本夫葛品连身死。现据该学政复讯明确，将葛毕氏依妻"因奸同谋身死亲夫"律，凌迟处死。杨乃武依"奸夫起意杀死亲夫"例，拟斩立决。查核罪名并无出入。惟检查浙江巡抚原题与该学政复讯供招逐一详核，尚有歧异之处。如原题杨乃武、葛毕氏供称：同治十二年八月二十四日，杨乃武在葛毕氏房内玩笑，被本夫葛品连撞见，杨乃武走避，葛品连向葛毕氏盘出奸情，将葛毕氏责打，并称再与往来定要一并杀害。邻人王心培供亦相同。今查阅复讯杨乃武供词称：系八月二十四日听人传说葛品连与葛毕氏争闹，葛毕氏把头发剪下，欲至葛毕氏家探问，走到门首，见他家有人，并未进去。葛毕氏、王心培供亦略同。查原题断罪出语称：杨乃武与葛毕氏通奸，被本夫葛品连撞破奸情，即系指八月二十四日之事。而言今复讯供称，八月二十四日杨乃武并未进葛氏家，是杨乃武与葛毕氏奸情本夫葛品连并未撞破。前后情节互异。至杨乃武原供十月初三日由杭州回到余杭，路过仓前镇地方，向钱宝生药铺买得红砒，及查复讯供词后，称系十月初二日在钱宝生铺购买。查买砒霜日期不容稍涉含混，何以原供与现审供词互相参差？况钱宝生系买砒要证，检阅现供，系初审时仅在县传讯一次，此后该府何以未经亲提复鞫，是否曾与杨乃武当堂对质，案中亦未叙及。且王心培供有葛毕氏白日常不在家，夜深时每闻其开户之语。究竟往来者系属何人？检阅葛毕氏等供招，于此节并未叙讯。又杨乃武牵告该县刘锡彤之子刘子瀚②，令民壮阮德传谕，令其出洋钱了结。刘子瀚是否即刘海升？仅凭民壮阮德供词，谓刘海升早已回籍，并未取具该县亲供，亦属疏漏。

---

① 边宝泉，后补浙江监察御史，上奏揭发杨毕冤案的诸多疑点，力主全案移交刑部重审。
② 刘锡彤之子刘子瀚，刘锡彤系浙江余杭县令，因与举人杨乃武有隙，是杨毕冤案的祸首。刘子瀚是刘锡彤之子，曾强奸毕秀姑，刘锡彤制造杨毕冤案，既出于对杨乃武的挟嫌报复，又出于对犯罪儿子的袒护。

以上各节，均系案内紧要关键。经臣等逐细详核原审，情节与现供尚多歧异。在该学政就现讯供词定案，原不必与原审情节尽符。惟供词因何不符之处，亦应与复审供内详细声明，方成信谳。今复审供词既与原审情节互异，并未逐层剖晰。臣部未便率复，应否请旨饬下该学政提集犯证，将复审与原审情节因何歧异之处，再行讯取详细供词，声叙明晰，妥拟具奏，到日再由臣部核议。至该学政奏请通行各省，嗣后办理案件，有原报与现供不符者仍照叙原呈，再将到案究其实情明晰声叙，应由臣部另折复奏。所有臣等遵旨速议，奏请复讯缘由。谨恭折具奏请旨。

光绪元年十月三十日奏。

本日奉

《中国历代奏议大典》（转引自《京郊日报》1994年2月23日刊文）。

## 公文笔者：

翁同和（1830～1904），咸丰六年考录一甲一名进士，授编撰。光绪元年（1875）署刑部右侍郎。二年四月为光绪师傅。以近帝之便，力劝"停不急之工"，先后涉及故宫、圆明园的修筑工程。后迁户部尚书、军机大臣、总理各国事务大臣。倾向变法，并以"帝师"身份寻访康有为，为慈禧所忌，光绪二十四年（1898）开缺回籍。戊戌变法后，以"力陈变法，滥保非人"罪革职，永不叙用，交地方管束。卒于家。宣统年间追谥文恭。著有《瓶庐诗文稿》、《翁文恭公日记》。

《复议杨乃武与小白菜案》奏文的署者，除右侍郎内阁学士翁同和外，另有刑部尚书崇实，礼部尚书宗室灵桂，尚书桑春荣，左侍郎绍祺、黄钰，右侍郎宗室载崇、钱宝廉，计八人。"署者"同"笔者"不同，本篇奏文出于翁同和之手，尚属推断，因为他是八臣学识和文笔最高之人，尽管当时官职排在末位。是时，联署奏文由"末官"执笔为常事。

## 公文赏析：

《为复议杨乃武与小白菜案》，是清末一篇揭露冤案的著名刑法公文。是由翁同和等八大臣联署，写于光绪元年（1875）十月三十日。这篇奏折的副本，20世纪末在北京云居寺发现，并于1994年2月17日在《京郊日报》转载，首次收录于《中国历代奏议大典》类书中。

这是一篇在案由上最费笔墨的一篇公文，涉及案由交代的就有三道皇谕：

"著刑部速议具奏"、"著刑部一并议奏"、"仍著刑部详细研求，速行核议具奏"，这就用去700字之多。在杨乃武与小白菜案明显分为对立两派处置意见的情况下，朝廷派钦差去办，不要刑部参与，又要刑部"速议"、"详细研求"具奏，至少这是一个难题，甚至不妨看着是一个圈套。写这篇公文，是要一种政治勇气的。笔者驳议全篇只限于从钦派奸官们的报告中寻找漏洞。其实，笔者取得真实情况的主要渠道绝不在这里。与京师有着千丝万缕联系的信息以及被造人的反映材料，才是笔者发现问题的线索，不过，在正式的"具奏"文字中只能从他们准许看到的官报中引出。否则，他们就有越权之罪，使自己没有为受害人免罪前先已罹罪。

杨乃武与小白菜冤案，发生于同治十二年（1872）。这年十二月十日，毕秀姑（即小白菜）的丈夫葛品连，因病死亡。毕秀姑相貌出众，婚前常受官家阔少及街痞、无赖欺凌。葛品连、毕秀姑婚后，曾租住杨乃武房屋，受到杨家照料，杨乃武还教毕秀姑识字。一些过去惯于挑逗小白菜的官家阔少、街痞、无赖，碍于杨家大户，杨乃武又是新科举人，不敢登门造次，即编出"羊（杨）吃白菜"的流言。及葛氏夫妇迁出杨家，无赖们就更加肆无忌惮。余杭县令刘锡彤，素与杨乃武有隙。杨乃武对县令刘锡彤的飞扬跋扈也表不平，贴出"大清双王法，浙省两抚台"的帖子以示抗争，双方积怨日深。及葛品连因病死亡，刘锡彤以为报复时机已到，以葛品连死因不明急捕毕秀姑，屈打成招，说受杨乃武"指使"毒杀亲夫。刘锡彤遂革去杨乃武举人头衔，收捕刑讯。然后将刑讯逼供的供词上报杭州府。杭州巡抚杨昌浚派人会审，而此人被刘锡彤贿买，将虚假供词，以杭州府名义上报清廷。只等回文一到，奸夫处死，奸妇凌迟。此时，杨乃武的姐姐杨菊贞，两次进京告状，并在江浙籍京官帮助下告到两宫太后那里。西太后下令，由浙江巡抚杨昌浚亲自审问，务得实情。杨昌浚审了两个月，杨、毕皆说，前供尽为屈打成招。于是朝廷委礼部侍郎、浙江学政胡瑞兰前去审理。胡瑞兰用尽刑法，迫使杨、毕两人重招原供。胡瑞兰急报"案无遁饰"，"原拟罪名并无出入"，只待回文行刑。此时，杭州一些举人、生员及杨家好友三十余人，联名向刑部、都检察院揭露官府刑讯逼供、草菅人命真相。京中御使奏请将此案提交刑部审理，未被允诺，却使朝廷指名由刑部"悉心推究"，于是才有了翁同和的《复议杨乃武与小白菜案》的奏文。这时，清廷终于同意，令余杭县令刘锡彤将全部犯人、证人押解来京，这才有了后来的真相大白，也才有了对《复议杨乃武与小白菜案》奏文所持见解的认证。

这篇奏文，是从受贿的杭州巡抚杨昌浚之"原呈"，与冤案维护者胡学政之"现讯"中找出的破绽。奏文提出的前后两报"歧异"有四：

1. 八月二十四日，杨、葛、毕是否相会？所谓"撞破奸情"的情形是否发生?巡抚"原呈"与学政"现讯"歧异不合。

2. 买砒霜日期不容稍涉含混,原供为十月初三日,复供又为十月初二日,且钱宝生系砒霜"要证",复审为何不提审此人?为何无钱宝生与杨乃武当堂对质?

3. 邻人王心培供言,毕秀姑家中夜间常有人往来,此事毕秀姑从未供招,复讯也未详问,"究竟往来者属何人"?

4. 杨乃武"牵告"该县令刘锡彤之子刘子瀚,强奸毕秀姑,为什么刘子瀚从未出庭?现讯中据以刘海升"已回原籍",刘海升是否即刘子瀚?

其实,刑部"臣等",对杨毕冤案内情,既有来自案卷比对的判断,更有江浙官员、友人的密报,以及杨乃武姐姐杨菊贞、杭州三十余知识人士的进京告状。就常识而言,两个死刑犯,经数年严刑拷打,已是生不如死,为何数次翻供,已足以证明这是一起冤案。所以,在翁同和《复议杨乃武与小白菜案》的奏文结尾部分,放出一句重话:原审与现供还有"尚多歧异"。这就等同指明此案必定调京重审不可。这篇奏文的高明处,是全文一概不用其他渠道信息,完全在两道皇命的"著刑部一并议奏"、"著刑部详细研求,速行核议具奏"上做文章。简要地说,刑部能做的事,仅限于对原呈与现讯的"研求"与"议奏"。所以,刑部奏文,专在言之凿凿的杭州巡抚的"原呈",与傲气逼人的朝廷大员胡瑞兰的"现讯"比对中,寻找"歧异",可见笔者的良苦用心。

这篇奏文,翁同和等八臣,面对的是一个用黄金打造的利益链条,即挟嫌报复他人、又借机包庇孽子罪行的余杭县令刘锡彤,和受贿的杭州巡抚杨昌浚、朝廷大员胡学政。历代官场都有挟嫌报复之徒,他们的心是黑的,天良丧尽,他们手中所执皆为曲笔。翁同和等八臣,仅以"研求"与"议奏"的四字授权,一篇奏书,终使冤案昭雪,受到百姓颂扬。当然,舆论在这起冤案昭雪中起了举足轻重的作用。

翁同和《复议杨乃武与小白菜案》这篇刑法公文,是针对杭州巡抚杨昌浚的"原呈"、朝廷派员胡学政的"现讯"两篇刑法文书写成的。它不仅说明,一篇正确的刑法公文是如何写成的,也告诉人们,凡挟嫌报复者写的刑法公文,凡依据屈打成招写的刑法公文,凡以包庇纵容之心写的刑法公文,到头来,其一字一句,都是在书写自己的罪状。古之已然。君不见,事过130年,《杨乃武与小白菜》的故事至今仍以小说、戏剧、电影的形式流传,当年为这个案件书写公文的人们,有的受到颂扬,有的则被绑在历史的耻辱柱上。

## 97　请删除刑律三项折

清·伍廷芳等

光绪二十八年①四月初六日，奉上谕："现在通商事益繁多，著派沈家本、伍廷芳将一切现行律例，按照交涉情形，参酌各国法律，悉心考订，妥为拟议，务期中外通行，有裨治理等因。钦此。"

仰见圣谟宏远，钦佩莫名。当经臣等酌拟大概办法，并遴选谙习中西律例司员，分任纂辑。延聘东西各国精通法例之博士律师，以备顾问。复调取留学外国卒业生，从事翻译，请拨专款，以资办公，刊刻关防，以昭信守各等因，先后奏明在案。

计自光绪三十年四月初一日开馆以来，各国法律之译成者：德意志曰刑法，曰裁判法。俄罗斯曰刑法。日本曰现行刑法，曰改正刑法，曰陆军刑法，曰海军刑法，曰刑事诉讼法，曰监狱法，曰裁判所构成法，曰刑法义解。校正者：曰法兰西刑法，至英美各国刑法。臣廷芳从前游学英国，夙所研究，该两国刑法，虽无专书，然散见他籍者不少，饬员依类辑译，不日亦可告成。复令该员等比较异同，分门列表，展卷了然，各国之法律亦可得其大略。臣等以中国法律，与各国参互考证，各国法律之精意，固不能出中律之范围。第刑制不尽相同，罪名之等差亦异。综而论之，中重而西轻者为多。盖西国从前刑法，较中国尤为惨酷，近百数十年来，经律学家几经讨论，逐渐改而从轻，政治日臻美善。故中国之重法，西人每訾为不仁，其旅居中国者，皆借口如此不受中国之约束。夫西国首重法权，随一国之疆域为界限。甲国之人侨寓乙国，即受乙国之裁判，乃独于中国不受此裁判，转予我以不仁之名，此亟当幡然变计者也。方今考订商约，英法日葡四国，均允中国修订法律，首先收回治外法权，实变法自强之枢纽。臣等奉命考订法律，恭绎谕旨，原以墨守旧章，授外人以口实，不如酌加甄采，可默收长驾远驭之效。现在各国法律，已得其大凡，即应分类编纂，以期克日成书，而该馆员等佥谓宗旨不定，则编纂无从措手。臣等窃维治国之道，以仁政为先，自来议刑法者，亦莫不谓裁之不义，而推之以仁。然则刑法之当改重为轻，固今日仁政之要务，而即修订之宗旨也。现行律例，款目极繁，而最重之法，亟应先议删除者，约有三事：

---

① 光绪二十八年，即公元 1902 年。

一曰凌迟①、枭首②、戮尸③。查凌迟之刑，唐以前无此名目，始见于《辽史·刑法志》。辽时，刑多惨毒，其重刑有车辗炮掷④诸名，而凌迟列于正刑之内。宋自熙宁⑤以后，渐亦沿用。元明至今，相仍未改。枭首在秦汉时，惟用诸夷族之诛，六朝梁陈齐周诸律，始于斩之外别立枭名。至隋而删除，其法自唐迄元，皆无此名。今之斩枭，仍明制也。戮尸一事，惟秦时成蟜⑥军反，其军吏皆斩戮尸，见于《始皇本纪》，此外无闻。历代刑志，并无此法，明律亦无戮尸之文。至万历十六年，始定此例，亦专指谋杀祖父母、父母者而言。国朝因之。后更推及于强盗案件，凡斩枭之犯监故者，无不戮尸矣。凡此酷重之刑，固所以惩戒凶恶。第刑至于斩，身首分离，已为至惨，若命在顷忽。菹醢⑦必令备尝，气久消亡，刀锯犹难幸免，揆诸仁人之心，当必惨然不乐，谓将惩本犯，而被刑者魂魄何如。谓将以警戒众人，而习见习闻，转感召其残忍之性，故宋真宗时，御史台请剮人贼，帝曰五刑有常刑，何为惨毒也。陆游⑧尝请除凌迟之刑，亦谓肌肉已尽，而气息未绝，肝心联络，而视听犹存，感伤至和，亏损仁政，实非圣世所宜遵。隋时颁律诏云：枭首义无所取，不益惩肃之理，徒表安忍之怀，洵皆仁人之言也。且刑律以唐为得中，而唐律并无凌迟、枭首、戮尸诸法。国初律令重刑，惟有斩刑准以为式，尤非无征，拟请将凌迟、枭首、戮尸三项，一概删除，死罪至斩决而止。凡律内凌迟、枭首各条，俱改斩决，斩决俱改绞决，绞决俱改绞候，入于秋审情实，斩候俱改绞候，与绞候人犯仍入于秋审，分别实缓。将来应否酌量变通，再由臣等妥议核定。或谓此等重法，所以处穷凶极恶之徒，一旦裁除，恐无以昭炯戒。顾有唐三百年不用此法，未闻当日之凶恶者独多。且贞观四年，断死罪二十九，开元二十五年方五十八。其刑简如此。乃自用此法以来，凶恶仍接踵于世，未见其少，则其效可睹矣。化民之道，固在政道，不在刑威也。

一曰缘坐。缘坐之制，起于秦之参夷及收司连坐法⑨，汉高后除三族令，文

---

① 凌迟，即剐刑，指对临刑者，以零刀碎割，使受尽痛苦而死。五代以来列入正刑。
② 枭首，执行死刑的一种方式，即斩首并悬挂示众。
③ 戮尸，陈尸示众。
④ 车辗炮掷，即车裂或以抛掷致死为刑者。
⑤ 熙宁，宋神宗年号，起于公元1608年。
⑥ 成蟜，秦始皇弟，长安君，秦王政八年（前239）举兵反叛，军败自杀于屯留壁垒内，军吏皆遭戮尸。
⑦ 菹醢，把受刑者剁成肉酱的刑法。
⑧ 陆游，南宋编修官，以典籍、诗词见长。
⑨ 参夷及收司连坐法，参夷，为古刑的株连三族，而收司连坐法起于秦商鞅变法，一家犯罪，九家连坐。

帝除收拿相坐律，当时以为圣德，惜夷族之诛，犹间用之，故魏晋以下，仍有家属从坐之法。唐律惟反叛恶逆不道，律有缘坐，他无有也。今律则奸党交结近侍诸项，俱连坐矣。反狱、邪教诸项亦连坐矣。一案株连，动数十人。夫以一人之故，而波及全家，以无罪之人而科以重罪，汉文帝以为不正之法，反害于民。北魏崔挺①尝曰："一人有罪，延及阖门，则司马牛受桓魋之罚②，柳下惠膺盗跖之诛③，不亦哀哉！"其言皆为笃论也。罚弗及嗣，《虞书》所美，罪人以族，《周誓》④所讥。今世各国，咸主刑罚止及一身之义，与罪人不孥之古训，实相符合，洵仁政之所当先也。拟请将律例缘坐各条，除知情者仍治罪外，其不知情者，悉予宽免，余条有科及家属者准此。

一曰刺字。刺字乃古墨刑，汉之黥也。文帝废肉刑而黥亦废，魏晋、六朝虽有逃奴、劫盗刺字之文，旋行旋废。隋唐皆无此法，至石晋天福间始创刺配之制，相沿至今，其初不过窃盗、逃人，其后日加繁密，刺事由，刺地名，刺改发，有例文不著而相承刺字者，有例文已改而刺字未改者，其事极为纷糅。在立法之意，原欲使莠民知耻，庶几悔过迁善，讵知习于为非者，适予以标识，助其凶横。而偶罹法网者，则黥刺一膺，终身僇辱。诚如《宋志》所谓：面目一坏，谁复顾惜，强民适长威力，有过无由自新也。夫肉刑久废，而此法独存。汉文所谓刻肌肤痛而不德者，正谓此也。未能收弼教之益，而徒留此不德之名，岂仁政所宜出此。拟请将刺字款目，概行删除。凡窃盗皆令收所习艺，按罪名轻重，定以年限，俾一技能娴，得以糊口。自少再犯、三犯之人，一切递解人犯，严令地方官认真签差押送，果能实力奉行，逃亡者自少也。

以上三事，皆中法之重者，参诸前人之论说，既多议其残苛，而考诸今日环球各国，又皆废而不用，且外人訾议之中法不仁者，亦惟此数端为最甚，此而不思变通，则欲彼之就我范围，不犹南辕而北辙乎。查各国修订法律，大率于新法未布，设单行法，或淘汰旧法之太甚者，或参考之可行者，先布告国中，以新耳目。是以略采其意，请将重法数端，先行删除，以明示天下宗旨之所在。此外或因或革，端绪繁多，俟臣等随时厘定，陆续奏闻。惟更张之始，度必有议其后者，窃思法律之为用，宜随时运为转移，未可胶柱而鼓瑟。昔宋咸平⑤时，删太

---

① 崔挺，北魏孝文帝时大臣，时罪犯配边多有逃亡，遂设一人逃亡，阖门充役之罚，崔挺上书请免。
② 司马牛受桓魋之罚，桓魋为春秋时宋国大夫，因避诛出奔，齐使为次卿，司马牛为桓魋弟，且为卫臣，语为虽是兄弟不当株连。
③ 柳下惠膺盗跖之诛，柳下惠即展禽，春秋时鲁国大夫，社会和谐首倡者，食邑于柳下地方，谥惠，又称柳下惠，盗跖即展跖，展禽弟，春秋时农民起义领袖，语为虽是兄弟不当株连。
④ 《虞书》、《周誓》为《尚书》篇章。
⑤ 咸平，北宋真宗年号（998～1003）。

宗诏令,十存一二,史志称之。我朝雍正、乾隆年间,修改律例,于康熙时,现行条例删汰不知凡几。即臣等承诏之初,亦以祖宗成宪,未敢轻易更张,第环顾时局,默验将来,实不敢依违模棱,致今事机坐失。近日日本明治维新,亦以改律为基础,新律未颁,即将磔罪、枭首、籍没、墨刑先后废止,卒至民风丕变,国势骎骎日盛,今且为亚东之强国矣。中日两国政教同,文字同,风俗习尚同。借鉴而观,正可无庸疑虑也。

  伏闻我皇太后,皇上,深念时艰,勤求上理,特诏考订法律,期于通行中外,法权渐可挽回,用敢择其至要者。披沥上陈,倘蒙俞允,并请明降谕旨,宣示中外,俾天下晓然于朝廷宗旨之所在,而咸钦仁政之施行,一洗从前武健严酷之习,即宇外之环伺而观听者,亦莫不悦服而景从。变法自强,实基于此。

《光绪朝东华录》。

## 公文笔者:

伍廷芳(1842~1922),出生于新加坡,毕业于香港圣保罗书院,留学英国攻读法律,后出任香港律师、法官,兼立法局参议员。1882年进入李鸿章幕府,几年后出任美国、秘鲁等国公使。1902年回国,任修订法律大臣。后任商务大臣、外务部右侍郎、刑部右侍郎。1911年武昌起义清廷覆灭,伍廷芳毅然宣布拥戴共和,并出任南京临时政府司法总长。袁世凯当政时寓居上海。1917年追随孙中山参加广州护法运动,出任外交总长兼财长要职,病逝于广东省长任内。伍廷芳在上清廷的《时局日危图治宜亟折》中,就对封建统治者的酷刑、重刑提出批评,劝说清廷"参取西方之法","慎决狱而重民命"。七年后,即1905年,伍廷芳与沈家本等上《请删除刑律内凌迟、枭首、戮尸三项折》,向清廷提出了施行仁政的明确主张。伍廷芳受过西方高等教育,又长期出使国外,受资产阶级民主思想影响较深,这是他与清廷其他大臣不同,晚年走上拥戴孙中山民主革命道路的根本原因。伍廷芳在公文风格上,反对"拘文牵义,多言寡实",力主删汰虚文。而公文出自他的手笔,则求实之风面目一新。

## 公文赏析:

这个奏折,为1905年伍廷芳、沈家本共同向慈禧太后和光绪皇帝所上。

清廷分派外事官员参酌本国刑律,是为列强所迫。不过,敢把酷刑与文明进程联系起来向封建帝王讲明,是笔者的一种政治勇气。为了废除清廷正在推行的"3+2酷刑",即凌迟、枭首、戮尸加上缘坐、刺字,伍廷芳、沈家本从引申中国刑法史，得出的结论是：仁政者轻刑，酷刑者不德。能够大胆地对正在施行酷刑的清廷说这番话，是要有政治勇气的。当然，他们"考订"现行法律，有"奉谕"在先。为了强化这一观念，奏文用大量篇幅，逐一对五项刑法的残酷性、非理性加以剖析，论据有力，语言悲切，具有强烈的感染力。伍廷芳、沈家本指名删除"3+2酷刑"的另一方面理由，是借助于便于收回国家的治外法权。这会使今人难以弄懂。在清代末年，鸦片战争已使中国沦为殖民地半殖民地国家。西方列强以"中法"重于"西法"为由，在中国土地上生活的外国人可以为所欲为，不受中法约束。伍廷芳删除重刑，不授人以柄，有助于"收回治外法权"，自然是当权者最容易接受的理由。不过，其中也难免透出笔者对外强畏惧的内心世界。

一个人的公文理念，也是他办事理念、从政理念的体现。这篇奏折，伍廷芳指名删除"3+2酷刑"，而不是漫无边际地全面修订清廷刑法，透视出伍廷芳奏文、处事务求实效的态度。果然，他们的奏折得到清廷认可，明令将刑律内凌迟、枭首、戮尸三项永远删除，"缘坐各条，除知情者仍治罪外，余著悉于宽免。其刺字等项，亦著概行革除。"这是中国近代法制史上不可抹煞的贡献。

## 98 公车上书（节）

### 清·康有为等

具呈举人康祖诒等，为安危大计，乞下明诏，行大赏罚，迁都练兵，变通新法，以塞和款而拒外夷，保疆土而延国命，呈请代奏事：

窃闻与日本议和，有割奉天[①]沿边及台湾[②]一省，补兵饷二万万两，及通商苏杭，听机器洋货流行内地，免其厘税等款。此外尚有缴械、献俘、迁民之说。阅《上海新报》，天下震动。闻举国廷诤，都人惶骇。又闻台湾臣民不敢奉诏，思戴本朝。人心之固，斯诚列祖列宗及我皇上深仁厚泽，涵濡煦复，数百年而得此。然伏下风数日，换约期迫矣。犹未闻明诏赫然，竣拒日夷之求，严正议臣之罪。甘忍大辱，委弃其民，以列圣艰难缔构而得之，一旦从容误听而弃之，如列祖列宗何？如天下臣民何？然推皇上孝治天下之心，岂忍上负宗庙、下弃其民哉！良由误于议臣之言，以谓京师为重，边省为轻，割地则都畿能保，不割则都

---

[①] 奉天，光绪三十三年（1907）置奉天省，治所在盛京（今沈阳），1929年改辽宁省。

[②] 台湾省，康熙二十三年（1684）改东宁省置台湾府，光绪十三年（1887）改建省，治台湾县（今台湾省台中市）。

畿震惊，故苟从权宜，忍于割弃也。又以群议纷纭，虽力摈和议，而保全大局，终无把握，不若隐忍求和，犹苟延旦夕也。又以为和议成后，可十数年无事，如庚申①以后也。左右贵近，论率如此。故盈廷之言虽切而不入，议臣之说虽辱而易行，所以甘于割地弃民而不顾也。

窃以为弃台民之事小，散天下民之事大，割地之事小，亡国之事大，社稷安危，在此一举。举人等栋折榱坏，同受倾压，故不避斧钺之诛，犯冒越之罪，统筹大局，为我皇上陈之。

何以谓弃台民即散天下也？天下以为吾戴朝廷，而朝廷可弃台民，即可弃我。一旦有事，次第割弃，终难保为大清国之民矣。民心先离，将有土崩瓦解之患。《春秋》书梁亡②者，梁未亡也，谓自弃其民，同于亡也。故谓弃台民之事小，散天下民之事大。日本之于台湾，未加一矢，大言恫喝，全岛已割。诸夷以中国之易欺也，法人将问滇桂，英人将问藏粤，俄人将问新疆，德、奥、意、日、葡、荷皆狡焉思启。有一不与，皆日本也，都畿必惊。若皆应所求，则自啖其肉，手足腹心，应时尽矣，仅存元首，岂能生存？且行省已尽，何以为都畿也？故谓割地之事小，亡国之事大。此理至浅，童愚可知，而以议臣老成，乃谓割地以保都畿，此敢于欺皇上、愚天下也。此中国所痛哭，日本所阴喜，而诸夷所窃笑者也。

诸夷知吾专以保都畿为事，皆将阳为恐吓都畿而阴窥边省，其来必速。日本所为日日扬言攻都城，而卒无一炮震于大沽者，盖深得吾情也。恐诸夷之速以日本为师也，是我以割地而鼓舞其来也。皇上试召主割地议和之臣，以此诘之，度诸臣必不敢保他夷之不来，而都畿之不震也。则今之议割地弃民何为乎？皇上亦可以翻然独断矣。或以为庚申和后二十年，乃有甲申之役③，二十年中可图自强，今虽割弃，徐图补救，此又敢以美言欺皇上、卖天下者也。

……且夫天下大器也，难成而易毁，兆民大众也，难静而易动。故先王懔朽索之驭马，虑天命之无常，战战业业，若履渊冰。楚庄王④之立国也，无日不训讨军实，虑祸至之无日，戒惧之不可怠。诸葛亮之佐蜀也，工械究极，用兵不

---

① 庚申，咸丰十年（1860）为庚申年。
② 梁亡，见《春秋·僖公十九年》，梁伯大兴土木，民困国乏，闻秦军来袭，百姓四散逃亡，书以"梁亡，不书其主，自取之也。"
③ 甲申之役，光绪九年（1883）十二月，法军向驻越清军发起攻击，中法战争起。初战清军失利，后在台湾、越南重创法军。但清政府却于光绪十一年与法国签订丧权辱国的《中法新约》，使越南沦为法国殖民地。
④ 楚庄王，春秋楚君，于前613~前591年在位。

戬，屡耀其武。率皆君臣上下，振刮摩厉，乃能自立。稍有因循，即怀愍蒙尘①，徽钦见虏②矣。近者土耳其为回教大国，不变旧法，遂为六大国割地废君而柄其政。日本一小岛夷耳，能变旧法，乃敢……侵我大国。前车之辙，可以为鉴。

自古非常之事，必待大有为之君。自强为天行之健，志刚为大君之德。《洪范》以弱为六极③，大《易》以顺为阴德。《诗》曰："天之方懠，无为夸毗。"说者谓夸毗体柔之人也。伏惟皇上英明天亶，下武膺运，历鉴覆辙，独奋干纲，勿摇于左右之言，勿惑于流俗之说，破除旧习，更新大政，宗庙幸甚，天下幸甚！

夫无事之时，虽勋旧之言不能入。有事之世，虽匹夫之言或可采。举人等草茅疏逖，何敢妄陈大计，自取罪戾。但同处一家，深虞胥溺，譬犹父有重病，庶孽知医，虽不得汤药亲尝，亦欲将验方钞进。《公羊》之义，臣子一例。用敢竭尽其愚，惟皇上采择焉，不胜冒昧陨越之至。伏惟代奏皇上圣鉴。谨呈。

《康有为政论集》。

## 公文笔者：

康有为（1858～1927），原名祖诒，出身南海望族。幼修儒学，后游香港，改攻西学，并聚徒讲学。1884年中法战争起，康有为于1888年第一次上书言变成法、通下情、慎左右，被清廷要臣劾以"惑世诬民，非圣无法"，请焚，未上达。1895年马关订约，康有为、梁启超集各省入京应试举人签名上书，请拒和、迁都、练兵、变法，史称公车上书，经删除"拒和、迁都"要求后，始得送达光绪。不久，授工部主事，未就任。康有为组织学会，创办报纸，形成广泛的变法舆论。1898年6月，光绪委以总理衙门章京上行走的御前官，领导策划变法运动。此期间，康有为为光绪特许"专折言事"，写有大批奏文，且每有所奏，常开风气之先。百日维新运动被清廷顽固派镇压后，康有为逃亡日本，流转南洋，遍游欧美，以保皇运动领袖身份与孙中山领导的革命党人对垒，辛亥革命后退出历史舞台。1917年张勋复辟，康有为重起宣示君主立宪主张。1919年五四学生运动，康有为发《请诛国贼救学生电》，但反对民众运动。著有《孔子改考制》、

---

① 怀愍蒙尘，十六国前赵刘曜，于永嘉五年（311）攻破洛阳，将晋怀帝（司马炽）虏至平阳（今山西临汾西南）杀害。建兴四年（316）刘曜攻占长安，晋愍帝（司马邺）亦被虏至平阳杀害。

② 徽钦见虏，宋宣和七年（1125），金兵南下，宋徽宗（赵佶）传位其子（赵桓）称钦宗，自称太上皇。靖康元年（1126）金兵破汴京，次年，徽、钦二帝被金兵所虏，死于国城（今黑龙江省依兰）。

③ 弱为六极，《尚书·洪范》"六极：一曰短折，二曰疾，三曰忧，四曰贫，五曰恶，六曰弱。"此处意指清廷已坠落至亡国边沿。

《新学伪经考》、《大同书》、《物质救国论》、《通电》、《万木草堂》等。

## 公文赏析：

公车上书成于光绪二十一年三月初八日（1895年5月2日），是进京科考举子们的集体请愿书。不过，严格讲，这是一篇半拉子奏书，即尚未走完规定程序的公文。

光绪二十一年三月，中日马关订约，又加三国以归还辽宁索要高额酬报，举国震动。四月八日，康有为、梁启超集入京应试举人1300人，联名上书，提出"请拒和、迁都，练兵、变法，以保疆土，而延国命"的口号，送督察院转呈光绪皇帝。因汉代赴京会试者可乘公家车马，后"公车"成为举人代称，故这封举子的集体请愿书，史称"公车上书"。这封上书，清廷督察院以"格不达"为由拒呈皇上。延及近月，至五月初六，康有为接收督察院意见，删去"拒和"、"迁都"字样，公车上书原件提出的八字要求只剩"练兵"、"变法"四字，并且不得以集体上书，只许由康有为独上，方于十一日呈送光绪手中。所以，光绪看到的不是公车上书原文，而是按督察院意见删改后的奏书计13000字，史称"万言书"。本书收录的是公车上书本稿，保留了举子们在国家危亡时刻的激昂言辞。

奏文起首，从马关条约日本迫使中国割台湾，另有三国借调停索赔高额军费讲起，疾呼"中国在痛哭！"作者提出的要求是"拒和、迁都、练兵、变法"。作者强烈要求追究那些主张割地议和之臣的"割地弃民"之罪。奏文的主体部分是讲"变法"：一曰都畿为定天下之本，二曰富国之法，三曰养民之法，四曰教民之法，五曰革新庶政。奏文结尾部分，乞请光绪皇帝以"戒惧"之心，"破除旧习，更新大政"，做"大有为之君"，则天下幸甚。因为文字过长，本书只取其首尾部分，亦可窥见名篇风貌。

公车上书轰动京师，声震朝野。这篇请愿书体式的奏文，表达了康有为等强烈的爱国热情，反映了当时主张变法维新知识分子的心声，为此后的百日维新运动打下了思想基础。不过，公车上书只限于对腐朽晚清政府的修补，正如作者自诩，"将验方钞进"，以求达到"延国命"之效。可惜，难治清廷病入膏肓之命，虽然康有为开出的是一个包治百病的大方子。公车上书成于1895年，孙中山《建国方略》初拟于1917年。两文仅二十年之隔，其宗旨却一是"延命"，即在朽木上嫁接新枝，一是"革命"，即从根本上推翻帝制。两篇命运迥异的文字，不属于公文表述差异，而区别于公文笔者站立的政治高度。因为孙中山的话是站着讲的，康有为的话则是跪着讲的。

在中国历史上，国学学子集体呈递请愿书事件，"公车上书"并非首例。北宋末年发生在京都的太学生陈东等请诛国贼,在洛阳宣德门下呈递奏书,早为先例。这种公文,由国家兴亡引发,一般文字激昂,且反映民意,其传播速度极快、传播范围极广。应该说,这是一种具有特殊信息传递方式的公文形态。不过,北宋的陈东,其下场是遭朝廷诛杀,更没有受到康有为做"章京上行走"那样的高官厚遇。而且,他们所呈奏书,也没有像公车上书那样流传下来。

## 99　请变通科举折

### 清·梁启超

为国事危急,由于科举乏才,请特下明诏,将下科乡会试①及此后岁科试②,停止八股试帖,推行经济六科③,以育人才而御外侮,伏乞代奏事。

窃顷者强敌交侵,割地削权,危亡岌岌,人不自保。皇上临轩发叹,天下扼腕殷忧,皆以人才乏绝,无以御侮之故,然尝推究本原,皆由科第不变致之也。

夫近代官人,皆由科举,公卿百执,皆自此出,是神器所由寄,百姓所由托,其政至重也。邑聚千数百童生,擢十数人为生员。省聚万数千生员,而拔百数十人为举人。天下聚数千举人,而拔百数十人为进士。复于百数进士,而拔数十人入翰林,此其选之精也。然内政外交,治兵理财,无一能举者,则以科举之试以诗文楷法取士,学非所用,用非所学故也。

凡登第,皆当壮艾之年,况当官即为政事所累,婚宦交逼,应接实繁,故待从政而后读书,必无之理,此所以相率为无用之才也。非徒无用而已,又更愚之。二十行省童生数百万,乃皆民之秀也,而试之以割裂、搭截④、枯窘、纤小不通之题,学额极隘。百十不得一,则有穷老尽气,终身从事于裂割、搭截、枯窘、纤小侮圣之文,而不暇它及者,是使数百万之秀民皆为弃才也。若为生员,宜可为学矣。则制艺功令,禁用后世书、后世事,于是天下父兄师长,虑子弟之

---

① 乡会试,即乡试、会试。明清两朝,乡试每三年一次在省会举行,中者称举人。会试每三年一次,在京城举行,各省举人皆可应考,中者称贡士。皇帝亲策于廷,中者名分一、二、三甲:一甲三人,称状元、榜眼、探花,赐进士及第,二甲若干人,称进士出身,三甲若干人,赐同进士出身。

② 岁科试,即岁试、科试。岁试每年一次,由各省学政巡回主持,科试为乡试前各省学政所举行的巡回考试,合格者方可进入乡试。

③ 经济六科,又称经济特科,1897年贵州学政严修素创设,分为内政、外交、理财、经武、格致、考工。

④ 割裂、搭截,割裂又称帖括,指将经文掩其两端,以试考生。搭截,是以截断牵搭的经书语句作为试题。

文以驳杂见黜，禁其读书，非徒子史不观，甚且正经不读，既可惰学，又使速化，谁不从之。

至朝殿试①临轩重典，亦仅试楷法，或挑破体，故虽为额甚隘，得之甚艰，老宿奇才，亦多黜落，而乳臭之子，没字之碑，粗解庸烂墨调，能为楷法，亦多侥幸登第者。其循资至公卿，可为总裁阅卷。其资浅下者，亦放用考试差。谬种流传，天下同风。故自考官及多士，多有不识汉唐为何朝，贞观为何号者。至于中国之舆地不知，外国之名形不识，更不足责也。其能精通古今者，郡邑或不得一人，其能通达中外博达政教之故，及有专门之学者益更寡矣。以彼人才，至愚极陋如此，而当官任政如彼，而以当泰西十六之强国，万亿之新学新艺，其为所凌弱宰割，拱手受缚，乃其固然也。

干隆时舒赫德②尝请废之矣，礼官泥于旧习，谓举业发明义理，名臣多出其间，千年立国，未尝有害，此似是而非之谬论，亡我国割我地者，皆自此言也。

夫明孔孟之义理，为论体已可，何为试割裂题以侮圣言，限以八股代言之制，而等于倡优哉。名臣多出其间，可以治国无害者，乃先抑天下于至愚，而用其稍智者治之，此施于一统闭关之世则可，若以较之泰西列国人才，则昔所谓名臣者，亦非有专门之学，通中外之故，不过才下局可用，其为愚如故也。且科举之法，非徒愚士大夫无用已出，又并其农工商兵妇女而皆愚而弃之。夫欲富国，必自智其农工商始。欲强其兵，必自智其兵始。泰西民六七岁，必皆入学，识字学算，粗解天文舆地，故其农工商兵妇女皆知学，皆能阅报。吾之生童，固农工商兵妇女之师也。吾生童无专门之学，故农不知植物，工不知制造，商不知万国物产，兵不知测绘算数，妇女无以助其夫。是皇上抚有四万万有用之民，而弃之无用之地，至兵不能御敌，而农工商不能裕国，岂不大可痛哉！

今科举之法，岂惟愚其民，又将上愚王公。自非皇上天亶圣明，不能不假于师学，近支王公，皆学于上书房之师傅，师傅皆出自楷法八股之学，不通古今中外之故、政治专门之业，近支王公又何以开其学识，以为议政之地乎？故科举为法之害莫有重大于兹者。

夫当诸国竞智之时，吾独愚其士人，愚其民，愚其王公，以与智敌，是自掩闭其耳目，断刖其手足，以与乌获离娄搏，岂非自求败亡哉！昔我圣祖仁皇帝已赫然变之矣，然此后复行之而无害者，窃谓当闭关卧治，士民乐业之时，无强敌之比较，无奸宄之生心，虽率由千年，群愚熙熙，国无害也。无如大地忽通，强

---

① 殿试，皇帝亲试于廷。
② 舒赫德（1710~1771），清干隆大臣，以科举积弊日深，"不足以得人"。奏请对考试条款改移更张。

邻四逼，水涨堤高，专视比较，有一不及，败绩立见。人皆智而我独愚，人皆练而我独暗，岂能立国乎？故言守八股楷法不变者，皆不学之人，便其苟窃科第之私耳。我皇上则以育才造士、任官御侮为主，何爱于割裂枯困空疏之文，方光乌黑端楷之字，而徇庸谬之人，委以神器之重，以自弃其数百万之秀民，而割千万里之地，以亡我三百年祖宗艰难缔构之天下乎？

顷者伏读上谕，举行经制之科，天下咸仰见旁求之盛意矣。而以旧科未去，经制常科额又甚隘，举人等从田间来，见生童昼夜咿唔，尚诵读割裂搭截庸恶陋劣之文如故，举人等亦未免习写楷法，以备过承策问之用，当时局危急如此，而天下人士为无用之学如彼，岂不可大为忧哉！此非徒多士之无耻，亦有司议例之过，以误我皇上，以亡我中国也！

夫《易》尚穷变①，《礼》观会通。今臣工频请开中西学堂，皇上频诏有司开京师大学堂矣，然窃观直省生童之为八股以应科举，一邑百名，皆非群邑教官教之者。盖上以是求，下以是应。昔齐桓服紫，一国皆服紫，楚灵细腰，宫人饿死。皇上抚有四万万之民，倍于欧罗巴全洲十六国之数，有雷霆万钧之力，转移天下之权，举天下之人，而陶冶成才以御侮，兴治在一反掌间耳，奚惮而不为哉？

查经制常科，已由总理各国事务衙门王大臣会同礼部议准颁行。伏乞皇上忧恤国家，哀怜多士，奉圣祖仁宗皇帝之初制，尽行经制科之条例，断自圣衷，不必令礼官再议，特下明诏宣布天下，令自丁酉戊戌乡会试之后，下科乡会试，停止八股试帖，皆归并经制六科举行。其生童岁科试，以经古场为经制，正场《四书》文为二场，并废八股试帖体格，天下向风，改视易听，必尽废其咿唔割裂腐烂之文，而从事于经制之学。得此一年讲求，下科人才，必有可观，风化转移，人才不可胜用。皇上挟以复仇雪耻，何所往而不可哉！变法之要，莫过于此。举人等素习举业，并讲楷法，于兵农工商内政外交之学，向来讲求，致外国新法及一切情形，尤所未睹，将来幸被贡举，皇上授官任政不出举人等，既内自惭悚，实恐误国，顷上疼误国，下恤身家，不敢复恋旧习，以徇私便，同声知误，更无异辞，谨合辞上渎，伏乞代奏皇上圣鉴。谨呈。

《戊戌变法》第2册。

# 公文笔者：

梁启超（1873~1929），举人出身，从学于康有为，并协助编校，1895年同

---

① 《易》尚穷变，《周易·系辞下》"穷则变，变则通。"

赴京会试，参与策动公车上书，编辑《中外纪闻》，次年在上海创办《时务报》，宣传变法自强。次年任长沙时务学堂中文总教习。1898年受光绪召见，以六品衔专办京师大学堂译书局事务。戊戌政变后流亡日本，创立《清议报》、《新民丛报》，与革命党人创办的《民报》展开论战。辛亥革命后自海外归来，组织进步党，出任袁世凯内阁司法总长。1915年反对袁世凯称帝，策动讨袁。五四时期游历欧洲，晚年讲学于清华大学。梁启超才识过人，其著述编为《饮冰室合集》。

## 公文赏析：

《请变通科举折》，上于光绪二十四年四月初（1898年5月间）。

这一奏折经历曲折。据笔者所述，书达于都察院，都察院不代奏。达于总理衙门，总理衙门也不代奏。当时会试举人集辇毂下者，将及万人，皆与八股性命相依，闻启超等此举，嫉之如不共戴天之仇，遍播谣言，几被殴击。也就是说，这篇奏折遭到的是清廷和进京举子的两面夹击。

《请变通科举折》认为，中国之所以丧权辱国，本原"皆由科第不变致之"。他历数科举"八股楷法"，愚民、愚士、愚王公。文中提到"割裂"、"截搭"竟有六处之多。这是公文表述中少用的强调笔法。所谓"割裂"，又称"帖括"，即择经书一页，掩住周边，只露一行，试者识别露文出自何书，即为合格。显然，这是一种偏离理解与应用而为造就书痴之举。所谓"截搭"，就是把经籍中的字词颠倒搭配以为命题，更属愚人的文字游戏。无怪乎笔者厉声斥之为"庸恶陋劣"、"至愚极陋"。笔者特别提出，我们处在一个竞智时代，"强邻四逼，水涨堤高，专视比较，有一不及，败绩立见"。可悲的是，处在这样一个时代，"人皆智而我独愚"，岂能立国？此处警言，给人以强烈的时代感和紧迫感。结尾部分，笔者呼吁，时局危急，应立停八股试帖，改学内政、外交、理财、经武、格致、考工的"经制六科"，国家振兴有望。

《请变通科举折》虽未上达，但在京师有远见的士大夫中产生了深刻影响。一个月后，光绪诏定国事，宣布变法维新。6月23日光绪谕令：自下科始，乡会试及生童岁科各试，一律考试策论。6月30日又下诏：将经济特科归并正科，各省生童，立即考试策论，废除八股。

中国科举制推行2000年之久。科举制在中国推行期间，其与"世卿世禄"、卖官鬻爵制度相伴相竞，在一定程度上起到人才的优选作用。不过，科举制的具体考试方法，历代多有变更。就一般而言，盛世科举必重于治国理政，末代科举多流于荒诞无稽。清季八股楷法科试，就是末代科举的鲜活典型。梁启超《请变通科举折》，把八股楷法科举制扫进历史垃圾堆，为中国的社会大变革填加了一记砝码。

## 100 北伐宣言（节）

孙中山

十三年来，帝国主义与军阀互相勾结，以为其①进行之障碍，遂使此等关系民国存亡、国民生死之荦荦诸端，无由实现。为谋目的之到达，不得不从事于障碍之扫除，此北伐之举所以不容已也。

自北伐目的②宣布以后，本党旗帜下之军队在广东者，次第集中北江，以入江西。而本党复从种种方面指示国民，以帝国主义所援助之军阀虽怀挟其武力统一之梦想，而其失败终为不能免之事实。今者吴佩孚之失败，足以证明本党判断之不谬矣。

军阀所挟持之武力，得帝国主义之援助而增其数量。此自袁世凯以来已然。然当其盛时，虽有帝国主义为之羽翼，及其败也，帝国主义亦无以救之。此其故安在？二年东南之役，袁世凯用兵无往不利，三四年间叛迹渐著，人心渐去，及反对帝制之兵起，终至于众叛亲离，一蹶不振。七年以来，吴佩孚用兵亦无往不利，骄气所中，以为可以力征经营天下，至不恤与民众为敌，屠杀工人、学生，以摧毁革命之进行，及人心已去，终至于一败涂地而后已。犹于败亡之余，致电北京公使团，请求加以援助。其始终甘为帝国主义之傀儡，而不能了解历史的教训如此。由斯以言，帝国主义之援助，终不抵国民之觉悟。帝国主义惟能乘吾国民之未觉悟以得志于一时，卒之未有不为国民觉悟所屈伏者。愿我友军将士暨吾同志，于劳苦功高之余，一念及之也。

吾人于此，更可以得一证明：凡武力与帝国主义结合者无不败。反之，与国民结合以速国民革命之进行者无不胜。今日以后，当划一国民革命之新时代，使武力与帝国主义结合之现象，永绝迹于国内。其代之而兴之现象，第一步使武力

---

① 其，指孙中山领导的国民革命。
② 北伐目的，宣言列为：(1) 跻身国际平等地位，生产力得到充分发展。(2) 经过发展实业，使劳动农民有生计有改善之可能。(3) 经过生产力发展和团结力增长，使工人阶级的生活状况有改善的机会。(4) 经过农工业的发达，人民购买力的增长，促使商机繁荣。(5) 国家筹措经费支持文化教育事业发展，文化教育要不落于空谈，寻找解决知识阶层失业、失学的端绪。(6) 废除一切租界，废除遍及全国领土的不平等条约，使国内一切反革命势力无所凭借。

与国民相结合,第二步使武力为国民之武力。国民革命必于此时乃能告厥成功。今日者,国民之武力固尚无可言,而武力与国民结合则端倪已见。吾人于此,不得不努力以期此结合之确实而有进步。

《孙中山全集》第 11 卷。

## 公文笔者:

孙中山(1866~1925),中国近代民主革命家。早年在港澳行医,于 1894 年向清政府提出革新政治主张,遭拒。鉴于国家危亡,遂由"医人"改行"医国",在檀香山组织兴中会,首倡"振兴中华"。次年,准备广州起义,未果。1900 年在广东惠州起义,失败后流亡国外。1905 年在日本组织"中国同盟会",被推为总理。1911 年(清宣统三年)10 月 10 日发动武昌起义,各省响应,12 月 29 日被推举为国民政府临时大总统,1912 年 1 月 1 日在南京就职。2 月 13 日,因革命党人与袁世凯妥协,被迫辞职。8 月,同盟会改组为国民党,当选为理事长。1913 年 3 月,袁世凯派人刺杀宋教仁,于是孙中山策划讨袁,后失败。1914 年,在日本建立"中华革命党",发表《讨袁檄文》。1917 年在广州召开国会非常会议,组织护法军政府,被推举为大元帅,誓师北伐。1920 年在广州就任非常大总统。1924 年 1 月召开中国国民党第一次全国代表大会,提出联俄、联共、扶助农工的三大政策。是年 11 月 13 日,离粤北上,与冯玉祥等讨论国事。行前三天,在广州发表《北伐宣言》。1925 年 3 月 12 日在北京逝世。遗著编有《孙中山选集》、《孙中山全集》、《孙文选集》。文集中收入的公文体文字,重要的多亲自执笔。

## 公文赏析:

孙中山于 1924 年 11 月 13 日离粤北上,与冯玉祥等讨论国事。这是行前三天在广州发表的宣言。此文原以《孙中山对于时局之宣言》刊于《申报》,收入《孙中山全集》时更名为《北伐宣言》。本文与 1924 年 9 月 18 日《中国国民党北伐宣言》略有出入。本篇采录的是孙中山《北伐宣言》的第二部分。

《北伐宣言》计有三个构成部分:一是国民革命的目的,概括为六条,其行文比早期提法更加成熟。二是对中国国民革命反帝性质的确认。他以自己治理国民革命的历史经验证明,"凡武力与帝国主义结合者无不败。反之,与国民结合以速国民革命之进行者无不胜"。他告诫革命同志,要把"武力与帝国主义结合之现象,永绝迹于国内"。帝国主义是不愿意看到受压迫民族解放的,他们永远会同受压迫民族内部的军阀勾结以攫取利益，是一个不变规律。三是国民革命要有自己的武装，这一武装应以国民利益为利益，一扫武装为派别把持而反对国民利益的罪恶，以实现中国之独立、自由、统一。孙中山的这一认识境界，是那个时代政治家们认识的高峰，也是孙中山至今仍受到中国人民敬仰的根本原因。

# 101 中国红色政权发生和存在的原因（节）

毛泽东

一国之内，在四围白色政权的包围中，有一小块或若干小块红色政权的区域长期地存在，这是世界各国从来没有的事。这种奇事的发生，有其独特的原因。而其存在和发展，亦必有相当的条件。

第一，它的发生不能在任何帝国主义的国家，也不能在任何帝国主义直接统治的殖民地，必然是在帝国主义间接统治的经济落后的半殖民地的中国。因为这种奇怪现象必定伴着另外一件奇怪现象，那就是白色政权之间的战争。帝国主义和国内买办豪绅阶级支持着的各派新旧军阀，从民国元年以来，相互间进行着继续不断的战争，这是半殖民地中国的特征之一。不但全世界帝国主义国家没有一国有这种现象，就是帝国主义直接统治的殖民地也没有一处有这种现象，仅仅帝国主义间接统治的中国这样的国家才有这种现象。这种现象产生的原因有两种，即地方的农业经济（不是统一的资本主义经济）和帝国主义划分势力范围的分裂剥削政策。因为有了白色政权间的长期的分裂和战争，便给了一种条件，使一小块或若干小块的共产党领导的红色区域，能够在四围白色政权包围的中间发生和坚持下来。湘赣边界的割据，就是这许多小块中间的一小块。有些同志在困难和危急的时候，往往怀疑这样的红色政权的存在，而发生悲观的情绪。这是没有找出这种红色政权所以发生和存在的正确的解释的缘故。我们只须知道中国白色政权的分裂和战争是继续不断的，则红色政权的发生、存在并且日益发展，便是无疑的了。

第二，中国红色政权首先发生和能够长期地存在的地方，不是那种并未经过民主革命影响的地方，例如四川、贵州、云南及北方各省，而是在一九二六和一九二七两年资产阶级民主革命过程中工农兵士群众曾经大大地起来过的地方，例如湖南、湖北、江西等省。这些省份的许多地方，曾经有过很广大的工会和农民协会的组织，有过工农阶级对地主豪绅阶级和资产阶级的许多经济的和政治的斗争。所以广州产生过三天的城市民众政权，而海陆丰、湘东、湘南、湘赣边界、湖北的黄安等地都有过农民的割据。至于此刻的红军,也是由经过民主的政治训练和接受过工农群众影响的国民革命军中分化出来的。那些毫未经过民主的政治训练、毫未接受过工农影响的军队,例如阎锡山、张作霖的军队,此时便决然不能分化出可以造成红军的成分来。

第三,小地方民众政权之能否长期存在,则决定于全国革命形势是否向前发展这一条件,全国革命形势是向前发展的,则小块红色区域的长期存在,不但没有疑义,而且必然地要作为取得全国政权的许多力量中间的一个力量。全国革命形势若不是继续地向前发展,而有一个比较长期的停顿,则小块红色区域的长期存在是不可能的。现在中国革命形势是跟着国内买办豪绅阶级和国际资产阶级的继续的分裂和战争,而继续地向前发展的。所以,不但小块红色区域的长期存在没有疑义,而且这些红色区域将继续发展,日渐接近于全国政权的取得。

第四,相当力量的正式红军的存在,是红色政权存在的必要条件。若只有地方性质的赤卫队①而没有正式的红军,则只能对付挨户团②,而不能对付正式的白色军队。所以虽有很好的工农群众,若没有相当力量的正式武装,便决然不能造成割据的局面,更不能造成长期的和日益发展的割据局面。所以"工农武装割据"的思想,是共产党和割据地方的工农群众必须充分具备的一个重要思想。

第五,红色政权的长期的存在并且发展,除了上述条件之外,还颇有一个要紧的条件,就是共产党组织的有力量和它的政策的不错误。

《毛泽东选集》第一卷。

## 公文笔者:

毛泽东(1893~1976),中国无产阶级革命家、军事战略家,是中国共产党、中国人民解放军和中华人民共和国的缔造者之一。先后担任国共合作时期的代宣传部长,中华苏维埃政府主席、中央军委前委书记,党的七大当选中共中央主席、中央军委主席,中华人民共和国建立后任国家主席,1976年病逝。毛泽东自己动手写文件,与他的文学修养、理论水平、思维缜密,以及自小养成的勤于动笔习惯,有着密切关系。毛泽东在学生时代,就有"一色文字"之誉,加以"不动笔墨不读书"的习惯,早期革命生涯,从创办工人夜校、校友会、新民学会、湖南自修大学、筹备留法勤工俭学活动中,既是主要组织者,又自任"文

---

① 赤卫队,早期革命根据地的群众武装组织,其成员一面生产劳动,一面协助红军保卫家园。
② 挨户团,是湖南农村基层治安武装组织,大革命失败后,挨户团被地主武装夺取,变成反革命武装。

牍",把起草章程、通告、通信联络的诸多执笔工作肩负起来,极大地锤炼了自己的文字表述能力。他担任《湘江评论》总编和主要撰稿人时,曾在一个月内写出四十几篇文章。毛泽东在长期深入民间调查中,使文风更加向工农大众靠拢。他在中共第三次代表大会上被选入五人中央局(相当于后来的政治局),出任中央局秘书一职。根据规定,"秘书负本党内外文书及通信及开会之责任,并管理本党文件",列中央局委员长之后。这是他出任的第一个党内高层文秘职务。他的这种自己动手写文件的习惯,直到进入党的高层领导岗位,30 年坚持不渝,晚年视力严重衰退才停止文件写作。

毛泽东的公文风格,是坚持理实并用,以理举实,以实证理的体式;倡导公文大众化,把准确无误与通俗易懂紧密结合,不说官话,不说套话,不作无病呻吟;他继承中国公文的优良传统,又创造性地写出人民政权公文的许多范文;他的以身作则,倡导领导者自己动手写文件的作风,古今中外领袖人物中无与匹敌。

著有《实践论》、《矛盾论》、《中国革命战争的战略问题》、《新民主主义论》、《论联合政府》、《论十大关系》等。有《毛泽东选集》出版。

## 公文赏析:

《中国红色政权发生和存在的原因》,是毛泽东为中国共产党湘赣边界第二次代表大会所写决议的一部分。该文写于 1928 年 10 月 5 日。

原题为《政治问题和边界党的任务》,后以《中国的红色政权为什么能够存在?》收入《毛泽东选集》。全文分六节。

这篇公文写作的历史背景,是国民革命军北伐的成果被篡夺后,中国共产党人在反动派发动"4.12"大屠杀后,在广东、湖南、湖北、江西举行起义,并建立自己的政权。这就是毛泽东文内讲的"红色政权"。以宁冈为中心的湘赣边界工农武装割据,面对数倍之敌,取得了四月胜利和七月胜利,由于领导者的"盲目冒进",遭遇八月失败。九月以后纠正错误,挽救了这块红色政权,十月,毛泽东就做出这篇总结。可见笔者高度的责任感、敏捷的观察力、远见卓识的眼界和具有说服力的表述。

毛泽东把红色政权为什么能够存在,综合列为五个条件:(1)帝国主义与国内新旧军阀进行不间断的战争,给红色政权留下发展空间。(2)红色政权只有在具有"民主革命影响"的地方才可能建立起来。(3)小块红色政权的长期存在,是以全国革命形势向前发展为条件的。(4)相当力量的正式红军的存在,是红色政权存在的必要条件。(5)红色政权的存在有赖于共产党组织的有力量和政策正确。这五个条件，是针对盲动主义和悲观情绪而发出的。

中国的红色政权为什么能够存在？正确回答这个问题，是毛泽东对中国人民以及殖民地半殖民地人民取得解放的重大理论贡献。它是从小块根据地的诞生总结出来的，而又为21年后"全国政权的取得"，作出科学预见。

会议决议，是公文中的宪章体文字，在严谨性、权威性以及文字的涵盖量方面，都要求极高。文内，针对革命者寻找"工农武装割据"为什么能够长期存在的原因的探究，笔者从国际、国内两个方面力量对比，做出了正确回答。整篇文字，什么是可为的，什么是不可为的，概无含混语言。因为这些，都是用鲜血换来的经验教训。

## 102　愚公移山[①]

### 毛泽东

我们开了一个很好的大会。我们做了三件事情：第一，决定了党的路线，这就是放手发动群众，壮大人民力量，在我党的领导下，打败日本侵略者，解放全国人民，建立一个新民主主义的中国。第二，通过了新的党章。第三，选举了党的领导机关——中央委员会。今后的任务就是领导全党实现党的路线。我们开了一个胜利的大会，一个团结的大会。代表们对三个报告发表了很好的意见。许多同志作了自我批评，从团结的目标出发，经过自我批评，达到了团结。这次大会是团结的模范，是自我批评的模范，又是党内民主的模范。

大会闭幕以后，很多同志将要回到自己的工作岗位上去，将要分赴各个战场。同志们到各地去，要宣传大会的路线，并经过全党同志向人民作广泛的解释。

我们宣传大会的路线，就是要使全党和全国人民建立起一个信心，即革命一定要胜利。首先要使先锋队觉悟，下定决心，不怕牺牲，排除万难，去争取胜利。但这还不够，还必须使全国广大人民群众觉悟，甘心情愿和我们一起奋斗，

---

① 愚公移山，见《列子·汤问》：太行、王屋二山，方七百里，高万仞。本在冀州之南，河阳之北。北山愚公者，年且九十，面山而居。惩北山之塞，出入之迂也，聚室而谋曰："吾与汝毕力平险，指通豫南，达于汉阴，可乎？"杂然相许。河曲智叟，笑而止之，曰："甚矣，汝之不惠。以残年余力，曾不能毁山之一毛，其如土石何？"北山愚公叹息曰："虽我之死，有子存焉，子子孙孙，无穷匮也，而山不加增，何苦而不平？"河曲智叟亡以应。操蛇之神闻之，惧其不已也，告之帝。帝感其诚，命夸娥氏二子负二山，

去争取胜利。要使全国人民有这样的信心：中国是中国人民的，不是反动派的。中国古代有个寓言，叫做"愚公移山"。说的是古代有一位老人，住在华北，名叫北山愚公。他的家门南面有两座大山挡住他家的出路，一座叫做太行山，一座叫做王屋山。愚公下决心率领他的儿子们要用锄头挖去这两座大山。有个老头子叫智叟的看了发笑，说是你们这样干未免太愚蠢了，你们父子数人要挖掉这样两座大山是完全不可能的。愚公回答说：我死了以后有我的儿子，儿子死了，又有孙子，子子孙孙是没有穷尽的。这两座山虽然很高，却是不会再增高了，挖一点就会少一点，为什么挖不平呢？愚公批驳了智叟的错误思想，毫不动摇，每天挖山不止。这件事感动了上帝，他就派了两个神仙下凡，把两座山背走了。现在也有压在中国人民头上的大山，一座叫做帝国主义，一座叫做封建主义。中国共产党早就下了决心，要挖掉这两座山。我们一定要坚持下去，一定要不断地工作，我们也会感动上帝的。这个上帝不是别人，就是全中国的人民大众。全国的人民大众一齐起来和我们一道挖这两座山，有什么挖不平呢？

　　昨天有两个美国人要回美国去，我对他们讲了，美国政府要破坏我们，这是不允许的。我们反对美国政府扶蒋反共的政策。但是我们第一要把美国人民和他们的政府相区别，第二要把美国政府中决定政策的人们和下面的普通工作人员相区别。我对这两个美国人说：告诉你们美国政府中决定政策的人们，我们解放区禁止你们到那里去，因为你们的政策是扶蒋反共，我们不放心。假如你们是为了打日本，要到解放区是可以去的，但要订一个条约。倘若你们偷偷摸摸到处乱跑，那是不允许的。赫尔利已经公开宣言不同中国共产党合作，既然如此，为什么还要到我们解放区去乱跑呢？

　　美国政府的扶蒋反共政策，说明了美国反动派的猖狂。但是一切中外反动派的阻止中国人民胜利的企图，都是注定要失败的。现在的世界潮流，民主是主流，反民主的反动只是一股逆流。目前反动的逆流企图压倒民族独立和人民民主的主流，但反动派的逆流终久不会变为主流。现在依然如斯大林很早就说过的一样，旧世界有三大矛盾：第一个是帝国主义国家中的无产阶级和资产阶级的矛盾，第二个是帝国主义国家之间的矛盾，第三个是殖民地半殖民地国家和帝国主义宗主国之间的矛盾。这三种矛盾不但依然存在，而且发展得更尖锐了，更扩大了。由于这些矛盾的存在和发展，所以虽有反苏反共反民主的逆流存在，但是这种反动逆流总有一天会要被克服的。

　　现在中国正在开着两个大会，一个叫国民党的第六次代表大会，一个叫共产党的第七次代表大会。两个大会有完全不同的目的：一个要消灭共产党和中国民主势力，把中国引向黑暗；一个要打倒日本帝国主义和它的走狗中国封建势力，建设一个新民主主义的中国，把中国引向光明。这两条路线在互相斗争着。我们坚决相信，中国人民将要在中国共产党领导之下，在中国共产党第七次大会的路线领导之下，得到完全的胜利，而国民党的反革命路线必定要失败。

《毛泽东选集》第三卷。

## 公文笔者：

见上篇。

## 公文赏析：

《愚公移山》是毛泽东在中国共产党第七次代表大会上的闭幕词，作于1945年6月11日。

中国共产党第七次代表大会从4月23日开幕，6月11日闭幕，开了47天，决定了中国向何处去的重大事项。这么重要的大会，毛泽东讲了一个故事收场，看起来并非合乎常理。但正是这个故事，激发出"愚公移山"精神，推翻压在中国人民头上的三座大山，涵盖了一个民族振兴的希望。

毛泽东从早期革命活动起，就很善于演讲。演讲词，首先是传递语言信息，转为文字信息后就具有了公文的全部功能。所以，演讲词与其他公文体式的写作，不同的是它的语言必须非常上口，不仅道理正确，而且表述上能打动人。演讲，要给听众足够的东西，新的事物，新的观点，充足的信息量，才能满足听众的希望。

演讲词，不能板起面孔讲话，什么"训话"之类，没有动人的货色，只靠一付空名头，是没有人听得下去的。形象化，不是把严肃的事情浅化，而应当是深化，深化到事物的本质部分。

愚公移山的故事已经传遍神州大地，"愚公移山"已经成为一种民族精神，人民风尚，变成中华民族的一种看不见的软实力。

# 103　关于淮海战役的作战方针

### 毛泽东

关于淮海战役部署，现在提出几点意见，供你们考虑。

（一）本战役第一阶段的重心，是集中兵力歼灭黄百韬兵团，完成中间突破，占领新安镇、运河车站、曹八集、峄县、枣庄、临城、韩庄、沭阳、邳县、郯城、台儿庄、临沂等地。为达到这一目的，应以两个纵队担任歼灭敌一个师的办法，共以六个至七个纵队，分割歼灭敌二十五师、六十三师、六十四师。以五个至六个纵队，担任阻援和打援。以一个至两个纵队，歼灭临城、韩庄地区李弥部一个旅，并力求占领临韩，从北面威胁徐州，使邱清泉、李弥两兵团不敢以全力东援。以一个纵队加地方兵团，位于鲁西南，侧击徐州、商丘段，以牵制邱兵团一部（孙元良三个师现将东进，望刘伯承、陈毅、邓小平即速部署攻击郑徐线牵制孙兵团）。以一个至二个纵队，活动打宿迁、睢宁、灵璧地区，以牵制李兵团。以上部署，即是说要用一半以上兵力，牵制、阻击和歼敌一部，以对付邱李两兵团，才能达到歼灭黄兵团三个师的目的。这一部署，大体如同九月间攻济打援的部署，否则不能达到歼灭黄兵团三个师的目的。第一阶段，力争在战役开始后两星期至三星期内结束。

（二）第二阶段，以大约五个纵队，歼灭海州、新浦、连云港、灌云地区之敌，并占领各城。估计这时，青岛之五十四师、三十二师很有可能由海运增至海、新、连地区。该地区连原有一个师将共有三个师，故我须用五个纵队担任攻击，而以其余兵力（主力）担任钳制邱李两兵团，仍然是九月间攻济打援部署的那个原则。此阶段亦须争取于两个至三个星期内完结。

（三）第三阶段，可设想在两淮方面作战。那时敌将增加一个师左右的兵力（整八师正由烟台南运），故亦须准备以五个纵队左右的兵力去担任攻击，而以其余主力担任打援和钳制。此阶段，大约亦须两个到三个星期。

三个阶段大概共须有一个半月至两个月的时间。

（四）你们以十一、十二两月完成淮海战役。明年一月休整。三至七月同刘邓协力作战，将敌打到江边各点固守。秋季你们主力大约可以举行渡江作战。

《毛泽东选集》第四卷。

## 公文笔者：

见前篇。

## 公文赏析：

《关于淮海战役的作战方针》，写于1948年10月11日，是毛泽东为中共中央军委起草的给华东野战军，同时告知华东局和中原局的电报。这是本书采录的一篇军事电文体公文。

1948年下半年，集结在淮海区域的国民党军队，有徐州"剿总"总司令刘峙、副总司令杜聿明指挥下的4个兵团和3个绥靖区部队，约80万人。参加淮海战役作战的人民解放军，有华东野战军16个纵队，中原野战军7个纵队，加上地方武装，约60万人。在参战兵员上是敌多我少，在军事装备上是敌强我弱，又加战区广阔，有两支野战军和众多地方武装参战，为了取得胜利，需要制定一个正确的作战方针。这正是《关于淮海战役的作战方针》要承担的任务。

《关于淮海战役的作战方针》的标题，是电文收入《毛泽东选集》时加的。只有细心阅读电文，就可见到那些被战争实践证明了的正确作战方针，尽寓于作战"部署"之中：

1. 以"全国局面"统筹，是淮海战役最核心的作战方针问题。中国人民解放战争进入第三个年头，全国局面发展很快，本文（1948年10月11日电）是以每年歼敌100个旅（师），五年解放全中国的"全国局面"对淮海战役做出的部署。发起淮海战役战第9天，由于辽沈战役胜利结束，淮海战役推进极快，中共中央提出，"再有一年左右的时间"，把国民党反动政府从根本上打倒，这就大大加快了战争的进程。11月16日（战役发起的第11天），毛泽东电告，淮海战役为南线空前大战役，"此战胜利，不但长江以北局面大定，即全国局面亦可基本上解决。望从这个观点出发，统筹一切。"为此，中央并下达了由淮海战役总前委统筹领导、临机决断的委托。于是，淮海战役的作战任务就从原来设想的在两淮、海州间的战役，扩大为后来实施的南线战略决战。

2. 作战目标是作战方针的主要构成部分。淮海战役初期的作战目标，是"歼灭黄百韬兵团"，开辟苏北战场，使"山东苏北打成一片"。这个作战目标，作为一种作战方针有别于此前的作战目标，是歼敌、扩地两者兼收，而且要对敌就地歼灭，不使南窜。进入淮海战役第二阶段作战，歼灭刘峙"主力集团"，开辟广大的江北地区，才成为作战的"总方针"。而淮海战役实现的作战目标，又大大超出这一预计。

3. 坚持攻点打援，且由主力打援，是转入战略进攻的大规模作战的方针。电报对贯彻这一作战原则，三个作战阶段逐一明确。用一半以上兵力，而且是动用主力部队打援，这一作战方针的坚决执行，完全出乎国民党当局预料之外，对保障淮海大捷有着重要的意义。在战略上藐视敌人，战术上重视敌人，除了采用攻点打援之外，毛泽东和中央军委在此后电文中还一再提示，对敌防御能力不可轻视，要改"急袭战"为分割包围、近迫作业、步炮协同的作战方针。要歼敌，又不能吓跑敌人，这就要阻击、迟缓、打得敌人"不能动弹"。阻援部队应位于援敌正面、侧面、后路，拖住敌人，不使敌南窜，务求就地歼灭。

4. 以1948年11月、12月两个月完成淮海战役作战，是三大战役相互衔接的方针性规定。因为时间拖长，国民党当局有可能将盘踞华北的50万兵力海运南下，为长江以南作战增加困难。淮海战役准确地以65天完成作战任务，使东北野战军形成对华北之敌包围态势，为平津战役的胜利创造了条件。

淮海战役的战机捕捉、正确作战方针的形成，以及正确的作战指挥，是集体智慧的结果。1948年9月24日清晨，济南战役正进入巷战时，粟裕将军致电中央军委并报华东局、中原局，提出为将来渡江作战创造条件，"建议即进行淮海战役"。次日中午，刘伯承、陈毅、李达致电中央军委，"同意乘胜进行淮海战役"。当晚19时，毛泽东为中央军委起草复电，"我们认为举行淮海战役甚为必要"。当时的淮海战役，仅指对徐州以东的淮州、淮安、海州的黄百韬第七兵团实施歼灭，不含盘踞徐州的刘峙主力集团，徐州以西的徐郑一线之敌，徐州以南的徐蚌一线之敌，所以还不是"南线战略决战"意义上的淮海战役。

后来形成的淮海战役，作为新中国奠基的"三大战役"之一，于1948年11月6日发起，历时65天，于1949年1月10日结束，歼敌55万人。十日后，蒋介石宣告引退。毛泽东以一篇800字电文，吹响了新中国诞生的号角。

# 附件一：公文箴言

"诏、策、章、奏，则《书》发其源。"（《文心雕龙·宗经》）

"渊哉，铄呼，群言之祖。"（《文心雕龙·宗经》）

"授官选贤，则义炳重离之辉。优文封策，则气含风雨之润。敕戒恒诰，则笔吐星汉之华。治戎燮伐，则声有洊雷之威。眚灾肆赦，则文有春露之滋。明罚敕法，则辞有秋霜之烈。此诏策之大略也。"（《文心雕龙·诏策》）

"诰命动民，若天下之有风。"（《文心雕龙·诏策》）

"告之以文辞，董之以武师。"（《文心雕龙·檄移》）

"九伐先话。"（《文心雕龙·檄移》）

"兵先乎声，其来已久。"（《文心雕龙·檄移》）

"事昭而理辨，气盛而辞断。"（《文心雕龙·檄移》）

"（封禅）意古而不晦于深，文今而不坠于浅。"（《文心雕龙·封禅》）

"驱前古于当今之下，腾休明于列圣之上。"（《文心雕龙·封禅》）

"章表奏启，经国之枢机。"（《文心雕龙·章表》）

"（劲奏）笔端振风，简上凝霜者也。"（《文心雕龙·奏启》）

"郊祀必洞于礼，戎事必练于兵，田谷先晓于农，断讼务精于律。然后标以显义，约以正辞。"（《文心雕龙·议对》）

"成练治而寡文，或攻文而疏治，对策所选，实属通才，志足文远，不其鲜欤！"（《文心雕龙·议对》）

"原始要终，疏条布叶。"（《文心雕龙·附会》）

"改章难于造篇，易字艰于代句。"（《文心雕龙·附会》）

"志深而笔长。"（《文心雕龙·时序》）

"一朝综文，千年凝锦。"（《文心雕龙·才略》）

"安有丈夫学文，而不达于政事哉？"（《文心雕龙·程器》）

# 附件二：公文名篇赞

西汉诏策：（武帝时）《策封三王》，文同训典，劝诫渊雅，垂范后代，及制诰严助，即云厌承明庐，盖宠才之恩也。（《文心雕龙·诏策》）

潘勖《九锡》，典雅逸群。（《文心雕龙·诏策》）

魏之诏策：卫觊禅告（《乙卯册诏魏王文》，见《三国志·文帝》），符命炳耀，弗可加已。（《文心雕龙·诏策》）

三代诏策：戒敕为文，实诏策之大略者，周穆命郊父受敕宪，此其事也。（《文心雕龙·诏策》）

东汉檄移：隗嚣之《檄亡新》，布其三逆，文不雕饰，而辞切事明。隗嚣之《移檄告郡国》，见《后汉书·隗嚣传》。（《文心雕龙·檄移》注17）

魏之檄移：陈琳之《檄豫州》，壮有骨鲠。虽奸阉携养，章密太深，发邱摸金，诬过其虐。然抗辞书衅，皎然露骨矣。敢指曹公之锋，幸哉，免袁党之戮也。（《文心雕龙·檄移》）

魏之檄移：钟会《檄蜀》，征验甚明。（钟会，三国魏人，伐蜀，移檄姜维，见《三国志·姜维传》）（《文心雕龙·檄移》）

东晋封禅：桓公《檄胡》，观衅尤切，并壮笔也。（东晋人桓温，趁后赵内乱，于永和五年发《檄胡文》，讨河北石遵。现文已残缺）（《文心雕龙·檄移》注21）

远古封禅：大舜巡岳，显乎《虞典》。（《文心雕龙·封禅》）

西汉封禅：史迁《八书》（《史记·封禅书》），明述封禅者，固禋祀之殊礼，名号之秘祝，祀天之壮观矣。（《文心雕龙·封禅》）

西汉封禅：观相如《封禅》（《封禅文》见《汉书司马相如传》与《文选》），蔚为唱首。（《文心雕龙·封禅》）

西汉封禅：及扬雄《剧秦》（《剧秦美新》），班固《典引》，事非镌石，而体因纪禅。观《剧秦》为文，影写长卿，诡言遁辞，故兼包神怪。然骨掣靡密，辞贯圆通，自称极思，无遗力矣。《典引》所叙，雅有懿乎。历鉴前作，能执厥中。其致义会文，斐然余巧。故称《封禅》丽而不典，《剧秦》典而不实，岂非追观易为明，循势易为力欤！（《文心雕龙·封禅》）

魏之封禅：至于邯郸《受命》（魏人邯郸淳作《受命述》），攀响前声，风末力寡，辑韵成颂。虽文理顺序，而不能奋飞。（《文心雕龙·封禅》）

魏之封禅：陈思《魏德》（曹植作《魏德论》），假论客主，问答迂缓，且已千言，劳深绩寡，飙焰缺焉。（《文心雕龙·封禅》）

魏之章表：至于文举（孔融）之《荐祢衡》（《荐祢衡表》），气扬采飞。（《文心雕龙·章表》）

蜀之章表：孔明之《辞后主》，志尽文畅，虽华实异旨，并表之英也。（《文心雕龙·章表》）

晋代章表：（陈）琳、（阮）瑀章表，有誉当时。（《文心雕龙·章表》）

魏之章表：孔璋（？）称健，则其标也。见注30"孔璋章表殊健"。（《文心雕龙·章表》）

魏之章表：陈思之表，独冠群才。观其体赡而律调，辞清而志显，应物掣巧，随便生趣，天骜有余，故能缓急应节矣。（《文心雕龙·章表》）

晋代章表：逮晋初笔札，则张华为俊。其《三让公封》，理周辞要，引义比事，必得其偶。（《文心雕龙·章表》）

晋代章表：及羊公之《辞开府》，有誉于前谈。（《文心雕龙·章表》）

庾公之《让中书》，信美于往载。序志显类，有文雅焉。（《文心雕龙·章表》）

刘琨《劝进》，张骏《自序》，文致耿介，并陈事之美表也。（《文心雕龙·章表》）

秦代奏启：观王绾之奏勋德，辞质而义近。（《文心雕龙·奏启》）

秦代奏启：李斯之奏骊山（《治骊山陵上书》），事略而义径，政无膏润，形于篇章矣。（《文心雕龙·奏启》）

西汉奏启：若夫贾谊之《务农》（《重农贵粟疏》），晁错之《兵事》（《言兵事》），匡衡之《定郊》，王吉之《观礼》，温舒之《缓狱》，谷永之《谏仙》，理既切至，辞亦通畅，可谓识大体矣。（《文心雕龙·奏启》）

东汉奏启：杨秉耿介于灾异，陈蕃愤懑于尺一，骨鲠得焉。张衡指摘于史职，蔡邕铨列于朝仪，博雅明焉。（《文心雕龙·奏启》）

晋之议对：刘颂殷勤于事务，温峤恳恻于费役，并体国之忠规矣。（《文心雕龙·奏启》）

嘀历代书记：书记：春秋聘繁，书介弥盛。绕朝赠士会（范会）以策，子家（郑子家）与赵宣（赵宣子）以书，巫臣（屈子灵）之遗子反（公子侧），子产（公孙侨）之谏范宣（范鞅），相观四书，辞若面对。又子服敬叔进吊书于滕君，固知行人挈辞，多被翰墨矣。及七国献书，诡丽辐辏。汉来笔札，辞气纷纭。观史迁之《报任安》(《报任安书》)，东方朔之《难公孙》(《难公孙弘书》)，杨恽之《酬会宗》(《报孙会宗书》)，子云(扬雄)之《答刘歆》(《答刘歆书》)，志气盘桓，各含殊采。并抒轴乎尺素，抑扬乎寸心。逮后汉书记，则崔瑗尤善。魏之元瑜(阮瑀)，号称翩翩。文举(孔融)属章，半简必录。休琏(应璩)好事，留意辞翰，抑其次也。嵇康《绝交》(《与山巨源绝交书》)，实志高而文伟矣。赵志《叙离》(《与嵇茂齐叙离书》)，乃少年之激切也。至如陈遵占辞，百封各异。弥衡代书，亲疏得宜。斯又尺牍之偏才也……张敞奏书于胶后，其义美矣。(《文心雕龙·书记》)

历代书记：(后汉)崔寔奏记于公府，则崇让之德音矣。黄香奏笺于江夏，亦肃恭之遗式矣。公干(刘祯)笺记(《谏曹植书》、《答魏文帝书》)，丽而规益，子桓弗论，故世所共遗。若略名取实，则有美于为诗矣。(魏)刘异《谢恩》，喻切以至。陆机《自理》(《与吴王表》)，情周而巧。笺之为善者也。原笺记之为式，既上窥乎表，亦下睨乎书，使敬而不慑，简而无傲，清美以惠其才，彪蔚以文其响，盖笺记之分也。(《文心雕龙·书记》)

# 附件三：公文鸿笔史赞

**秦**
李斯之奏，"不计润饰"。

**汉**
谷永疏文，"通俗恳切"。
"胡广章奏，天下第一"。
"汉室善驳，应劭为首。"
"左雄奏议，是为法式。"
"刘放书檄，号令专任。"

**魏晋**
"陈琳、阮瑀，有誉一时。"
"羊祜奏文，谋有全策。"
"张华有强记博学之长。"
"温峤文清而旨远。"
薛道衡为"隋之杰笔"。

**唐**
岑文本能同时口授几篇诏诰。
苏颋之长在于断事至今。
拓跋宏"有大文笔，马上口授，及其成也，不改一字。"（《魏书》1~187）
唐初善文"四杰"：王勃、杨炯、卢照邻、洛宾王。
员半千敢试诗策判笺表论于天下才子。
张说为文，"英辞竞天下之动"。
张说与苏颋并称"燕许大手笔"。
张说为文，"自得谋猷之体"。
玄宗曾亲书诏，表彰张说："动惟直道，累闻献替之诚；言则不谀，自得谋猷之体。政令必俟其增删，图书又借其刊削，才望兼著，理合褒升。"皇誉"自得谋猷之体"，可谓古代公文官员的最高褒奖。有《张燕公集》传世。

吴兢奉表，"正义鲠词，志在匡君"。

苏颋开代拟文诰成书"留中披览"之始。

唐次以辩谂知名。

令狐楚能在刀丛中执笔。

元稹表奏，"长于方略"。

## 宋

王安石为"唐宋八大家"（典三202）

韩愈表奏"史笔能令谀媚羞"。

欧阳修"一生奏文无曲笔"。

真德秀"鲠言奏疏"。

杜范奏稿"开诚心，布公道"。

"王约治牍，历五十年之久。"

欧阳玄"擅长大制作。"

杨万里与尤袤、范成大、陆游并称"南宋四家"（典三517）。

## 明

"解缙作《万言书》。"

明初文翰，扬士奇、扬荣、扬溥。

魏裔介"敢言第一"。

孙嘉淦"狂憨过人"。

## 清

薛福成奏疏称之"巨擘"。

清末军机四卿：杨锐、刘光第、谭嗣同、林旭。

"自后汉以来，碑碣云起，才锋所断，莫高于蔡邕。"看他所写《杨赐碑》，骨鲠训典。他写的《陈太丘碑》、《郭有道碑》两篇碑文，简直找不出可作替代的语言。他写的周勰、胡广等各篇碑文，都写得简明恰当。孔融写碑有追逐蔡邕志向。其后孙绰所写碑文，只有《桓彝碑》一篇，最为明晰。（《文心雕龙·诔碑》译文）

建安哀辞，惟伟长（徐干）差善，《行女》（已失）一篇，时有恻怛。（《文

心雕龙·哀吊》)

吊，作为一种文体，是从贾谊吊屈原开始的。这篇吊文，"体同而事核，辞清而理哀，盖首出之作也。"及司马相如、桓谭、扬雄、班彪、蔡邕，"难为并驱耳"。(《文心雕龙·哀吊》译文)

淮南有英才，武帝使相如视草。陇右多文士，光武加意于书辞。(《文心雕龙·诏策》)

晋明帝给温峤手诏，说峤"文清而旨远"，意欲以峤为中书令。(《文心雕龙·诏策》注44)

潘勖《九锡》，典雅逸群。(《文心雕龙·诏策》)

卫觊禅诰，符命炳耀，弗可加已。(《文心雕龙·诏策》)

岂取美当时，亦敬慎来叶。(《文心雕龙·诏策》)

陈寿《上诸葛氏集表》："论者或怪亮文采不艳，而过于丁宁周至。"(《文心雕龙·诏策》注63)

陇右文士，得檄之体矣。(《文心雕龙·檄移》)

隗嚣之《檄亡新》，布其三逆，文不雕饰，而辞切事明。(《文心雕龙·檄移》)

陈琳之《檄豫州》，壮有骨鲠。(《文心雕龙·檄移》)

桓公《檄胡》，观衅尤切，并壮笔也。(《文心雕龙·檄移》)

观相如《封禅》(《封禅文》)，蔚为唱首。尔其表权舆，序皇王，炳元符，镜鸿业。驱前古于当今之下，腾休明于列圣之上。歌之以祯瑞，赞之以介邱。绝笔兹文，固维新之作也。(《文心雕龙·封禅》)

及扬雄《剧秦》(《剧秦美新》)，班固《典引》，事非镌石，而体因纪禅。观《剧秦》为文，影写长卿，诡言遁辞，故兼包神怪。然骨掣靡密，辞贯圆通，自称极思，无遗力矣。《典引》所叙，雅有懿乎。历鉴前作，能执厥中。其致义会文，斐然余巧。故称《封禅》丽而不典，《剧秦》典而不实，岂非追观易为明，循势易为力欤！(《文心雕龙·封禅》)

(后汉)左雄奏议，台阁为式。胡广章奏，天下第一，并当时之杰笔也。观伯始(胡广)《谒陵》(已散失)之章，足见其典文之美焉。(《文心雕龙·章表》)

驳议：汉室善驳，则应劭为首。晋代能议，则傅咸为宗。然仲瑗博古，而铨贯有叙。长虞识治，而属辞枝繁。及陆机断议，亦有锋颖，而腴辞弗剪，颇累文骨。亦各有美，风格存焉。(《文心雕龙·议对》)

议对：晁错对策，蔚为举首。及孝武益明，旁求俊义，对策者以第一登庸，射策者以甲科入仕，斯固选贤要术也。观晁氏之对，证验古今，辞裁以辨，事通而赡，超升高第，信有征矣。仲舒之对，祖述《春秋》，本阴阳之化，究列代之变，烦而不恩者，事理明也。公孙(公孙弘)之对，简而未博。然总要以约文，事切而情举，所以太常居下，而天子擢上也。杜钦之对，略而指事，辞以治宣，不为文作。及后汉鲁丕，辞气质素，以儒雅中策，独入高第。凡此五家，并前代之明范也。（《文心雕龙·议对》）

书记：春秋聘繁，书介弥盛。绕朝赠士会（范会）以策，子家（郑子家）与赵宣（赵宣子）以书，巫臣（屈子灵）之遗子反（公子侧），子产（公孙侨）之谏范宣（范鞅），相观四书，辞若面对。又子服敬叔进吊书于滕君，固知行人挈辞，多被翰墨矣。及七国献书，诡丽辐辏。汉来笔札，辞气纷纭。观史迁之《报任安》（《报任安书》），东方朔之《难公孙》（《难公孙弘书》），杨恽之《酬会宗》（《报孙会宗书》），子云（扬雄）之《答刘歆》（《答刘歆书》），志气盘桓，各含殊采。并抒轴乎尺素，抑扬乎寸心。逮后汉书记，则崔瑗尤善。魏之元瑜（阮瑀），号称翩翩。文举（孔融）属章，半简必录。休琏（应璩）好事，留意辞翰，抑其次也。嵇康《绝交》（《与山巨源绝交书》），实志高而文伟矣。赵志《叙离》（《与嵇茂齐叙离书》），乃少年之激切也。至如陈遵占辞，百封各异。弥衡代书，亲疏得宜。斯又尺牍之偏才也……张敞奏书于胶后，其义美矣。（《文心雕龙·书记》）

笺：（后汉）崔寔奏记于公府，则崇让之德音矣。黄香奏笺于江夏，亦肃恭之遗式矣。公干（刘桢）笺记（《谏曹植书》、《答魏文帝书》），丽而规益，子桓弗论，故世所共遗。若略名取实，则有美于为诗矣。（魏）刘异《谢恩》，喻切以至。陆机《自理》（《与吴王表》），情周而巧。笺之为善者也。（《文心雕龙·书记》）

庾（亮）以笔才逾亲，温（峤）以文思益厚。（《文心雕龙·时序》）

《汉书·倪宽传》载：张汤撰写奏疏，两次驳回。改由倪宽重新起草，汉武帝"叹奇"。魏时，司马师要虞松草拟章表，屡受谴责。钟会看了，只改动了五个字，再呈，司马师"称善"。（《文心雕龙·附会》译文）

李斯自奏丽（《谏逐客书》）而动。（《文心雕龙·才略》）

邹阳之上书，膏润于笔，气形于言。（《文心雕龙·才略》）

刘向之奏议，旨切而调缓。（《文心雕龙·才略》）

一朝综文，千年凝锦。（《文心雕龙·才略》）

曹丕说过，"古今文人，类不护细行"。略观文士之疵，如司马相如诱人的妻室潜逃，后又受人贿赂。扬雄家道贫穷，还嗜酒不舍。冯衍行为不正，没有志气。杜笃贪求不厌，班固对窦宪阿谀奉承，马融趋附梁冀，贪污财物，孔融傲慢，招来杀身之祸，祢衡狂放愚憨而遭刑戮，王粲轻率急躁，陈琳粗鲁，丁仪贪婪，路粹没有廉耻，潘岳欺骗太子，陆机巴结权势，傅玄暴烈，孙楚刚愎。（《文心雕龙·程器》译文）

# 参 考 文 献

《二十六史》，中华书局。
《资治通鉴》，中华书局。
《纲鉴易知录》，中华书局1960年版。
《全唐文》。
《两宋书》。
丁守和等主编：《中国历代奏议大典》（四卷），哈尔滨出版社1994年版。
《历代名臣奏议》（五卷）。
《昭明文选》（六卷）。
《古文观止》（二卷）。
《读中国》（五卷）。
《二十六史大辞典·人物卷》。
赵仲邑译注：《文心雕龙译注》，漓江出版社1982年版。
董治安主编：《两汉全书》，山东大学出版社2009年版。
张保忠、岳海翔主编：《跟毛泽东学公文写作》，中央文献出版社2008年版。
《孙中山全集》，中华书局1986年版。
王守雪著：《两汉文论新释》，中国社会科学出版社2011年版。
冯其庸主编：《历代文选》，中国人民大学出版社2012年版。
孙骁著：《快读中国历史》，团结出版社2011年版。
吴建民著：《中国古代文学理论的当代阐释与转化》，凤凰出版社2011年版。
华锺彦编：《中国历代文选》，辽宁人民出版社2011年版。

# 跋

柳新华

2013年1月12日凌晨，一则噩耗显示在手机屏上：枫林先生于早上4点12分去世，享年81岁。简单明了而寒气逼人的一句话让人心倏地抽紧，惶惶不安、反反复复看了几遍，不得不承认确是寒风吹落霜叶，先生驾鹤西去。我木然坐在书房座椅上，枫林先生或近或远的音容笑貌翩翩而至。

枫林先生是位有身份的人，曾长期在北京中央机关首长身边工作，在省城那是一位地位显赫的领导干部，但那时我并不认识他，无法对他写下只言片语。我所认识的枫林先生已离开领导岗位，已是进入所谓"无官一身轻"的赋闲光景，"一身轻"的他竟然看不到一点官架，嗅不到一点官气，品不到一点官味，我所认识的仅仅是一位人人尊敬的长者，一位风度儒雅的学者，一位推新扶弱的贤者。所以，文中我不称先生的官职，非为不敬，实在是因为我认识的枫林先生，与做官和权势无关。

我第一次认识枫林先生是在1992年10月，那一年我因为工作需要，出版了一本薄薄的关于公文写作的书，应邀与枫林先生一起参加了中国公文写作研究会的成立大会。会议在烟台新闻中心举行，枫林先生在会议上当选为中国公文写作研究会第一任会长。枫林先生的当选，并非其他原因，而是由于他在1987年出版了《中国公文学》一书，由此被国内公文学界尊为中国公文学的创始人，会长一职自然非他莫属了。而后，我与他见面多了，他对我讲，这本书是他从政时由北京调山东工作时，待命期间在北京图书馆里写成的，他说，现在这个"学"、那个"学"铺天盖地，而公文"经国之大业、不朽之盛事"怎么就没有"学"呢，这就是他写作此书的动因。后来先生还专门将《中国公文学》题名赠送了我一本，拜读之后，至今受益匪浅。先生写过多少公文已经无人知晓，只是知道"文革"刚刚结束时，为老干部平反冤假错案、党的生活准则等许多重要中央文件均出自他手。中国公文写作研究会是一个名不见经传的全国性二级学术团体，但自成立以来，每次年会他都参加，这个学会后来在全国渐渐有了些影响，实在是赖先生所赐。后来他年纪大了，毅然决然辞去会长职务，推荐年轻同志担任会长，他则成为名誉会长，一般情况下名誉会长都是挂名的，但学会20年来的每次会议他都参加,而且每次会议都会发表具有真知灼见、切中时弊的研究见解。第十二届全国公文写作年会是2010年8月在西安举行的,他不仅在会议上谈了他对公文文风的看法,而且会议期间还接受了多家媒体的采访,他大声呼吁改变文风要从领导干部做起。他认为,假大空这种文风,抄袭的文风,最后的避难所就是领导的官僚主义,领导疏于亲政。他的话,引起与会者和媒体的普遍关注。人们没有想到一个79岁高龄的老者有如此敏锐的思想,无怪会后一个刊物发表了一篇题为《老树春深情更浓》的文章,大感惊叹!

　　如果有人认为官员出身,能写公文,对公文写作有点感想和认识,那不足为奇,也算不得了不起的真才实学。如果你这样来看待枫林先生,我不得不再谈谈他的另一项研究成果。2004年,枫林先生送我一本新著《中国用人史》,并对我讲,这是他自20世纪80年代始,在工作之余,耗时10年,完成的一本我国用人制度史专著。我认真拜读60余万字的皇皇巨著,枫林先生对中华民族历史上用人思想研究之深刻、方略评判之精当令人叹服。长期以来,史学界很少有人对用人史作系统、科学的研究,即或有著述问世,或失之于片断性、随意性,或只是辑录一些用人的故事,缺乏理论的总结与深入的分析。《中国用人史》突破了某些思维定式的束缚,通过全面系统地梳理用人历史上的丰厚遗产,阐释用人与政治、经济及社会发展的关系,从用人的角度去解读历史朝代的兴衰更迭,彰显唯物主义的人才史观和新时期人才强国战略的现实价值。它显示出枫林先生深厚的理论功底和驾驭能力,更蕴含着枫林先生忧国忧民的崇高情怀。

　　如果有人感觉一个担任过高级领导干部的人谈用人,还是不足为奇的话,那么对一个没有当过兵、打过仗的人,却出版了一本兵书,难道你不感到神奇而非凡么?!2010年8月在西安,枫林先生又送我一本他刚刚由中国军事科学出版社出版的《中国古代心战》一书,全书50多万字,上起先秦、下迄明清,过去那些屡屡散见于史籍的历代心战战例、战史,历代心战思想与方策,均被他收入锦囊。利用西安会议期间,我把全书通读一遍,发现这是枫林先生奉献给我们的一部极有教益的军事奇书。在中华民族的历史长河中,心战代表了中国古代兵道的智慧,是实现"不战而屈人之兵,善之善者也"的不二法宝。中国古代心战经历了漫长的发展过程,其斗争艺术丰富多彩,奇计妙策蕴含在浩如瀚海的历代兵书和史籍之中,没有剥茧抽丝的毅力和皓首穷经的耐心,实在是难以集大成而为一家。有人评价说,《中国古代心战》一书借鉴《孙子兵法》中丰富的心战思想和原则,研究高技术条件下心理战的基本内涵、应用特点、作战方法,不仅对弘扬中国传统文化具有现实而深远的意义,而且对促进中华民族软实力的提高和对于新时期军事斗争准备都具有极高的价值。这一点,2012年8月18日在北京举行的《中国古代心战》研讨会上得到与会专家的一致认同。同年12月,该书在国家新闻出版总署举行的第三届"三个一百"原创图书出版工程评选中，从参选的1167种新版图书中脱颖而出，入选"人文社科类原创图书"，被美国国立图书馆和我国各大图书馆收藏，成为我军心理战专业的研修教科书。

  我作为晚辈，从30多岁与枫林先生忘年交已20余年，几乎年年相见，每次见面都为他的渊博学问所倾倒，为他的朴实为人所钦佩。他待人谦逊，温和平静，尤其对年轻人的呵护笃爱，事事显示一个长者的胸怀。2002年我在中国人事出版社出版《实用电子公文传输与处理》一书，请先生作序，考虑先生年事已高，且电子公文又是一个新东西，就拟了一个初稿给先生，先生很快就将序言寄了回来，但已不是我拟的初稿，而是先生自己重新撰写的，一看便知先生对电子公文的研究绝不生疏。此书出版后，在社会上引起广泛影响，实在有赖先生推举之力。以后我又在先生鼓励引导之下，陆续出版了几本关于公文写作研究方面的书，每次都是先生欣然命笔作序，为之增彩良多，其呵护之情溢于言表。枫林先生严谨治学，虚怀若谷，每每展现一个学者的风范。学会召开的会议，由于经费有限，一般都在一些简陋的酒店宾馆举行，每次参加会议，他绝不搞特殊，坚持与与会人员在一起食宿、一起讨论。记得2011年暑期，中国公文写作研究会与鲁东大学共同举办"公文学的发展现状与展望"研讨会，枫林先生从青岛赶到烟台参加会议，考虑到学校的接待条件有限，会议特意另作安排，但枫林先生坚决不同意，就在学校与与会人员一起食宿参加会议，两天会议，由于他的亲自参与和指导，会议开得十分成功，会议研究成果结集出版了《公文学现状与展望》一书。枫林先生勤勉一生，努力不懈，他那种对学问孜孜以求的精神，使年轻人常常感到自愧不如。枫林先生70岁左右开始学习电脑，每天坚持用电脑写作3000字。我知道《中国用人史》、《中国古代心战》都是他在笔记本电脑上一个字、一个字敲出来的，这是我与他出差开会在一起时亲眼所见。他曾对我说，现在有些人不是认真做学问，为了赶时髦赚钱，组织一帮人，东拼西凑，粗制滥造，几天就搞出一大本，糟蹋学问，有辱斯文，绝不应该这样做学问啊。现实中像枫林先生这样认真做学问的人可谓凤毛麟角，今天重温枫林先生的话，令人感慨良多。

  枫林夕照别样红，霜叶流丹分外娇。枫林先生曾与我谈及自己退休后的生活，他说，他可以有两种"写"的选择，一种是写字，练练书法，既有益身体，还可以百年留名，甚至还可以借机得到不菲的润笔费；另一种是写书，研究点东西，不过比较清苦。朋友劝他选第一种，因为枫林先生的书法造诣很深，稍微再用点心，比一些自我标榜的所谓书法家写得要好。但枫林先生选择了另一种，他心里很清楚，这是自找苦吃，但他认为离岗以后如果能利用晚年的时间，能继续为国家、为民族做点有益的事，为后人留下点有价值的东西，那是值得的。他曾说过，人类文化是一个整体，为人类文化做出贡献的人，是不会被历史遗忘的。正如孔夫子所言，枫林先生"其为人也，发愤忘食，乐以忘忧，不知老之将至云尔"。他离岗以后，研究成果不断问世，一部比一部精彩，且有一发而不可收的态势。除了上面言及的三部著作外，枫林先生还著有《步履集》、《孔子文化大全》、《世界改革史》、《中国古代名物大典》等，都是可以传世的佳篇力作。他在2011年烟台会议上对我说，他计划编著一部公文赏析读物，让今人从中观察前人公文对社会治理的视角，学习前人公文笔者善于透彻说理，又重在提出解决办法的睿智，然后将已有的几十万字的文章出个文集，作为献给自己85岁的礼物，并嘱托公文赏析读物由我协助他完成出版发行工作。这两年我一直在期盼枫林先生的新作问世。

2013年元旦假期之间，得知枫林先生病重入院，我于1月3日匆匆赶到北京301医院看望，因医生嘱咐谈话不能超过一刻钟，本来想好许多要对先生说的话，如他的公文赏析书稿何时杀青，他对此书出版发行有什么要求……但时间不允许，而我也不忍心让先生再劳累，心想等枫林先生病好了，此事再议也不迟。未曾想病魔如此凶狠，北京一晤，顿成永别，回来仅仅十天多一点的时间，就与枫林先生阴阳两隔，从此再也无法聆听先生的教诲。

2013年1月14日，枫林先生遗体告别仪式在济南殡仪馆举行，是日雾霾蔽日，旅程阻隔，竟至未能赶到济南送枫林先生最后一程。正当我哀思无尽的时刻，枫林先生的亲人打来电话，说枫林先生走前通过"遗事"告知方式，请他们与我联系出版《中国公文名篇赏析》之事。经了解，他的最后书稿在他的个人计算机中，已经系统修改过4次，可谓尽心尽力了。他在住院前最后的日子，就是为再修改书稿、增加新内容搬书而"扭伤"了腰，并且在病中多次提到要出好这本书。

根据他的遗愿，鲁东大学公文文献研究中心将他的遗著校订出版，作为该中心公文学系列研究丛书的第一部。鲁东大学公文文献研究中心是在枫林先生的倡议下，于2008年成立的全国首家以公文为研究对象的科研机构，2010年10月28日中国公文写作研究会批准，成为其分支机构——中国公文写作研究会公文文献研究室。鲁东大学公文文献研究中心创立之初，枫林先生捐赠了其珍藏的全部公文文献和著作，供师生学习、研讨利用，并欣然担任中心的兼职教授，中心的发展倾注了先生的许多心血。此次中心能够为先生的遗著出版尽微薄之力，师生感到无限的荣幸和欣慰。

为了纪念枫林先生，我们将本书包括丛书其他分册的出版式样以先生过去出版的著作为蓝本，统一进行了设计，并命名为"中国公文学研究"丛书，算是对枫林先生为中国公文学创立发展做出的卓越贡献表示的崇高敬意，以告慰枫林先生的在天之灵。本书在后期校对出版中，鲁东大学文学院研究生刘璐、高慧、史林林、李元华、王慧玲，烟台市教育局李忠明等做了大量工作，在此一并致谢！

是为跋。